第二十一卷

新國學

四川大學中國俗文化研究所《新國學》編輯委員會

周裕鍇◎主編

四川大學出版社

項目策劃：毛張琳
責任編輯：毛張琳
責任校對：張宇琛
封面設計：嚴春豔
責任印製：王　煒

圖書在版編目（CIP）數據

新國學．第二十一卷 / 周裕鍇主編．— 成都：四
川大學出版社，2021.12
　　ISBN 978-7-5690-5150-6

　　Ⅰ．①新… Ⅱ．①周… Ⅲ．①社會科學－中國－叢刊
Ⅳ．① C55

中國版本圖書館 CIP 數據核字（2021）第 229768 號

書名　新國學（第二十一卷）
　　　Xin Guoxue(Di-ershiyi Juan)

主　　編　周裕鍇
出　　版　四川大學出版社
地　　址　成都市一環路南一段 24 號（610065）
發　　行　四川大學出版社
書　　號　ISBN 978-7-5690-5150-6
印前製作　四川勝翔數碼印務設計有限公司
印　　刷　四川盛圖彩色印刷有限公司
成品尺寸　165mm×240mm
插　　頁　2
印　　張　14.5
字　　數　291 千字
版　　次　2021 年 12 月第 1 版
印　　次　2021 年 12 月第 1 次印刷
定　　價　58.00 圓

◆ 讀者郵購本書，請與本社發行科聯繫。
　　電話：(028)85408408/(028)85401670/
　　(028)86408023　郵政編碼：610065
◆ 本社圖書如有印裝質量問題，請寄回出版社調換。
◆ 網址：http://press.scu.edu.cn

四川大學出版社
微信公眾號

目　録

CONTENTS

蘇軾與宋型揚州的持續建構[*]

呂肖奐^①

四川大學中國俗文化研究所

摘　要：在宋型揚州的開創並持續建構中，歷屆"名宦"各有不同的
貢獻，具有多重身份的歐陽修與蘇軾無疑貢獻最多。儘管他
們在揚州時間較短，但多重身份使得他們不僅如普通知州那
樣用各種具體措施建設揚州實體經濟，還以自己的道德人
格、文學修爲、文壇聲譽等無形資本建構了豐厚久遠的揚州
形象及精神。蘇軾更在繼承歐陽修以及其他前輩傳統的同
時，發揮自身才華、個性優勢，爲宋型揚州增添了超越酒色
之外、具有禪茶意味、更多集體風雅的元素，使宋型揚州形
象的品位得以更高提升。

關鍵詞：蘇軾　宋型揚州　持續建構

祝穆（？—1255）《方輿勝覽》卷四十四羅列淮東路揚州歷代"名宦"
時，唐代名宦除了李吉甫（758—814）、李德裕（787—850）父子同齡鎮
守揚州外^②，另外兩位就是杜牧（803—852?）在牛僧孺（779—848）幕

---

* 本文爲國家社會科學基金項目"東亞漢文化圈外交唱和詩歌整理研究"（18BZW052）階段
性成果。"宋型揚州"詳參呂肖奐《歐陽修的多重身份與揚州形象的宋型建構——從唐型揚州到
宋型揚州的轉變》，《西北民族大學學報（哲學社會科學版）》2021年第3期，第164~171頁。

① 呂肖奐，女，漢族，1995年獲得復旦大學博士學位，四川大學中國俗文化研究所教授、
博導。

② 祝穆《方輿勝覽》卷四十四："李德裕，父吉甫，年五十出鎮淮南，五十四自淮南複相。
及德裕鎮淮南，後入相，一如父之年。"（祝穆撰，祝洙增訂，施和金點校《方輿勝覽》，北京：
中華書局，2003年，第799頁。以下出自本書的引文，不再標注版本信息，僅注明頁數）

府時期的風流韻事①、劉禹錫（772—842）在杜鴻漸（709—769）（當爲杜佑，735—812）宴會上垂涎歌妓的豔詩②；而到了“皇朝”，則輯録了陳升之（1011—1079）③、鄒浩（1060—1111）、韓琦（1008—1075）、歐陽修（1007—1072）、呂公著（1018—1089）、蘇軾（1037—1101）、晁補之（1053—1110）、晁詠之（1055？—1106？）等一系列士大夫詩人建設揚州、建構揚州文化的具體事迹。

這個現象應該是地理書體例限制或者是祝穆個人眼界所限造成的結果，但某種程度上也能代表南宋人對揚州的唐宋“名宦”作風的認識。看似不經意的編排，却呈現出唐型揚州與宋型揚州的建構者們的風采以及建構措施或方法的差異。

唐型揚州是杜牧、劉禹錫、張祐等人用風流浪漫的行爲以及風情搖曳的詩歌建構出來的，而宋型揚州則是由韓琦、歐陽修、呂公著、蘇軾等一批以道德節操、政事文章聞名遐邇的鴻儒，用道德規範以及各種實用措施、文化修養與人格魅力建構出來的。

歐陽修在韓琦之後做揚州太守時云：“廣陵嘗得明公鎮撫，民俗去思未遠，幸遵遺矩，莫敢有踰。”④ 這種蕭規曹隨的傳統維持了歷任州守對宋型揚州建構的持續性。

在宋型揚州的開創並持續建構中，“名宦”們各有不同的貢獻，具有

① 祝穆《方輿勝覽》卷四十四：“杜牧，性疏放，會丞相牛僧孺出鎮揚州，辟節度掌書記，唯以遊宴爲事。揚州勝地也，每重城向夕，樓上常有絳紗燈萬數輝耀空中，九里三十步街，珠翠填咽，邈若仙境，牧自出没馳逐其間，初無虛夕，有街卒三十，易服隨後潛護之。僧孺之密教也。而牧自謂人不知，及召拜，僧孺餞之，發一書簏，乃街卒之密報也，悉曰：‘某夕，杜書記過某家，無恙。’”（《方輿勝覽》，第 799 頁）

② 祝穆《方輿勝覽》卷四十四引《唐宋遺史》：“劉禹錫爲蘇守，嘗赴揚州大司馬杜鴻漸宴，醉歸，宿傳舍。臨醒，見二娥在側，驚問之，乃曰：‘郎中席上與司空詩，因這某等。’問其詩何言，曰：‘高髻雲鬟宫禄妝，春風一曲杜韋娘。司空見慣渾閑事，惱亂蘇州刺史腸。’”（《方輿勝覽》，第 799 頁～第 800 頁）杜鴻漸在劉禹錫出生前已經去世，顯然不妥。唐孟棨《本事詩·情感》記載這件事發生在劉禹錫與李紳（772—846）之間，且地點在長安。另外還有杜鴻漸與韋應物之説。明郎瑛《七修類稿》卷三十三《詩文類》經過辨證，認爲是劉禹錫或韋應物與杜佑之間發生的事情，地點在揚州，比在長安要靠譜。故事人物地點雖不一致，但表現出的精神一致。

③ 祝穆《方輿勝覽》卷四十四：“皇朝陳升之（秀國公）爲守（熙寧七年爲揚州通判），高麗遣使入貢，所經州縣，悉要地圖，升之給使者欲盡見所得地圖，效若規模供造。及圖至，聚而焚之。”（《方輿勝覽》，第 800 頁）

④ 歐陽修《文忠集》卷一四四《與韓忠獻王稚圭》其八，《景印文淵閣四庫全書》本。

多重身份的歐陽修與蘇軾，無疑貢獻最多。儘管他們在揚州時間較短，但多重身份使得他們不只是如普通知州那樣用各種具體措施建設揚州實體經濟，還以自己的道德人格、文學修爲、文壇聲譽這些無形資本建構了豐厚久遠的揚州形象及精神。

一、唐宋官員作風及觀念差異：蘇軾與宋代士大夫自律及正人傳統

韓琦慶曆五年（1045）知揚州時，王安石剛釋褐爲簽書淮南節度判官廳公事（"僉判"），韓琦因其上府不修邊幅而誤以爲王安石像杜牧一樣年少風流成性，"夜飲放逸"，勸其"無廢書，不可自弃"①。同樣是上下級關係，韓琦對待王安石與牛僧孺對待杜牧那種放任且暗地保護的方式完全不同。

不僅王安石與杜牧有好學與好色之不同，韓琦在對待聲色的態度上也與牛僧孺完全相反。唐宋年輕官員的興趣追求志向有區別，而中上層官員對下屬的導向性或指導理念也有很大差異。宋仁宗景祐年間范仲淹、歐陽修等人就宣導士人砥礪士節、涵養士氣，在慶曆年間有很大的效果，韓琦、王安石無疑都受到這個時代思潮的影響，不僅自律而且也有律人或正人的態度。後董沉溺聲色而放任自流，是唐人的瀟灑風流，而對宋代官員而言則是不負責任。不同的爲官理念以及管理方式造成唐宋官員精神風貌的極大差异。宋代士大夫顯然更注重個人道德行爲的規範自律以及律人。

呂公著元豐中知揚州時，曾招待過蘇軾，邵博《邵氏聞見後録》卷十九云：

> 呂申公帥維揚，東坡自黃崗移汝海，經從見之。申公置酒，終日不交一語。東坡昏睡，歌者唱"夜寒斗覺羅衣薄"，東坡驚覺，小語云"夜來走却羅醫博也"，歌者皆匿笑。酒罷，行後圃中，至更坐，東坡即几案間筆墨，書歌者團扇云："雨葉風枝曉自勻，綠陰青子静

---

① 邵伯温《邵氏聞見録》卷九："韓魏公自樞密副使以資政殿學士知揚州，王荆公初及第，爲僉判，每讀書至達旦，略假寐，日已高，急上府，多不及盥漱。魏公見荆公少年，疑夜飲放逸，一日從容謂荆公曰：君少年，無廢書，不可自弃。荆公不答，退而言曰：'韓公非知我者。'"（邵伯温撰，李劍雄，劉德權點校《邵氏聞見録》，北京：中華書局，1983年，第94頁）

無塵。閑吟'繞屋扶疏'句，須信淵明是可人。"申公見之，亦無語。

這個故事與杜佑招待劉禹錫相似，都是高一級官員招待低一級官員，但官員們的行爲表現十分不同。劉禹錫詩歌放浪且放肆，杜佑不僅不以爲忤，還及時順應，主客二人在女色問題上的毫無禁忌與默契配合，顯示出唐代官員們肆無忌憚的開放態度。

蘇軾元豐末年由黃州量移汝州，釋放出其罪責被减輕的信號。作爲同樣不滿新法的舊黨中人，呂公著自然同情理解蘇軾，因此他纔會安排酒席歌舞接待蘇軾，但他却很奇怪地一言不發，或許是他生性謹慎，或許是他一向如此。蘇軾對呂公著的"不交一語"顯然並不在乎，他在呂公著面前很放鬆，可以飲酒昏睡，可以因誤聽而胡説引歌者發笑，可以爲歌者題詩。如果不是事先了解呂公著的寬厚包容，蘇軾肯定不能這樣隨意。呂公著做過歐陽修的通判，與歐陽修唱和甚多，蘇軾對他當然有相當了解。在元祐洛蜀朔黨爭之前，呂公著、蘇軾之間尚未出現成見。即便是在宴會的酒色氛圍中，蘇軾的表現以及題詩也是超凡脱俗，毫無酒色之氣，不像劉禹錫所作之詩那樣香豔柔軟，頗有陶淵明的心遠地自偏境界。呂公著的"不交一語""無語"包含着豐富的信息，有着天地不言而"四時行焉，百物生焉"（《論語‧陽貨》）的順其自然，却不同於牛僧孺、杜佑那樣推波助瀾或"助紂爲虐"。在對待酒色特別是色上，唐宋官員的態度是不大相同的。

唐宋四則士大夫之間的揚州故事，展現的是唐宋士人不同的爲官理念及其理念指導下表現出的精神風貌。而揚州形象的主要區別正在對待酒色態度之中。

元豐時期蘇軾對待酒色的態度在呂公著面前已有展現，到元祐七年（1092）做揚州太守時，蘇軾延續了這種作風，並繼承了韓琦、歐陽修、呂公著等前任知州的道德自律與正人傳統，即便是和門生兼下屬的晁補之一起共事、唱和，也從心所欲不逾矩。蘇軾在《次韻晁無咎學士相迎》中，點化杜牧"春風十里揚州路，捲上珠簾總不如"這句稱頌少女的詩句，而贊揚老門生晁補之云："賴有風流賢別駕，猶堪十里捲春風。"對蘇軾而言，一個能詩能文的通判，其文采"風流"抵得上杜牧眼中"娉娉嫋嫋十三餘，豆蔻梢頭二月初"的絶色美女。蘇軾對文采風流的賞識代替了杜牧對女色豔冶風流的沉溺，其精神品位與杜牧有天壤之別。

好才勝過好色，超越聲色犬馬，是蘇軾的人格魅力，也是蘇軾能够發現獎掖人才，蘇門不斷壯大的關鍵原因。蘇軾在揚州時，由晁補之的舉薦而發現其堂弟晁詠之：

> 詠之，字之道，補之從弟也。少有异材，以蔭入官，爲揚州司法參軍。未上時，蘇軾知揚州，補之倅州事，以詠之詩文獻軾，軾曰："有才如此，獨不令一識面耶？"久之，詠之具參軍禮入謁，軾下堂挽而上之，顧謂坐客曰："此奇才也。"復舉進士，又舉宏詞，一時傳誦其文。①

因爲更欣賞一個人的才華，所以對待"詩文""奇才"，蘇軾纔會不拘泥於官員級別差异而禮賢下士。

繼承了韓琦、歐陽修等人振厲一代士風的傳統，蘇軾既善於自律，也注意正人，改變了自晚唐五代形成的唐型揚州風流艷冶之氣。從上司與下屬、主人與客人之間的不同行爲，可以感受到唐宋官員人生觀以及爲官態度的差异，而這種差异正是唐型揚州與宋型揚州的區别所在。

二、州守的職責與實績：作爲歐陽修政事優先思想繼承者的蘇軾

蘇軾到揚州時已經具備了多重身份，但他很早就接受座主歐陽修政事先於文章的士大夫文人思想，即便是名揚詩壇文壇，引領一時風氣，也不能文章先於政事，這與六朝以及唐朝落魄潦倒、放浪形骸的普通文人輕視政事不同。因此，儘管他人還在從潁州前往揚州的路上，却已經指導揚州通判晁補之先爲揚州祈雨，晁補之《東坡先生移守廣陵，以詩往迎。先生以淮南旱，書中教虎頭祈雨法，始走諸祠，即得甘澤因爲賀》②記載了這件事，詩中"虎頭未用沉滄江，龍尾先看掛青海"，更是形象化了蘇軾這種祈雨法之靈驗。不僅如此，蘇軾自己在路上也不忘盡職盡責，他先在泗州僧伽寺塔爲之祈禱，三月十二日寫《祈雨僧伽塔祝文》，這種以民生爲

---

① 王稱《東都事略》卷一一六，《景印文淵閣四庫全書》本。
② 晁補之《雞肋集》卷十三，邵浩編《坡門酬唱集》卷二十三收録，《景印文淵閣四庫全書》本。

先的誠意感動了神靈，晁補之云"似聞維舟禱靈塔，如絲氣上淮西腄"，蘇軾真如晁補之所說，做到了"使君憂民如己飢"。

元祐年間舊黨當政，蘇軾在仕途上並不那麼順心如意，此次赴任揚州也是受到一些排擠，本該在京師爲相爲卿的蘇軾卻外任知州，即晁補之所云"爲霖功業在傅岩，如何白首擁彤幨"。晁補之進士及第之後一直沉吟下僚，因此自云："世上讒夫亂紅紫，天教仁政滿東南。青袍門人老州佐，於世無成志消墮。封章去國人恨公，醉笑從公神許我。"蘇軾離開朝廷是朝廷的不幸，卻是揚州的大幸，被人忌恨的蘇軾有幸到揚州任職，是晁補之的大幸，不盡得志的師生陰差陽錯間成了上下級。歷盡艱辛的蘇軾在揚州早已"不以物喜不以己悲"，無潦倒落魄之感，而爲揚州生民盡力貢獻。

蘇軾對勤於政事敢於進諫的官員一直非常敬佩，在揚州所作的《送程德林赴真州》云：

> 君爲縣令元豐中，吏貪功利以病農。君欲言之路無從，移書諫臣以自通（公自注：諫臣塞受之也），元豐天子爲改容。我時匹馬江西東，問之逆旅言顧同。老人愛君如劉寵，小兒敬君如魯恭。爾來明目達四聰，收拾駔駿冀北空。君爲赤令有古風，政聲直入明光宮。天廚如海養群龍，並收其子豈不公（公自注：君之子祁舉制策，文學行義爲時所稱）？白沙何必煩此翁。

程筠是蘇軾的同年進士，蘇軾對他在元豐中位卑而能直言進諫的表現極其贊賞。這其實是蘇軾一貫的爲官態度。

晁補之在歡迎蘇軾到揚州的詩歌中誇耀揚州的名花與多酒："瓊花芍藥豈易逢，如淮之酒良不空。"蘇軾也十分喜歡揚州的這些特產，因此回答云："老來飲酒無人佐，獨看紅藥傾白墮。"（《次韻晁無咎學士相迎》）蘇軾還曾折花送李公擇，寫《送芍藥與李公擇》，表現出對芍藥的欣賞，但是在《次林子中春日新堤書事見寄》中卻云：

> 美君湖上齋搖碧，笑我花時甑有塵。爲報年來殺風景，連江夢雨不知春。

並自注云："來詩有'芍藥春'之句。揚州近歲率爲此會，用花十萬餘枝，吏緣爲奸，民極病之，故罷此會。”① 自注所云的事是蘇軾到揚州不久做的一件罷黜萬花會的利民大事。

歐陽修在揚州曾舉行別致的荷花宴②，蘇軾也非常喜歡這種風雅別致的賞花會，但規模宏大的萬花會不是滿足個人趣味的小型荷花宴，其排場之大達到勞民傷財的程度，所以必須罷黜。這是作爲州守不諂媚君上、欺詐百姓的業績。

蘇軾的行爲受到楚州儒士徐積（1028—1103）的盛贊：“孰如揚州牧，自處遜與恭。德不矜其盛，事不矜其功。南郭已三顧，迂身爲衰翁。以手書所問，視面嘆厥容。移時能立語，避乘乃鞠躬。不知古之人，幾人能如公。”③ 蘇軾厚待處士徐積，令徐積感動，而蘇軾却謙遜地說所謂“三顧”，只是“八年看我走三州（公自注：元豐八年予赴登州，元祐四年赴杭州，今赴揚州，皆見仲車）”④。節孝處士徐積稱揚“揚州牧”蘇軾禮賢下士，特別是“德不矜其盛，事不矜其功”，無疑是對蘇軾最高的獎賞。蘇軾積極爲蒼生的作爲，是對歐陽修等人儒家仁愛思想的繼承發揚，爲建設揚州實體經濟做出了貢獻。

三、建築物的文學個性加持：蘇軾對揚州遺迹的多方傳播

歐陽修創建平山堂後，時不時寫詩詞提及，與他同時以及稍後的梅堯

---

① 查慎行《蘇詩補注》卷三十五云：“慎按，施氏原注云：‘公所與子中帖真迹，藏玉山汪端明家。’此段新刻本删去，今録存。”（蘇軾撰，查慎行補注，范道濟點校《蘇詩補注》，北京：中華書局，2019年，第1405頁。本文所引蘇詩全部出自該書，以下所引不再標注版本信息，僅注明頁數）《苕溪漁隱叢話》後集卷二十三：“東坡云：‘揚州芍藥爲天下冠，蔡繁卿爲守，始作萬花會，用花十餘萬株，既殘諸園，又吏因緣爲奸，民大病之。余始至，問民疾苦，以此爲首，遂罷之。花本洛陽故事，亦以爲民害也，會當有罷之者。錢惟演爲留守，始置驛貢洛陽花，識者鄙之。此宮妾愛君之意也。故《次韻林子中春日見寄》詩云：爲報年來殺風景，連江夢雨不知春。以此也。’”

② 葉夢得著，徐時儀整理《避暑録話》，見於《全宋筆記》第二編，鄭州：大象出版社，2006年，第225頁。

③ 詳見查慎行《蘇詩補注》卷三十五：“慎按，《節孝集》與東坡贈答詩凡三首，此篇乃在東坡自潁移揚所作，故附録於此。”（《蘇詩補注》，第1405頁）

④ 蘇軾《次韻徐仲車（公自注：仲車耳聾）》，詳見《蘇詩補注》卷三十五，第1404頁。

臣、劉敞、劉攽、王令、王安石以及沈括等人①也有詩詞文不斷稱揚，使之聲名遠播，成爲揚州的新地標。蘇軾一生往來揚州十一次②，"每到平山憶醉翁"（《次韻晁無咎學士相迎》），更以他對歐陽修深厚的感情以及詩詞文表達的感染力，使平山堂成爲凝聚豐富人文情感以及文化意義的城市符號。

歐蘇過世之後，晁以道（1059—1129）路過平山堂，作《席上有唱歐公送劉原甫辭者，次日又有唱東坡三過平山堂辭者，今聯續唱之，感懷，作絕句》云："龍門不見鬢垂絲，莫唱平山楊柳辭。縱使前聲君忍聽，後聲惱殺斷腸兒。"③歐蘇雖然已經遠去，但他們的歌詞"平山欄檻倚晴空，山色有無中。手種堂前垂柳，別來幾度春風"（歐陽修《朝中措》）、"三過平山堂下，半生彈指聲中。十年不見老仙翁，壁上龍蛇飛動。欲吊文章太守，仍歌楊柳春風。休言萬事轉頭空，未轉頭時皆夢"（蘇軾《西江月》）卻依舊在平山堂上傳唱，他們的文學藝術以及個人魅力隨着歌聲流傳永久。宋元明清乃至今日，造型普通、屢經修葺的平山堂一直是人們遊覽以及歌頌的名勝古迹④，顯現的是歐蘇的人格魅力以及文學對建築物的加持

---

① 如歐陽修《文忠集》卷五十七《和劉原甫平山堂見寄》、梅堯臣《宛陵集》卷四十六《大明寺平山堂》《平山堂雜言》《和永叔答劉原甫遊平山堂寄》《平山堂留題》、劉敞《公是集》卷二十五《遊平山堂寄歐陽永叔內翰》《再遊平山堂》、劉攽《彭城集》卷十二五言律詩《平山堂》、王令《廣陵集》卷十八《平山堂寄歐陽公》、王安石《臨川文集》卷二十二《平山堂》、宋沈括《長興集》卷九《揚州重修平山堂記》等。

② 蘇軾《淮上早發》："此生定向江湖老，默數淮中十往來。"查慎行《蘇詩補注》卷三十五云："十往來：按年譜，公以熙寧四年赴杭州通判，七年由杭赴密州，元豐二年三月自徐州移湖州，其年七月逮赴臺獄，三年謫黃州，七年量移汝州，八年春赴南京，隨放歸陽羡，五月起知登州，是冬除起居舍人赴闕，元祐四年出守杭州，六年再召還朝，今自潁移知揚州，往來皆經淮上，故云。"（《蘇詩補注》，第1404頁）喻世華《蘇軾在江蘇的行迹以及遺迹開發、研究現狀——以大運河爲中心》認爲加上晚年北歸有十一次，並寫出每次行程與活動，詳參《江南大學學報（人文社會科學版）》2019年5期，第119～第125頁。蘇軾經揚州留有詩文：熙寧七年（1074）自杭州赴密州，有《平山堂次王居卿祠部韻》（《東坡全集》卷六）；元豐八年（1085）自南都赴常州，五月一日經過揚州寫《歸宜興留題竹西寺》，且因此詩惹禍；元豐八年自常州赴登州，八月二十七日經揚州作《楊康功（州守）有石，狀如醉道士，爲賦此詩》；元祐六年（1091）自杭州赴開封，經過揚州時寫《夜到揚州》；元祐七年（1092）自潁州赴揚州，三月二十六日作《揚州謝到任表二首》，並在揚寫詩多首。

③ 晁以道《景迂生集》卷六，《景印文淵閣四庫全書》本。

④ 南宋詩文如李昭玘《樂靜集》卷三《登平山堂》，李綱《梁溪集》卷十六《乙巳春赴奉常召如京作八首·同似表叔易置酒平山堂》，呂本中《東萊詩集》卷六《同狼山印老早飯建隆遂登平山堂》，鄭興裔《鄭忠肅奏議遺集》卷下《平山堂記》，《攻媿集》卷五十六《揚州平山堂記》，等等。平山堂已有成果頗多，此處不詳論。

之功。

蘇軾與歐陽修一樣，喜歡在所到之地建造或修葺亭臺樓閣作爲遊覽勝地並以資紀念，到揚州也不例外，蘇軾寫了一首《谷林堂詩》：

> 深谷下窈窕，高林合扶疏。美哉新堂成，及此秋風初。我來適過雨，物至如娛予。稚竹真可人，霜節已專車。老槐苦無賴，風花吹填渠。山鴉爭呼號，溪蟬獨清虛。寄懷勞生外，得句幽夢餘。古今正自同，歲月何必書。①

從詩句看，谷林堂在初秋時落成，蘇軾得以及時觀賞。但此堂是由蘇軾主持修建還是由他人修建，不可考知。關於谷林堂的命名，多數人認爲是蘇軾用詩歌首二句開宗明義，而吳聿《觀林詩話》認爲蘇軾是根據西晋棗據（232？—284）詩歌命名，"揚州僧坊有谷林堂，乃東坡命名，必至其所，然後知其名之當。棗據詩云：'下窺幽谷底，窈窕一何深。魚動起重淵，鳥驚奮高林。'谷林之名蓋出此耳。"無論依據是什麼，谷林堂跟蘇軾有極其密切的關係。然而谷林堂在後世影響却並不大，没有像平山堂那樣成爲揚州新地標。

黄裳（1044—1130）在寫了《平山堂》二首傷今懷古之後有一首《谷林亭》②：

> 竹也中虛谷也虛，兩虛相得鬧中無。月來風動時尤好，那更高人也自如。

此詩似乎是在懷念某位虛懷若谷的"高人"，但"谷林堂"如何變成"谷林亭"，依旧疑義重重。這首詩的虛化很像晁以道在平山堂聽到歌唱蘇軾詞時的"後聲惱殺斷腸兒"。

蘇軾在谷林堂建成並命名之後不久就離開揚州，紹聖年間蘇軾與舊黨成員均被貶謫乃至黨禁，谷林堂尚未被更多文人"開發"就已經被打壓。

---

① 《谷林亭》，《蘇詩補注》，第1404頁。
② 詳見《演山集》卷十二《平山堂》二首："一隅不見古揚州，惟有平山尚自留。且看江南山色好，莫緣花月起閑愁。（自注：揚州自古城有四隅，今存其一。李氏詞云：春花秋月何時了，往事知多少）""水涵群影去悠悠，樓有三千轉首休。想見經遊人與物，而今知我夢揚州（予六經遊，且四十載，人物是非衆矣，故云）。"《谷林亭》後還有一首《蜀井》："地行仙迹世難知，極數高人出數時。隱顯自通淮與蜀，興亡誰管晋兼隋（自注：傳此井自嚴君平顯。仙家洞府，天下與蜀通者，青徐自有兩處）。"

南宋時期，孫覿（1081—1169）有《揚州谷林堂》（《蘭陵先生集》題云）：“楚山多异材，翠竹滿崖谷。蕭蕭斤斧餘，斬伐同一束。蕪城帶流水，萬畝淇園綠。遺苞駁雲錦，老節抱金玉。歲晚虎穴鄰，舐掌方擇肉。此君無恙否，應坐白眼俗。”① 描述谷林堂的竹林情狀之後，結尾四句則是在擔憂北宋滅亡後揚州谷林堂竹林的遭際或命運。詩中沒有提及蘇軾。此後沒有更多文人爲蘇軾谷林堂進行後續宣傳或文學建構，因此谷林堂聲名相較平山堂就遜色不少。這從反面證明持續性文學建構對建築物流傳永久的重要性。

蘇軾對揚州其他建築尤其是寺院的文學建構遠遠超過一直排佛的歐陽修。歐陽修不信佛教，所以敢在大明寺邊修平山堂以招待四方賓客，蘇軾則很早就耽於佛禪，因而對揚州的寺院多有再造之功。譬如揚州的石塔寺，本是唐朝的惠照寺，其中的木蘭院因爲王播（759—830）“飯後鐘”的故事而頗有點惡名遠揚，但蘇軾的《石塔寺並引》却爲之翻案，使其聲名得以改善：

> 世傳王播飯後鐘詩，蓋揚州石塔寺事也，相傳如此，戲作此詩：
> 飢眼望東西，詩腸忘早晏。雖知燈是火，不悟鐘非飯。山僧异漂母，但可供一莞。胡爲二十年，記憶作此訕。齋廚養若人，無益祇遺患。乃知飯後鐘，闍黎蓋具眼。

“《摭言》：王播少孤，嘗客揚州惠照寺木蘭院，隨僧粥食，久之，僧頗厭。一日，播出，度未回而先飯訖，乃鳴鐘魚。後播鎮江都，因訪舊遊，所題字皆紗罩之，因留詩云云。”這個事件之後，晚唐五代人都認爲木蘭院僧人前倨後恭，頗爲勢利眼，因而寺院聲名大跌。但蘇軾的詩歌却根據王播爲宰相後的一系列有損士人氣節的惡劣行爲，反證木蘭院僧人有識人之明，別具慧眼，正如查慎行《蘇詩補注》卷三十五所云：“按《唐書》，播相穆宗時，權幸競進，播賴其力至宰相，專務將迎，居位無所裨益，複失河北，衆望不厭，故公詩有‘無益祇遺患，闍黎蓋具眼’之句。”蘇軾纔是真正的以法眼觀人，看到了俗眼看不到的“真相”。此詩雖然是“戲作”，却無疑爲木蘭院僧人正了一次名。

---

① 孫覿《鴻慶居士集》卷二，《景印文淵閣四庫全書》本。

蘇軾顯然很喜歡石塔寺景觀，曾於端午節在石塔寺因爲毛漸寄茶而會客，其《到官病倦，未嘗會客，毛正仲惠茶，乃以端午小集石塔，戲作一詩爲謝》云：

> 我生亦何須，一飽萬想滅。胡爲設方丈，養此膚寸舌。爾來又衰病，過午食輒噎。繆爲淮海帥，每愧厨傳闕。囊無欲清人，奉使免内熱。空煩赤泥印，遠致紫玉玦。爲君伐羔豚，歌舞菰黍節。禪窗麗午景，蜀井出冰雪。坐客皆可人，鼎器手自潔。金釵候湯眼，魚蟹亦應訣。遂令色香味，一日備三絕。報君不虛受，知我非輕啜。

選擇禪院品茶，景美、茶好、人可心，《苕溪叢話》云：“六一居士嘗新茶詩云：‘泉甘器潔天色好，坐中揀擇客亦嘉。’東坡守維揚於石塔試茶詩：‘禪窗麗午景，蜀井出冰雪。坐客皆可人，鼎器手自潔。’正謂諺云‘三不點也’。”禪茶一味，冲淡了唐代揚州寺院的不少烟火富貴氣[①]，冲淡了此前韓琦、歐陽修的濃厚的儒家氣味，更將宋代文人禪茶意趣風雅注入揚州寺院。

這次石塔寺小集至少有通判晁補之參與，晁補之次韻云：

> 唐來木蘭寺，遺迹今未滅。僧鐘嘲飯後，語出飢客舌。公今食方丈，玉茗攄憶噎。當年卧江湖，不泣逐臣玦。中和似此茗，受水不易節。輕塵散羅曲，亂乳發甌雪。佳辰雜蘭艾，共吊楚累潔。老謙三昧手，心得非口訣。誰知此間妙，我欲希超絕。持誇淮北士，湯餅共朝啜[②]。

知州、通判等一群“可人”在聲名遠不如大明寺的石塔寺中“小集”品茗作詩，無疑提升了石塔寺的聲名。

---

① 如張祜《縱遊淮南》所云“人生只合揚州死，禪智（禪智寺又名竹西寺）山光好墓田”，辛文房《唐才子傳》卷四，《景印文淵閣四庫全書》本。

② 《蘇詩補注》卷三十五《附晁無咎次韻》：“從《雞肋集》采出，慎按，《雞肋集》“當年卧江湖”之上，脱去‘闕、熱’二韻，須覓善本補入。”（《蘇詩補注》，第1411頁）

蘇軾《揚州同晁無咎芝上人遊山光寺和芝韻》[①]，也是知州、通判同時行動，而且還在山光寺進行了一回僧俗唱和。芝上人曇秀首唱"扁舟乘興到山光，古寺臨池勝氣藏。慚愧南風知我意，吹將草木作天香"，稱頌山光寺不僅古雅而且善解人意，知曉他不久去廬山，便將草木吹成漫天香味。蘇軾和答云："鬧裏清遊借隙光，醉時真境發天藏。夢回拾得吹來句，十里南風草木香。"稱揚曇秀詩句猶如垂手拾得、自然天成。這次僧俗之間的偶然唱和爲隋建的山光寺增添了不少詩話和文采。

歐陽修之後，唯有蘇軾纔有這樣的文學能力與性格魅力建構揚州，特別是蘇軾對揚州寺院形象的文學塑造，使得隋唐時期的寺院在宋代重新焕發光彩，也使得揚州更具有禪茶意味。

四、"東南都會"的唱和新風：蘇軾對揚州人文風雅的個性建構

中晚唐及五代十國，儘管到揚州的文人不少，但詩人雅集唱和風氣並不特別興盛。歐陽修等人到揚州也有唱和，但唱和对象較少且數量有限，留存詩作不多。而蘇軾尤其喜歡贈答唱和，從熙寧、元豐開始，他走到哪裏，那裏就會變成詩歌創作及唱和中心。因此儘管他在揚州任職不過半年，卻在有限的時間中小集唱和、遠程唱和，引領並發展揚州唱和新風，活躍揚州文學氣氛。

蘇軾到揚州後，首先延續他在穎州與通判趙令畤治理西湖及唱和的作風，寫了《在穎州與德麟同治西湖未成，改揚州，三月十六日湖成，德麟有詩見懷，次其韻》《再次韻德麟新開西湖》等詩歌，在懷念穎州西湖的同時，還不忘將揚州與穎州作比較：

> 坐思吳越不可到，借君月斧修朦朧。二十四橋亦何有，换此十頃玻璨風。

---

① 據《蘇詩補注》卷三十五《山光寺送客回和芝上人韻》："慎按，《本集·雜記》一條云，'予在廣陵，與晁無咎、曇秀道人同舟送客山光寺，客去，予醉臥舟中，秀作詩云云，予和之。昔予對歐陽公誦文與可云，美人却扇坐，羞落庭下花。公曰，此非與可詩，世間原有此句，與可拾得耳。'又按，此詩施氏原本不載，今從全集采出，據外集題云《揚州同晁無咎芝上人遊山光寺和芝韻》，故移編於此。"（《蘇詩補注》，第 1437 頁）

通過活用歐陽修自揚移潁所作"都將二十四橋月，換得西湖十頃秋"，以致敬恩師。蘇軾雖說揚州二十四橋不一定勝過潁州十頃西湖，但還是非常歡迎趙令時來揚州與他一起憑吊歷史遺迹：

> 雷塘水乾禾黍滿，寶釵耕出餘鸞龍。明年詩客來吊古，伴我霜夜號秋蟲（自注：德麟見約來揚寄居，亦有意求揚倅）。

與潁州相比，揚州的歷史文化底蘊更加豐厚，以至於趙令時想追隨蘇軾的脚步到揚州再任通判，而蘇軾也願意與之繼續搭檔唱和。而已在揚州通判任上的晁補之，年少時就拜在蘇軾門下，更是蘇軾不用招邀就可以隨時唱和的僚屬：蘇軾未到揚州，晁補之已經寫詩歡迎。蘇軾到揚州之後，時不時與晁補之等"僚友"小集唱和，如端午石塔寺小聚唱和；蘇軾獲得兩塊石頭，也要寫個《雙石並引》，且目的明確："乃戲作小詩，爲僚友一笑。"與"僚友"雅集戲謔，是蘇軾的一大樂趣。

蘇軾與晁補之的親密無間在《太夫人以無咎生日置酒，書壁一絕》中表現得最爲明顯：

> 壽樽餘瀝到朋簪，要與郎君夜語深。敢問阿婆開後閣，井中車轄任浮沉。[1]

"朋簪"之間投轄暢飲的行爲完全没有了師生以及上下級間常見的尊卑、距離，可見蘇軾、晁補之私下相處的真性情。而這種師友兼上下級之間私密性的有限空間的放縱，又與杜牧、張祜在歡場的豔冶狹斜、縱情聲色截然不同。在揚州酒色方面，杜牧、張祜更偏重色，而蘇軾、晁補之更偏重酒，在對待酒的態度上還有些區別。

蘇軾在揚州開始創作的和陶詩《飲酒詩二十首並引》，不僅是蘇軾個人追和前代詩人的詩作，而且有意通過"示"而招邀蘇轍、晁補之次韻追和："吾飲酒至少，常以把盞爲樂。往往頹然坐睡，人見其醉，而吾中了然，蓋莫能名其爲醉爲醒也。在揚州時飲酒，過午輒罷，客去，解衣盤礴，終日歡不足而適有餘。因和淵明飲酒二十首，庶以仿佛其不可名者，示舍弟子由、晁無咎學士。"經過蘇轍、晁補之的次韻追和，本來二十首

---

[1] 詳見《蘇詩補注》卷三十五："慎按，太夫人，謂晁無咎之母也。此詩施氏原本不載，今從新刻續補下卷移編揚州卷中。"（《蘇詩補注》，第1435頁）

的和陶詩成了六十首①，這種大型的次韻追和前所未有。揚州爲什麽會成爲蘇軾和陶始發地？就蘇軾而言，契機便是酒，晁補之云揚州"如淮之酒良不空"，爲蘇軾飲酒提供了和陶飲酒的語境，只是蘇軾在揚州"飲酒"追求"歡不足而適有餘"那種半醒半醉之間的舒適境界，不是"江左風流人，醉中亦求名"的爛醉，也不是唐人的沉湎酒色，而是陶淵明式的自適自得。歡聚飲酒唱和是蘇軾在揚州的一大樂趣。

蘇軾《予少年頗知種松，手植數萬株，皆中梁柱矣。都梁山中見杜輿秀才求學其法，戲贈二首》是贈與杜輿秀才的詩歌，本與晁補之無關，但是《雞肋集》却有《東坡公以種松法授都梁杜子師，並爲作詩，子師求余同賦》，可知杜輿早將晁補之視作蘇軾必不可少的唱和對象。杜輿的和答詩歌不存，而晁補之的唱和詩有三首，這説明蘇軾在揚州的詩歌有些已經遺失。

蘇軾的詩歌唱和對象常常由個別人而擴大至整個蘇門乃至詩壇，譬如《次韻范淳夫送秦少章》，就是由次韻范祖禹送秦觀之弟秦覯的詩歌，而後蘇門中之黃庭堅、秦觀、張耒、李廌，再加上晁補之、朱長文的和詩，將當時散居各地的詩人聯繫到一起，幾乎牽動整個詩壇：

> 宿緣在江海，世網如予何。西來庾公塵，已濯長淮波。十年淮海人，初見一麥禾。但欣爭訟少，未覺舟車多。秦郎忽過我，賦詩如卷阿。句法本黃子（公自注：謂魯直也），二豪與揩磨（公自注：謂其兄少游與張文潛也）。嗟我久離群，逝將老西河。後生多名士，欲薦空悲歌。小范真可人，獨肯勤收羅。瘦馬識瘦耳，枯桐得雲和。近聞館李生（公自注謂李廌方叔），病鶴借一柯。贈行苦説我，妙語慰蹉跎。西羌已解仇，烽火連朝那。坐籌付公等，吾將寄潛沱。

一首詩串聯起諸多詩人，每個詩人之間的關係又密切且清晰。蘇軾的詩歌不僅有感染力而且有號召力，而且隨時隨地關注提攜其他詩人，這是蘇門門庭廣大的原因，也是蘇軾所到之處處處生輝的原因。淮揚因秦觀的到來而牽動四方，成爲聯結詩人的紐帶。

此次唱和活動中的范祖禹首唱已經散佚，而晁補之、朱長文的和答都

---

① 《蘇詩補注》卷三十五："慎按，先生和陶詩，始於揚州官舍，後在嶺南，盡和陶韻。子由有叙，別成二卷，諸刻皆同，今按年分編義詳例略中。"（《蘇詩補注》，第 1412 頁）

還留存①，晁補之詩云"蘇公門下客，事業皆不磨。……仇池出一派，分江定有沱"，希望作爲蘇門成員之一的秦觀獨當一面，發展出揚州"仇池"之別派；朱長文詩云"蘇范天下賢，閲士歲月多"，更稱頌蘇軾、范祖禹有識人薦人之賢。朱長文在蘇州，更將蘇州與揚州聯繫到一起。

蘇轍與秦觀也有關於揚州的唱和，蘇轍《揚州五詠》分別吟詠"九曲池""平山堂""蜀井""摘星亭""僧伽塔"②，揚州的名勝古迹隨着蘇門中人的唱和而聲名遠播。

蘇軾在《申明揚州公使錢狀》中云："揚於東南實爲都會，八路舟車無不由此，使客雜沓，餽送相望，將迎之費，相繼不絶。"作爲揚州知州，蘇軾要接待八方來客，送往迎來中不免要給意氣相投的人寫詩贈别，如《次韻蘇伯固（名堅）遊蜀岡送李孝博（字叔升）奉使嶺表》《古别離送蘇伯固》《送晁美叔發運右司年兄赴闕》等，特别是晁美叔，當年"醉翁遣我從子遊"，是蘇軾兄弟四十年前遵照歐陽修指示而從遊的舊交，"公自注：嘉祐初與子由寓興國浴室，美叔忽見訪云'吾從歐陽公遊久矣，公令我來與子定交，謂子必名世，老夫亦須放他出一頭地'。按子由志先生墓亦云"③。作爲歐陽修的賓客、門生，他們在"醉翁賓客散九州，幾人白髮還相收"之時，在醉翁駐守過的地方相見，時空交錯，因緣際會，老門生的公私之間情誼疊加，贈答詩歌不免感慨萬千。"八路舟車"交匯之地的揚州，成爲蘇軾贈答唱和的平臺，而知州的詩歌創作才華將這個平臺打造成詩壇的一個中心。

蘇軾於詩歌、繪畫、佛禪上的功力，也吸引不少相關人士到揚州請益，如僧人無著就是其一，蘇軾《雲師無著自金陵來見予廣陵，且遺予〈支遁鷹馬圖〉，將歸，以詩送之，且還其畫》云：

> 道人自嫌三世將，弃家十年今始壯。玉骨猶寒富貴餘，漆瞳已照
> 人天上。去年相見古長干，衆中矯矯如翔鷺。今年過我江西寺，病瘦

---

① 《蘇詩補注》卷三十五："按范内翰集中失原作，俟再考"，"附晁無咎次韻"，"附朱長文次韻（《學圃余稿》原題云《少章過吴門，寵示淳夫、子瞻倡和，並惠山寄少游之什，俾余繼作，輒次二公韻以寄之》）"。《蘇詩補注》第 1430～第 1431 頁。

② 詳見蘇轍《欒城集》卷九。蘇轍撰，陳宏天、高秀芳點校《蘇轍集》（一），北京：中華書局，2017 年版，第 172～第 173 頁。秦觀《淮海集》卷八《次韻子由題九曲池（廣陵五題）》，《景印文淵閣四庫全書》本。

③ 詳見《蘇詩補注》卷三十五，《蘇詩補注》，第 1436 頁。

已作霜松寒。朱顏不辨供歲月，風中蒿火湯中雪。好問君家黃面翁，乞得摩尼照生滅。莫學王郎與支遁，臂鷹走馬憐神駿。還君畫圖君自收，不如木人騎土牛①。

無著專門從金陵到廣陵，就爲了讓蘇軾看他的畫，蘇軾題詩四首，爲這位將門之後轉做僧人而説理説禪。

比歐陽修還嗜好贈答唱和的蘇軾不僅吸引了住在揚州、經過揚州以及嚮往揚州並拜訪追隨蘇軾的詩人，還用各種唱和方式聯絡起散居各處的詩人，將揚州打造成元祐體的一個唱和中心，爲揚州建造了良好的文學氛圍。

北宋到揚州任職的官宦甚多，但像歐陽修、蘇軾這樣具有多重身份和多重才能的官宦並不多。歐陽修"以知州身份將唐代文人享樂消費型揚州改變成宋代士大夫仁政型揚州，以文章道德一代儒宗的身份將唐代情色風流型揚州改變爲宋代儒雅風流型揚州，以學術文化身份將唐代商業市井型揚州改造成知識型文化型揚州，爲揚州的地域形象轉型做出了巨大貢獻"②。而蘇軾繼承歐陽修以及其他前輩的傳統，發揮自身優勢，爲宋型揚州增添了超越酒色之外、具有禪茶意味、更多詩人唱和集體風雅的元素，使宋型揚州形象的品位得以提升。

---

① 《蘇詩補注》卷三十五："慎按，此詩施氏原本不載，新刻載續補上卷，題目止《贈僧》二字，今據外集采録，編入揚州卷中。"（《蘇詩補注》，第 1440 頁）
② 詳參吕肖奐《歐陽修的多重身份與揚州形象的宋型建構——從唐型揚州到宋型揚州的轉變》，《西北民族大學學報（哲學社會科學版）》2021 年第 3 期，第 164～171 頁。

"風檣陣馬，沉著痛快" 考略

周一凡

四川大學藝術學院

摘　要："風檣陣馬，沉著痛快，當與鍾、王抗行，非但不愧之而已。" 這句一直被認爲是蘇軾對米芾書法的經典評語，詳究其源流，實應出自宋高宗趙構。這在《名賢氏族言行類稿》《山堂肆考》二書中都有明確記載。明范明泰《米襄陽志林》最早將宋高宗評價米芾之語錯置於蘇軾。而以蘇軾的論書體系及其對米芾書法的評價，不可能給出這樣的讚譽。這一訛誤導致其後的《清河書畫舫》《珊瑚網》《六藝之一錄》《書林藻鑒》等書也以訛傳訛，不經辨僞就照搬收録，一直影響到今人的書法史著述。

關鍵詞：米芾　蘇軾　宋代書法史　辨僞

一

曹寶麟《中國書法史·宋遼金卷》在論及對米芾書法的評價時寫道："時輩和後人評米芾書，也喜用'陣'或'馬'來作喻，如蘇軾的'風檣陣馬，沉著痛快。'"① 曹寶麟先生認爲 "風檣陣馬，沉著痛快" 是蘇軾對米芾的評價，其所據爲馬宗霍《書林藻鑒》卷九《宋·米芾》。查《書林藻鑒》，此句完整的表述爲："蘇軾云：米書超逸入神。又云：海嶽平生篆

隸真行草書，風檣陣馬，沉著痛快，當與鍾、王並行，非但不愧而已。"①
《書林藻鑒》是一部歷代書法評論的資料彙編，摘録内容當有所本。蘇軾
的這兩句話，前一句較早見於明李東陽《懷麓堂集》："蘇稱米書爲超逸入
神"②，其共同來源當爲蘇軾集中的"超妙入神之字"③，這是北宋建中靖
國元年（1101）六月蘇軾於北歸途中寫給米芾的一封信中的内容。而《書
林藻鑒》所録蘇軾評價米芾的第二句話，蘇軾集中未見收，却載於張丑
《清河書畫舫》卷九："海嶽平生篆隸真行草書，風檣陣馬，沉著痛快，當
與鍾、王並行，非但不愧而已。"④ 張丑還將這句話的出處標爲《雪堂書
評》。

"雪堂"爲蘇軾在黄州時期，即元豐三年（1080）到元豐七年（1084）
所用别號，其《雪堂記》記述了這一别號的由來："蘇子得廢圃於東坡之
脅，築而垣之，作堂焉，號其正曰'雪堂'。"⑤ 蘇軾在這一時期所撰詩文
常以"雪堂"自名，如《送酒與崔誠老》："雪堂居士醉方熟，玉澗山人冷
不眠。"⑥《怪石供》："時元豐五年五月，黄州東坡雪堂書。"⑦《書四戒》：
"元豐六年十一月，雪堂書。"⑧ 蘇軾告别黄州雪堂寓所後，"雪堂"一號
便不再使用。曹寶麟先生將"風檣陣馬，沉著痛快，當與鍾、王並行，非
但不愧而已"指爲蘇軾於黄州雪堂所作，根據爲張丑《清河書畫舫》中標
出的《雪堂書評》。⑨ 然而問題在於，《雪堂書評》並未收録於任何蘇軾文
集中，且僅見於明代《清河書畫舫》一書。曹寶麟先生似乎還忽略了一
點，如果"海嶽平生篆隸真行草書，風檣陣馬，沉著痛快"這句話確是蘇

---

① 馬宗霍《書林藻鑒·書林紀事》，北京：文物出版社，1984年，第135頁。
② 李東陽《懷麓堂集》卷四十一《書米南宫真迹後》，《景印文淵閣四庫全書》第1250册，臺北：臺灣商務印書館，2008年，第448頁。
③ 蘇軾《與米元章二十八首·二十五》，張志烈、馬德富、周裕鍇主編《蘇軾全集校注》第17册，石家莊：河北人民出版社，2010年，第6466頁。
④ 張丑《清河書畫舫》，盧輔聖主編《中國書畫全書》第4册，上海：上海書畫出版社，2000年，第311頁。
⑤ 蘇軾《雪堂記》，《蘇軾全集校注》第11册，第1308頁。
⑥ 蘇軾《送酒與崔誠老》，《蘇軾全集校注》第8册，第5522頁。
⑦ 蘇軾《東坡全集》卷一百《怪石供》，《景印文淵閣四庫全書》第1108册，第588頁。
⑧ 蘇軾《書四戒》，《蘇軾全集校注》第19册，第7400頁。
⑨ 曹寶麟《中國書法史·宋遼金卷》，第182頁。又曹寶麟《抱甕集》："風檣陣馬，沉著痛快……八個字實際上已成爲米書的千古定評。這句話見於《雪堂書評》。雪堂是東坡在黄州的住所，因此它顯然是二人初識時東坡的評騭。"

軾於黃州時所作，那麼蘇軾稱呼米芾爲"海嶽"又如何解釋呢？據蔡肇《故南宮舍人米南宮墓誌》記載："（米芾）過潤，愛其江山，遂定居焉。北固既火，作庵城東，號海嶽。日哦其間，爲吾州佳絶之觀。"①《米襄陽年譜》將海嶽庵建成時間定於哲宗元祐四年（1089）②，因此米芾開始使用"海嶽"這一別號當在元祐四年之後，而蘇軾在黃州的時間爲神宗元豐三年至七年。顯然，蘇軾不可能提前預知米芾此後的別號。蘇軾文集中對米芾皆以"元章"或"米黻"稱之，並未見有以"海嶽"稱之者。蘇集提到"海嶽"有三處，然而都與米芾無關，僅指海嶽的本義，即大海與高山。以"海嶽"稱米芾，似始於米芾卒後，李之儀《次韻子椿同關聖源吳師道贈董無求有懷米元章》："海嶽仙人不我期，碧雲幽恨獨心知。"③ 金趙秉文《跋米元章多景樓詩》："海嶽老人書，惟華陀帖與多景樓詩最爲豪放。"④ 金元好問《米帖跋尾》："東坡愛海嶽翁有云：'米元章書如以快劍斫蒲葦，無不如意。信乎，子敬以來一人而已。'"⑤ 元張雨《題拜石圖》："一代清狂海嶽老，世間簪紱更須論。却憐種放樵夫拜，不到奇章宰相門。"⑥ 以"海嶽"代指米芾，大量出現於明清以後的書論，如董其昌在書畫品評中就多以"海嶽"稱呼米芾。

二

"風檣陣馬，沉著痛快"接下來一句是"當與鍾、王並行，非但不愧

---

① 米芾《寶晉山林集拾遺》，《北京圖書館古籍珍本叢刊》第89册，北京：書目文獻出版社，1990年，第167頁。岳珂對此有補充："是未火之前在甘露，既火之後，自西而東矣。海嶽之名固也，而地則不同。昔在甘露，謂江爲海，謂北固爲嶽小矣。挈之以東，謂海爲海，謂四嶽爲嶽，顧不大哉，今視其地信然。"（《寶真齋法書贊》卷十九《米元章海嶽詩帖》）
② 魏平柱《米襄陽年譜》，武漢：湖北人民出版社，2013年，第73、118頁。
③ 李之儀《姑溪居士後集》卷八，《景印文淵閣四庫全書》第1120册，第663頁。如果説據《次韻子椿同關聖源吳師道贈董無求有懷米元章》一詩，仍難以判斷李之儀稱米芾爲"海嶽仙人"時，米芾是否已經過世。在李之儀另一首同樣以"懷元章"爲題的詩中，我們可以明顯看出此類詩作當寫於米芾卒後。其《次韻聖源無求兼懷元章》詩云："羨門不見見安期，流水高山獨我知。門徑踏穿行複爾，靈丹救活信能奇。換雖得辨才三紙，借恐終還是兩癡。不用艱難成發塚，紅樓親共賦烹葵。"（《姑溪居士後集》卷八）羨門即墓門，由"靈丹救活""發塚"可知，這是李之儀作詩懷念故去的友人。
④ 趙秉文《滏水集》卷二十，《景印文淵閣四庫全書》第1190册，第260頁。
⑤ 元好問《元好問全集（下）》，太原：山西人民出版社，1990年，第113頁。
⑥ 張雨《句曲外史集補遺》卷上，《景印文淵閣四庫全書》第1216册，第402頁。

而已"，這就涉及蘇軾的論書體系，以及他對米芾書法的評價。在同時代的書法家中，蘇軾最推重的當是蔡襄。蘇軾認爲："蔡君謨先生之書，如三公被袞冕立玉墀之上。"① "蔡君謨書，天資既高，積學深至，心手相應，變態無窮，遂爲本朝第一。"② 這其實是對他老師歐陽修"蔡君謨獨步當世"觀點的繼承。③ 蘇軾在另外幾段書評中則透露了他最欣賞的古代書家：

> 予嘗論書，以謂鍾、王之迹，蕭散簡遠，妙在筆劃之外。至唐顏、柳，始集古今筆法而盡發之，極書之變，天下翕然以爲宗師，而鍾、王之法益微。④

> 顏魯公書雄秀獨出，一變古法，如杜子美詩，格力天縱，奄有漢、魏、晋、宋以來風流，後之作者，殆難復措手。柳少師書，本出於顏，而能自出新意，一字百金，非虛語也。其言心正則筆正者，非獨諷諫，理固然也。⑤

鍾繇、王羲之歷來被論書者推爲書家之極則，蘇軾對此並無异議。而在鍾、王之後，蘇軾最推重的古代書家無疑是顏真卿、柳公權，他對顏真卿還有"書至於顏魯公"這樣極致的褒揚，幾乎使鍾、王也顯得暗淡無光了。⑥ 因此，以蘇軾的評書標準來看，"當與鍾、王並行，非但不愧"如此之高的評語，似乎只有用在顏真卿身上，才最爲合適。

蘇軾直接評論過米芾的書法，《東坡題跋·論沈遼米芾書》云：

> 自君謨死後，筆法衰絶。沈遼少時本學其家傳師者，晚乃諱之，自云學子敬。病其似傳師也，故出私意新之，遂不如尋常人。近日米芾行書，王鞏小草，亦頗有高韻，雖不逮古人，然亦必有傳於世也。⑦

蘇軾認爲米芾最得意的行書，雖頗有高韻，能傳於世，但終未比肩古

---

① 蘇軾《東坡題跋》卷四《跋陳隱居書》，《中國書畫全書》第 1 册，第 629 頁。
② 蘇軾《東坡題跋》卷四《評楊氏所藏歐蔡書》，《中國書畫全書》第 1 册，第 630 頁。
③ 蘇軾《東坡題跋》卷四《論君謨書》，《中國書畫全書》第 1 册，第 628 頁。
④ 蘇軾《東坡題跋》卷二《書黃子思詩集後》，《中國書畫全書》第 1 册，第 612 頁。
⑤ 蘇軾《東坡題跋》卷四《書唐氏六家書後》，《中國書畫全書》第 1 册，第 635 頁。
⑥ 蘇軾《東坡題跋》卷五《書吳道子畫後》，《中國書畫全書》第 1 册，第 637 頁。
⑦ 蘇軾《東坡題跋》卷四《論沈遼米芾書》，《中國書畫全書》第 1 册，第 634~635 頁。

人。蘇軾的看法也影響到其友人對米芾書法的評價，黄庭堅認爲米芾學小王，如杜預注《春秋》，皆是"以意附會"。① 他還認爲米芾窮盡書家筆勢，"然似仲由未見孔子時風氣耳"。② 黄庭堅指出米芾書法鋒芒太露，缺乏和氣，頗中肯綮。李之儀《跋米元章書儲子椿墨梅詩》云："予嘗評元章書，迴旋曲折，氣古而韻高，上攀李泰和、顏清臣爲不足，下方徐季海、柳誠懸爲有餘，未易咫尺論也。"③ 認爲米書雖勝過徐浩、柳公權，然較李邕、顏真卿，則略遜一籌。

蘇軾對米芾書法的態度是有前後變化的，葛立方《韻語陽秋》載：

> 東坡詩云："元章作書日千紙，平生自苦誰與美。畫地爲餅未必似，要令癡兒出饞水。"如此等句，似非知元章書者。晚年尺牘中語乃不然，所謂嶺海八年，念吾元章，邁往凌雲之氣，清雄絶俗之文，超邁入神之字，何時見之，以洗瘴毒。又云："恨二十年相從，知元章不盡。"所謂"畫地爲餅未必似"者，其知元章不盡者歟。④

前引元好問《米帖跋尾》："東坡愛海嶽翁有云：'米元章書如以快劍斫蒲葦，無不如意。信乎，子敬以來一人而已。'""超邁入神之字""子敬以來一人而已"當然是蘇軾對米芾很高的評價，但恐怕還難以同"當與鍾、王並行，非但不愧"畫上等號。蘇軾曾説："吾嘗疑米元章用筆妙一時，而所藏書真僞相半。"⑤ "一時"一詞頗值得玩味，因爲在蘇軾眼中，"本朝第一"書家當屬蔡襄，而與古代書家相比，鍾繇、王羲之和顏真卿更是米芾未能逾越的高峰。

三

宋高宗趙構是書法史上爲數不多的可與其父徽宗並肩的帝王書法家，

---

① 黄庭堅《山谷題跋》卷四《跋法帖》，《中國書畫全書》第 1 册，第 682 頁。
② 黄庭堅《山谷題跋》卷五《跋米元章書》，《中國書畫全書》第 1 册，第 692 頁。
③ 李之儀《姑溪居士前集》卷三十九，第 577~578 頁。董其昌也認爲米芾難與顏真卿相比，他先贊成蘇軾以書至於顏魯公"非虚語也"，又云："顏書惟《蔡明遠序》尤爲沉古，米海嶽一生不能放佛，蓋亦爲學唐初褚公書，稍乏骨氣耳。"（《容臺集·別集》卷二）
④ 葛立方《韻語陽秋》卷第十四，王雲五主編《叢書集成初編》第 2554 册，上海：商務印書館，1939 年，第 109 頁。
⑤ 丁傳靖《宋人軼事彙編》卷十三，北京：中華書局，1981 年，第 679 頁。

他在書法理論與創作方面都對南宋書壇產生了深遠的影響。高宗幼承家法，後改學黃、米，又追迹鍾、王，最終自成一家。楊萬里《誠齋詩話》載："高宗初作黃字，天下翕然學黃字。後作米字，天下翕然學米字。最後作孫過庭字，故孝宗太上皆作孫字。"① 又翟耆年《籀史》載："紹興皇帝生悟道真，多能天縱，奎畫遒美，追迹鍾王，行筆雄偉，下視唐晋，酷好芾書及芾所臨六朝唐人名迹，謂遒麗勁逸，足以追繼晋賢行筆，非唐人所能及。"② 米芾在高宗學書經歷中起到了關鍵的作用，岳珂《寶真齋法書贊》云："中興初，思陵以萬幾之暇，垂意筆法，始好黃庭堅書，故《戒石之銘》以頒，而方國一劄遂皆似之。後複好公（米芾）書，以其子敷文閣直學士友仁待清燕，而宸翰之體遂大變，追晋躡唐，前無合作。"③ 可見高宗師法米芾，經數年心摹手追，書藝得以大進。

宋高宗書學米芾，自然對米芾極力推崇。高宗在《翰墨志》中記錄了他對米芾的評價：

> 米芾得能書之名，似無負於海内。芾於真楷、篆、隸不甚工，惟於行、草誠入能品。以芾收六朝翰墨副在筆端，故沉著痛快，如乘駿馬，進退裕如，不煩鞭勒，無不當人意。然喜效其法者，不過得外貌，高視闊步，氣韻軒昂，殊不究其中本六朝妙處醖釀，風骨自然超逸也。昔人謂支遁道人愛馬不韻，支曰："貧道特愛其神駿耳。"余於米字亦然。又芾之詩文，詩無蹈襲，出風烟之上。覺其詞翰，同有凌雲之氣，覽者當自得。④

"沉著痛快"與"如乘駿馬，進退裕如"兩句評語皆有所本。"如乘駿馬，進退裕如"是對米芾形容褚遂良書法"如熟馭陣馬，舉動隨人"一語的化用。⑤ 高宗將它借用在米芾自己身上，也十分貼切。黃庭堅評價范仲淹、蘇軾書法時都用了"沉著痛快"，並認爲"下筆痛快沉著，最是古人

① 楊萬里《誠齋詩話》，《景印文淵閣四庫全書》第 1480 冊，第 733 頁。
② 翟耆年《籀史》，《景印文淵閣四庫全書》第 681 冊，第 442 頁。
③ 岳珂《寶真齋法書贊》卷十九，《叢書集成初編》第 1629 冊，第 276～277 頁。
④ 趙構《翰墨志》，《中國書畫全書》第 2 冊，第 2 頁。
⑤ 米芾《寶晉英光集·補遺》，《叢書集成初編》第 1932 冊，第 74 頁。

妙處"。① 高宗以帝王身份稱贊米書"沉著痛快"，後世文人也多襲用其語。如南宋楊萬里《誠齋集》："後山清厲刻深之句，寶晋沉著痛快之字。"② 葛立方《韻語陽秋》："《襄陽學記》乃羅遜書，元章亦襄陽人，姑效其作。至於筆挽萬鈞，沉著痛快處，遜法豈能盡耶？"③ 朱熹《跋米元章帖》："米老書如天馬脱銜，追風逐電。雖不可範以馳驅之節，要自不妨痛快。"④ 明董其昌也説："米元章書，沉著痛快，直奪晋人之神。"⑤

我們可以看出，前文討論的"風檣陣馬，沉著痛快"一句與高宗"沉著痛快，如乘駿馬"的表述有著明顯的相似之處，而"當與鍾、王抗行，非但不愧之而已"其實也正與前引高宗謂米芾"足以追繼晋賢行筆，非唐人所能及"的意思相同。⑥ 在成書於南宋寧宗嘉定二年（1209）的《名賢氏族言行類稿》一書中，就明確記載了"風檣陣馬，沉著痛快"語出宋高宗趙構，而非我們一直認爲的蘇軾。章定《名賢氏族言行類稿》卷三十四《米（六百二十九）》：

> 姓纂出西域米國。宋朝米黻，字元章，少負英聲，前輩鉅公皆器重之。東坡先生尺牘有云：嶺南八年，念吾元章邁往凌雲之氣，清雄絶俗之文，超妙入神之字，何時見之？今真見之矣。又，兒子於何處得《寶月觀賦》，琅然誦之，老夫卧聽未半，蹶然而起。恨二十年相從，知元章不盡。此賦當過古人，不論今世也。公當有大名，不勞我輩説也。雖高宗天縱日躋，雲章洛畫，超軼前古，獨愛元章，萬幾之暇，朝夕披玩。以元章平生篆刻真行草書，刻石分爲十卷。風檣陣馬，沉著痛快，當與鍾、王抗行，非但不愧之而已。⑦

成書於明神宗萬曆二十三年（1595）的《山堂肆考》也有類似記載，

---

① 黄庭堅《山谷題跋》卷六《跋范文正公帖》、卷五《跋東坡書》、卷九《跋東坡思舊賦》、卷七《書十棕心扇因自評之》，《中國書畫全書》第 1 册，第 692、688、717、697 頁。
② 楊萬里《誠齋集》卷六十八，《景印文淵閣四庫全書》第 1160 册，第 651 頁。
③ 葛立方《韻語陽秋》卷十四，《叢書集成初編》第 2554 册，第 109 頁。
④ 朱熹《晦庵集》卷八十二，《景印文淵閣四庫全書》第 1145 册，第 702 頁。
⑤ 董其昌《容臺集·别集》卷二，杭州：西泠印社出版社，2012 年，第 629 頁。
⑥ 最早認爲米芾可與鍾、王在伯仲之間的，還有張耒。李之儀云："近吾友張文潛評其（米芾）書幾在鍾、王季孟間。"（《姑溪居士前集》卷三十九《跋元章與術人劉思道帖》）這種觀點影響後世，如明項元汴跋《三卷帖》："予藏是三帖益多，卷豪濡墨，沉著痛快，且蕭散簡遠，氣雄韻勝，實與逸少同調合度，故其專名云。"（《宋米芾三帖真迹》）
⑦ 章定《名賢氏族言行類稿》卷三十四，《景印文淵閣四庫全書》第 933 册，第 519 頁。

可看作《名賢氏族言行類稿》的簡略本。彭大翼《山堂肆考》卷一百三十三《愛米公書》：

> 宋米芾字元章，少負英聲。前輩巨公，皆器重之。東坡尺牘云：嶺海八年，念吾元章邁往凌雲之氣，清雅拔俗之文，超邁入神之字，何時見之以洗瘴毒？今真見之矣。高宗天縱日躋，雲章洛畫。獨愛元章，平生篆隸真行草書，分爲十卷刻於石。稱其書如風檣陣馬，沉著痛快，當與鍾、王抗衡。①

兩段史料都記載了蘇軾與高宗對米芾書法的評價，而對米芾書法的經典評價"風檣陣馬，沉著痛快，當與鍾、王並行，非但不愧而已"一語，正出自宋高宗趙構，而非蘇軾。《名賢氏族言行類稿》一書距宋高宗時代最近，與《山堂肆考》皆早於成書於明萬曆四十四年（1616）的《清河書畫舫》，可信度更高，更足以爲據。《四庫提要》評價《名賢氏族言行類稿》云："於有宋一代紀述頗詳，其人其事，往往爲史傳所不載，頗足以補闕核其。"② 謂《清河書畫舫》則曰："所取書畫題跋，不盡出於手迹，多從諸家文集錄入，且亦有未見其物，但據傳聞編入者。"③ 足見《清河書畫舫》所錄史料的可信度是值得懷疑的。

其實，最早將"風檣陣馬，沉著痛快，當與鍾、王並行，非但不愧而已"誤認爲是蘇軾所說的是范明泰《米襄陽志林》一書。《米襄陽志林》成書於明萬曆三十二年（1604），要早於《清河書畫舫》。④《四庫提要》批評此書："多不著出典，未足依據。亦時有舛訛。"⑤ 比如《恩遇》第一條云："皇祐二年正月十七日詔米芾以黃庭小楷作小字《千字文》。"⑥ 而米芾生於皇祐三年（1051），《米襄陽志林》稱其在生前一年寫《千字文》，

---

① 彭大翼《山堂肆考》卷一三三，《景印文淵閣四庫全書》第 976 冊，第 582 頁。
② 紀昀總纂《四庫全書總目提要》卷一三五，石家庄：河北人民出版社，2000 年，第 3456 頁。
③ 紀昀總纂《四庫全書總目提要》卷一一三，第 2907 頁。
④ 范明泰《米襄陽志林·米襄陽志林叙》云："甲辰維夏佛節范明泰造並書。"《四庫全書存目叢書》史部第 84 冊，濟南：齊魯書社，1996 年，第 405 頁。
⑤ 紀昀總纂《四庫全書總目提要》卷六十，第 1645 頁。《四庫全書總目提要》收錄《米襄陽外紀》十二卷，《米芾志林》十六卷。《米芾志林》即《米襄陽志林》，後者較前者多《世系》一卷，其餘相同。《四庫提要》又謂《米芾志林》"與《襄陽志林》並同"，故三者可視爲一書。
⑥ 范明泰《米襄陽志林》卷二，《四庫全書存目叢書》史部第 84 冊，第 415 頁。

豈不謬哉？

今將文獻中所見"風檣陣馬，沉著痛快"一語的流傳整理成表格，茲
列於下：

表1

作者	書名	成書時間	原文
章定	《名賢氏族言行類稿》卷三十四	南宋嘉定二年（1209）	高宗天縱日躋，雲章洛畫，超軼前古，獨愛元章，萬幾之暇，朝夕披玩。以元章平生篆刻真行草書，刻石分爲十卷。風檣陣馬，沉著痛快，當與鍾、王抗行，非但不愧之而已
彭大翼	《山堂肆考》卷一百三十三	明萬曆二十三年（1595）	高宗天縱日躋，雲章洛畫。獨愛元章，平生篆隸真行草書，分爲十卷刻於石。稱其書如風檣陣馬，沉著痛快，當與鍾、王抗衡
范明泰	《米襄陽志林》卷第十	明萬曆三十二年（1604）	東坡云：海嶽平生篆隸真行草書，風檣陣馬，沉著痛快，當與鍾、王並行，非但不愧而已①
張丑	《清河書畫舫》卷九	明萬曆四十四年（1616）	東坡云：海嶽平生篆隸真行草書，風檣陣馬，沉著痛快，當與鍾、王並行，非但不愧而已。《雪堂書評》
汪砢玉	《珊瑚網》卷二十四下	明崇禎十六年（1643）	東坡云：海嶽平生篆隸真行草書，風檣陣馬，沉著痛快，當與鍾、王並行，非但不愧而已②
張岱	《夜航船》卷八文學部	約清康熙四年（1665）後③	東坡云：元章平生篆隸真行草書，分爲十卷，風檣陣馬，當與鍾、王並行，非但不愧而已④
倪濤	《六藝之一録》卷三百	初次定稿於清乾隆四年（1739）⑤	東坡云：海嶽平生篆隸真行草書，風檣陣馬，沉著痛快，當與鍾、王並行，非但不愧而已⑥
馬宗霍	《書林藻鑒》卷第九	民國二十四年（1935）	蘇軾云：米書超逸入神。又云：海嶽平生篆隸真行草書，風檣陣馬，沉著痛快，當與鍾、王並行，非但不愧而已

---

① 范明泰《米襄陽志林》卷十，《四庫全書存目叢書》史部第84冊，第466頁。
② 汪砢玉《珊瑚網》卷二十四下，《景印文淵閣四庫全書》第818冊，第467頁。
③ 宋曉麗《張岱〈夜航船〉研究》，湖北大學碩士學位論文，2007年，第9頁。
④ 張岱《夜航船》卷八，《續修四庫全書》第1135冊，上海：上海古籍出版社，2002年，第641頁。
⑤ 錢偉强《倪濤〈六藝之一録〉研究》，中國美術學院博士學位論文，2013年，第34頁。
⑥ 倪濤《六藝之一録》卷三百，《景印文淵閣四庫全書》第836冊，第416頁。

　　由上表可知，"風檣陣馬，沉著痛快，當與鍾、王抗行，非但不愧之而已"，這句一直被認爲是蘇軾對米芾書法的經典評語，實應出自宋高宗趙構。以蘇軾的論書體系及其對米字的評價，並不可能給出"當與鍾、王抗行，非但不愧之而已"這樣高的贊譽。宋高宗則明顯不同，當時人認爲高宗酷好米書，所謂"帝心簡注，惟公是嗜"①，"雖穆帝之好逸少書，殆不能過"。② 這足見宋高宗對米芾的推崇，絲毫不下於歷代帝王對王羲之書法的喜愛。

　　《米襄陽志林》將本是宋高宗評價米芾之語錯置於蘇軾，導致其後《清河書畫舫》《珊瑚網》《夜航船》《六藝之一録》《書林藻鑒》等書也以訛傳訛，不經辨僞就照搬收録，而且一直影響到今人的書法史著述。③

———————

① 岳珂《寶真齋法書贊》卷十九，《叢書集成初編》第 1629 册，第 277 頁。

② 翟耆年《籀史》，《景印文淵閣四庫全書》第 681 册，第 442 頁。

③ 除前述曹寶麟《中國書法史·宋遼金卷》外，有代表性的還有沈鵬《米芾的書法藝術》："同時代的蘇軾稱贊他'風檣陣馬，沉著痛快。'"（《中國書法全集·米芾卷》），海外藝術史學者方聞："蘇軾形容米芾脫韁的草書如'風檣陣馬。'"（《中國書法：理論與歷史》）等。

先秦兩漢"嘯"聲的文本書寫與身份嬗變

王　順

四川大學文學與新聞學院

摘　要:"嘯"是中國古代一個值得注意的文學現象,最早的記載可追溯至先秦時期的《詩經》,但"嘯"作爲一種初現雛形的發聲方式,難以與朝廷雅樂相頡頏,以致相關研究鮮有。《詩經》的"嘯"聲主體多是女性,往往表現出這一群體的悲慘遭遇,借此抒發鬱結於心的淒切情愫。在先秦兩漢其他文獻中,"嘯"還被應用於祭祀場合,在很大程度上具有陰附陽和、招魂納魄的巫術功能。"吟""嘯"二字相互訓釋,並結合爲"吟嘯"一詞,進而豐富了"嘯"的表達形式。更爲關鍵的是,"嘯"者的主體身份發生了重大變化,由女性之"嘯"向男性之"嘯"逐漸傾斜,這對於探討"嘯"聲的文本書寫與身份嬗變大有裨益。

關鍵詞:嘯　《詩經》　巫術　吟　身份嬗變

"嘯"是一種起源較早的口頭表達方式,由於"嘯"沒有特定的樂譜,只在一些文獻典籍中有零星記載,其研究價值時有湮没,現代學者對這一方面的研究成果較少。但也有一些學者已經關注到"嘯"在後世的文學影響,試圖以此爲研究契機,拾筆綴文,探微索隱。因此,有必要回顧一下"嘯"的研究歷程,在二十世紀九十年代,學術界興起了對"嘯"的研究浪潮，夏灩洲較早地從音樂的角度來闡釋“嘯”的含義①，昝亮初步探討了“嘯”的歷史發展概貌②，李秉鑒簡略提及了“嘯”所表達的哀怨思想③，范子燁充分肯定了“嘯”這一口哨音樂的音樂價值④，此後他對“嘯”的研究饒有興趣，又進一步揭示了“嘯”的文化特質⑤。進入二十一世紀，張應斌從文化人類學的角度撰寫了《嘯文學簡史》，一開始就界定了“嘯”的性質⑥，這是目前第一本簡述“嘯”文學發展史的學術著作。值得注意的是，日本學者青木正兒曾撰寫《“嘯”的歷史與字義變遷》，大致回顧了“嘯”的歷史演變過程⑦。

上述研究成果確實開墾了一片新的研究天地，而它們將早期的“嘯”作爲後世文學表達的附庸，關注點主要停留在魏晉以降的“嘯”文學書寫中，還没有深入探討“嘯”在先秦兩漢時期的總體特徵，就這一點而言，還存在亟待填補的研究空白。因此，本文的寫作目的即追本溯源，搜殘補闕，以期更加全面地認識“嘯”的文學價值。

一、“嘯”史溯源與歌詩傳統

關於“嘯”的文獻記載，最早見於《詩經·江有汜》：“江有沱，之子歸，不我過。不我過，其嘯也歌。”《鄭箋》：“嘯，蹙口而出聲，嫡有所思

① 夏灩洲明確“嘯”有兩種較爲重要的含義：“一是指人撮口而呼發出長且清脆的聲音；二是指禽獸拉長聲音的咆哮聲。”參見夏灩洲《“嘯”釋》，《武漢音樂學院學報》1992 年第 4 期，第 97 頁。
② 昝亮結合中國古代相關文獻，對“嘯”的含義作了大致界定：“兼有實際應用中的諸种閥門，出俗入雅，復出雅反俗，是中國古代的一種特殊的藝術形式。”參見昝亮《嘯藝説略》，《學術研究》1993 年第 1 期，第 145 頁。
③ 李秉鑒《古人的嘯》，《文史雜志》1993 年第 5 期，第 42 頁。
④ 范子燁認爲，“嘯”是“一顆深埋在華夏古國雄厚而堅實的文化沃壤下的璀璨明珠，一種被禹域眾生所遺忘的高雅的音樂藝術，一片積澱在中國古代文學的千岩萬壑的奪目林巒。它並非人間的勇士斗膽偷天的產物，而是與我們富於審美情味的在修先賢朝夕與共、唇齒相依的實實在在的伴侣”。參見范子燁《“嘯”：東方古國的口哨音樂》，《中國文化》1995 年第 12 期，第 183 頁。
⑤ 范子燁《論“嘯”：絶響的中國雅樂》，《求是學刊》1997 年第 12 期，第 74～75 頁。
⑥ 張應斌指出：“‘嘯’是人類最早的音樂，與人類的自然喊叫一樣，出自人的自然器官——嘴巴，是人類使用自體的器官以自鳴方式產生的音樂。”參見張應斌《嘯文學簡史》，廣州：暨南大學出版社，2012 年，第 1 頁。
⑦ 青木正兒《“嘯”的歷史與字義變遷》，《銅仁學報》2018 年第 8 期，第 9～13 頁。

而爲之。既覺自悔而歌，歌者言其悔過，以自解說也。”① 若按《鄭箋》解釋，“嘯”字或作吹口哨之義，口哨是指人類收縮嘴脣引起聲帶振動的一種聲音。歷代注解《詩經》者皆從其說，如南宋朱熹《詩集傳》：“嘯，蹙口出聲以舒憤懣之氣，言其悔時也。”② 清代馬瑞辰《毛詩傳箋通釋》：“嘯者，吹聲，悲聲也。”③ 王先謙《詩三家義集疏》：“成公綏《嘯賦》：‘動脣有曲，發口成音。觸類感物，因歌成吟。’蓋嘯者蹙口激舌，其聲清長，有似歌曲而不成章。”④ 三家注解明顯師承鄭氏之說，“嘯”是人類蹙口成形、吹噓而出的聲音，這些觀點體現了“疏不破注”的訓釋原則。但王先謙更進一步指出了“嘯”的聲音屬性，有點類似歌曲，却不成樂章，其依據在於西晉成公綏所作的一篇專門探討“嘯”聲的賦作，他指出“嘯”作爲一種人類獨特的聲音，也具有一定的歌曲節奏，這强調了人聲與音樂之間的關係。因此，從“嘯”的清長悠揚特點來分析，“嘯”在廣義層面上可被視作一種音樂之聲。

《墨子·公孟》：“誦詩三百，弦詩三百，歌詩三百，舞詩三百。”⑤ “歌樂舞”三位一體構成了《詩經》演繹的重要部分，周代或許存在一種歌詩文本⑥，《詩經》已是系統成言的經典性文本，對於歌詩音樂系統的考察，則需進一步挖掘文字背後的特殊含義。“其嘯也歌”將“嘯”和“歌”並列運用，二者之間在聲音系統上既有聯繫，在實際意義上又有區別。《尚書·舜典》：“詩言志，歌永言。聲依永，律和聲。”⑦《禮記·樂記》：“歌詠其聲也。”⑧《說文解字》：“歌，詠也。”⑨《詩經》奠定了中國古典詩歌的“言志”傳統，由於《詩經》很多篇目大抵是口耳相傳的民歌，其采用流連反復的“歌詠”方式，從而增强詩歌的音樂性與抒情性。

---

① 孔穎達《毛詩注疏》卷一，上海：上海古籍出版社，2013 年，第 132 頁。
② 朱熹《詩集傳》卷一，北京：中華書局，2011 年，第 15 頁。
③ 馬瑞辰《毛詩傳箋通釋》卷三，北京：中華書局，1987 年，第 96 頁。
④ 王先謙《詩三家義集疏》卷二，北京：中華書局，1987 年，第 110 頁。
⑤ 吳毓江《新編諸子集成·墨子校注》卷十二，北京：中華書局，1993 年，第 705 頁。
⑥ 李輝認爲：“周代可能存在另外一種服務於具體樂用、在技術操作層面上具有實際指導意義的歌詩文本。”參見李輝《周代歌詩樂本形態探論》，《清華大學學報（哲學社會科學版）》2020 年第 3 期，第 112 頁。
⑦ 孔穎達《尚書正義》卷三，上海：上海古籍出版社，2007 年，第 106 頁。
⑧ 孔穎達《禮記正義》卷四十九，上海：上海古籍出版社，2008 年，第 1570 頁。
⑨ 許慎《說文解字》卷八，上海：上海古籍出版社，2007 年，第 425 頁。

況且“歌”的形式較爲豐富，以詩意化的語言爲吟詠載體，自然可以取得一唱三嘆的表達效果，這也是《詩經》所呈現的部分音樂特點。

除此之外，“嘯”與“歌”在一定語境下可以連用，《詩經·白華》：“嘯歌傷懷，念彼碩人。”① 《鄭箋》：“申后見黜，褒姒之所爲，故憂傷而念之。”② 鄭玄提及了此詩可能存在的歷史背景，却未對“嘯歌”二字進行詳贍的訓釋，孔穎達《毛詩正義》：“以此嘯傷而思之，是念起不當然也。”③ 也是師承鄭氏之說，道明了“嘯”抒發悲情的實際意義，“嘯歌”的指代對象應是一位女子，鄭孔二人都以“碩人”爲“褒姒”，暗含了一個歷史事實，即周幽王寵幸褒姒而廢黜申后。相較於“嘯”，“嘯歌”的含義更爲豐富，一方面是人聲的哀婉凄惻，另一方面則是音樂的循環往復，二者相互結合即可承載抒情奏樂的雙重功能。

具體而言，理解“嘯歌”二字的含義是把握此詩情感表達方式的樞機所在，宋代謝枋對此進行了注解：“嘯歌傷懷，所謂長歌之哀過於慟哭也。”④ 筆者認爲這番釋意更加貼合當時女子無法言説的痛楚心境，將“嘯歌”解釋爲“長歌”，相較於“慟哭”，前者所持續的時間長度延伸了悲情抒發的意義深度，正如《毛詩序》云：“情動於中而形於言，言之不足而嗟嘆之，嗟嘆不足而詠歌之。”孔穎達《毛詩正義》：“嗟嘆之猶嫌不足，故長引聲而歌之。”⑤ 爲何“嗟嘆”“詠歌”更能夠表達情感呢？朱熹在《詩集傳序》中云：“既有言矣，則言之所不能盡，而發於咨嗟詠嘆之餘者，必有自然之音響節族而不能已焉。此詩之所以作也。”⑥ 朱熹的這番言論雖是論述詩歌的創作由來，却無疑是賡續《毛詩序》的餘脉，正是語言存在表達意義的局限性，導致有些内容難以言説，需要聲音的配合，由於聲音的長度、節奏不同，便產生了長嘯短嘆的不同表達方式。

當然，“嗟嘆”“長歌”總是與憂愁離緒聯繫在一起的，對個體而言，因事感懷，觸景生情，如宋代蔡卞《毛詩名物解》：“夫憂之於人，聲發於

① 孔穎達《毛詩注疏》卷十五，第1130頁。
② 孔穎達《毛詩注疏》卷十五，第1125頁。
③ 孔穎達《毛詩注疏》卷十五，第1131頁。
④ 謝枋《詩傳注疏》卷三，清知不足齋叢書本，第28頁。
⑤ 孔穎達《毛詩注疏》卷一，第7頁。
⑥ 朱熹《詩集傳》卷一，第1頁。

嘯歌，液感於涕泗，氣散於永嘆，形疲於假寐。"① "嘯歌"的實際意義正是如此。

二、"嘯"者的身份指向與家庭性質

《詩經》作爲現存最早的一部詩歌總集，除按照《詩》之六義的分類方法之外，還可根據詩歌題材來進行劃分，其中能夠反映女性悲慘境遇的當推弃婦詩。尚永亮整理並總結歷代治詩者的意見，指出"《詩經》中涉及弃婦題材的詩篇約有《召南》之《江有汜》，《邶風》之《柏舟》《日月》《終風》《谷風》，《衛風》之《氓》，《王風》之《中谷有蓷》，《鄭風》之《遵大路》，《小雅》之《我行其野》《谷風》《白華》，共 11 篇。"② 《詩經》中的"嘯"字全部來自三首弃婦詩，分別是《江有汜》《中谷有蓷》《白華》，進而可以推斷"嘯"在《诗经》一書中是指弃婦所發出的哀怨之聲。清代方玉潤《詩經原始》："然婦女爲人所弃，而仍不忍忘其夫，猶幸其萬字一悔，有以處我，我且嘯歌以自遣，則詩人忠厚之旨也。"③ 方氏力圖還原《詩經》的本來面目，不似《毛詩》《鄭箋》重在結合史實加以疏通大意，而是通過原詩語境對"嘯"進行字義解釋，"且嘯者，悲嘆之辭，非和樂意也"④。對比《鄭箋》"嘯，蹙口而出聲"，則更能細緻地揣摩詩中婦人慘遭拋弃的悲嘆之感。實際上，方玉潤並未將"嘯"與音樂緊密相聯，這與大多數前人的觀點頗有差异，然二者兼有之，應當是更爲準確的説法。

需要指出的是，這三首弃婦詩有所不同，《江有汜》《白華》的主人公爲弃婦，主要是依據《毛詩傳》而來的，以此推測"嘯"者或爲女性，《中谷有蓷》直接在詩中指明了"嘯"者的女性身份，相比而言，《詩經》的文本記載更令人信服。不妨結合整首詩簡單分析，《詩經·中谷有蓷》：

---

① 蔡卞《毛詩名物解》卷十五，清通志堂經解本，第 40 頁。

② 尚永亮節選古代五家詩評本，結合各家注解和評語，以此作爲《詩經》弃婦詩的界定標準。五家詩評本分別爲《毛詩序》、朱熹《詩集傳》、季本《詩説解頤》、姚際恒《詩經通論》、方玉潤《詩經原始》。參見尚永亮《〈詩經〉弃婦詩分類考述》，《學術論壇》2012 年第 8 期，第 66 頁。

③ 方玉潤《詩經原始》卷二，北京：中華書局，1986 年，第 114 頁。

④ 方玉潤《詩經原始》卷二，第 114 頁。

"中谷有蓷，暵其乾矣。有女仳離，嘅其嘆矣。嘅其嘆矣，遇人之艱難矣。中谷有蓷，暵其脩矣。有女仳離，條其嘯矣。條其嘯矣，遇人之不淑矣。中谷有蓷，暵其濕矣。有女仳離，啜其泣矣。啜其泣矣，何嗟及矣。"①這裏出現了三次"有女仳離"，弃婦形象自不待言，《毛詩傳》對此詩的創作主旨進行了概括，"中谷有蓷，閔周也。夫婦日以衰薄，凶年饑饉，室家相弃爾。"②可見自然灾害頻發，莊稼收成堪憂，以至於家庭内部飽受飢困，夫妻之間互生離意。孔穎達《毛詩正義》："下四句言婦既被弃，怨恨以漸而甚，初而嘆，次而嘯，後而泣。"③此處的"嘯"是一種關於離愁別緒的宣泄之聲，側重指與"短嘆"相比程度更深的"長嘯"，不只延長了悵然而發的聲音，更延展了難以訴説的情緒。

《禮記》一文中也有一處"嘯"的記録，《禮記·内則》："男子入内，不嘯不指；夜行以燭，無燭則止。"鄭玄注："'嘯'，讀爲'叱'，'叱'，嫌有隱使也。"④《内則》羅列了男女應遵循各司其職、各行其事的道德規範，若依鄭注解釋，"嘯"或作音變，讀作"叱"，以區別於"悲嘆歌詠"的不同語義。孔穎達《禮記正義》對此進行了一番深入的解析："云'嫌有隱使'者，若其常事，以言語處分，是顯使人也。如有奸私，恐人知聞，不以言語，但諷叱而已。是幽隱而使，故云'叱，嫌有隱使也'。"⑤這些材料隱含了兩個主要信息：一是"嘯"的讀音問題，二是"嘯"的訓釋含義。一方面，按鄭、孔二人之注解，"嘯"當讀爲"叱"，他們未對其中緣由作過多解釋，而唐代孫廣曾作《嘯旨》一文，其中記録"嘯"樂技藝十二種，其十爲"叱"："用舌如上法，如言'叱'字，高低隨其宜。"⑥這個角度可以較好地支持鄭玄的觀點，此處指出，因人體發音部位的不同，"嘯"音也會相應發生轉變，隨之而來的是，高亢低沉之聲則被賦予豐富多樣的語用意義。將"嘯"釋爲"叱"，固然是一種訓詁之法，若没有從"嘯"的本義去理解，難免存在不妥之處，因此後代有文人持懷疑態度，唐代顔師古《匡謬正俗》："案嘯者，謂若有所召命，密相諷誘，若齊

---

① 孔穎達《毛詩注疏》卷四，第 358 頁。
② 孔穎達《毛詩注疏》卷四，第 356 頁。
③ 孔穎達《毛詩注疏》卷四，第 356 頁。
④ 孔穎達《禮記正義》卷二十七，第 1124 頁。
⑤ 孔穎達《禮記正義》卷二十七，第 1124 頁。
⑥ 孫廣《嘯旨》，北京：中華書局，1985 年，第 2 頁。

莊撫檻而歌耳。何爲乃云 '叱' 乎。詩云：'嘯歌傷懷，念此碩人。' 即其義也。"① 顏師古不認同鄭玄的觀點，若將 "嘯" 作 "叱" 來解釋，必然會有所忽視《詩經》中的用例含義，況且 "嘯" 作口哨之義，更加能夠傳達出幽隱暗諷的避嫌意味。不僅如此，自唐以後的一些文人對鄭注之說大膽質疑，嚴加考證。②

另一方面，孔穎達則是從儒家倫理道德的角度進行闡釋的，即使遇到通奸謀私之事，男子亦不應以言語相詰難，只是發嘯以作暗諷，但《禮記・內則》原文意思與此相反，禁止男性發嘯。其實，在此之前，《禮記・內則》一文中已然流露出男女有別的思想觀念，乃至上升爲制度層面上的倫理準則，"男不言內，女不言外，男女不通衣裳，內言不出，外言不入"③。男女不可逾越界限而干涉彼此分內之事，"男子入內，不嘯不指"，就是這種倫理準則下的具體呈現，意指男子進入內室，不應到處發嘯指點，然而前文已述，鄭玄在箋注《詩經》時，"嘯" 都釋爲吹噓之義，《禮記・內則》一文中的 "嘯" 也應作此義，都是一種興盛於家庭內部的聲音樣式。

簡要之，《禮記・內則》一文中記錄了周代家庭內部的禮儀制度與行爲準則，其約束對象集中於王侯將相等顯赫上層群體，並且 "嘯" 的發出者有着明顯的約束性，其必須受制於當時嚴格的倫理秩序，導致 "嘯" 抒情達意的功能有所衰弱，反而帶有一定的道德說教意味。相比而言，《詩經》中的 "嘯" 者多爲女性，由於她們的生活區域主要還是下層民間社

---

① 顏師古《匡謬正俗》卷三，北京：中華書局，1985 年，第 28~29 頁。

② 元代陳澔曾著《禮記集說》，清代納蘭性德在陳氏基礎上又撰《陳氏禮記集說補正》，提出了令人耳目一新的見解，"男子入內，不嘯不指。《集說》謂：'聲容有異，駭人視聽也，舊讀嘯爲叱，今詳嘯非家庭所發之聲，宜其不可叱。或有當發者，如見非禮舉動，安得不叱以儆之乎？讀如本字爲是。' 竊案嘯讀如本字，是正鄭注之訛，但以嘯指爲聲容有異，駭人視聽，則於男女之別，無預。先儒謂：'嫌有隱使也。' 蓋常事以言語處分，是顯使人奸私，恐人知聞，不以言語，但嘯指諷之而已，故曰隱使。" 陳澔詳細考究總結道，"嘯" 並非家庭內部的訓斥之聲，應作本字釋義，而納蘭性德對陳氏之說進行相應佐證，"不嘯不指" 則專門指代一種嘯法技藝——"嘯指"，"嘯" 即吹噓，"指" 即吹指，合而爲之則形成了一種相互配合的發聲方式。參見納蘭性德《陳氏禮記集說補正》卷十六，清通志堂經解本，第 104 頁。宋代司馬光《資治通鑒・齊紀》："颺等三十六軍前後相繼，眾號百萬，吹唇沸地。" 元代胡三省注："吹唇者，以齒嚙唇作氣吹之，其聲如鷹隼。其下者以指夾唇吹之，然後有聲，謂之嘯指。" 這段注釋較爲詳細地說明了 "吹唇" 的發聲方式，同時 "以指夾唇發之" 可以發揮一定的輔助功能，二者相得益彰，就形成了吹噓之聲。參見司馬光《資治通鑒》卷一百四十一，上海：上海古籍出版社，1987 年，第 939 頁。

③ 孔穎達《禮記正義》卷二十七，第 1124 頁。

會，在很大程度上並未受到封建禮教的桎梏，因而"嘯"大抵是一種抒發真情實感的肺腑之音。

無獨有偶，漢代相關文獻清晰地表明，"嘯"者大多爲身世悲慘的女性，這主要保存在一些記錄野史逸聞的筆記小說和專門著作中，相較於《詩經》言簡意賅的敘述，其詳贍記錄的故事情節較爲完整，如劉向《古列女傳·仁智傳》："漆室女者，魯漆室邑之女也。過時未適人，當穆公時，君老，太子幼。女倚柱而嘯，旁人聞之，莫不爲之慘者。"① 值得商榷的是，"漆室"或爲一地之名，後世的其他記載與《古列女傳》有出入。② 這則材料記述了一位女性達到婚嫁年齡却未找到如意郎君的故事，正是基於此背景，她積鬱良久的悲傷情緒憑借"嘯"宣泄出來，如泣如訴，慘淡之狀讓旁人難以不爲之動容。又如蔡邕《琴操·別鶴操》："牧子娶妻五年，無子，父兄欲爲改嫁。妻聞之，中夜驚起，倚户悲嘯，牧子聞之，援琴鼓之云：'痛恩愛以永離，嘆別鶴以舒情。'"③ 它的故事情節雖有所變化，但依舊是男女戀情之事，與以往弃婦的悲慘結局不同的是，從另外一個角度講述了夫妻至死不渝、永不離弃的愛情故事，帶有一定的浪漫主義色彩。

結合以上論述，我們可以清晰地梳理出一條綫索，在先秦兩漢的一些文獻中，記錄"嘯"的出處雖寥寥可數，但大多有一個共同的指代對象——女性，她們本就身輕言微，再加上"嘯"聲只是一時性情所遣，與置於朝堂之上的雅樂不可同日而語，因而這一較爲獨特的發音方式難以得到重視。不可否認的是，"嘯"聲發出的主要場所集中於家庭內部，且其時常作爲一種抒發憂情的聲音樣式，具有含蓄蘊藉的表達旨趣。

---

① 劉向《古列女傳》，北京：商務印書館，1936 年，第 87 頁。
② 王符《潛夫論·釋難》："是以次室倚立而嘆嘯，楚女揭幡而激王。"參見彭鐸《潛夫論校正》卷七，北京：中華書局，1997 年，第 330 頁。范曄《後漢書·郡國志》："蘭陵有次室亭。"劉昭注："地道記曰：'故魯次室邑，《列女傳》有漆室之女，或作次室。'"次室，爲蘭陵之地名，魯國有次室之亭，"漆室"或爲"次室"，此說可以成立。參見范曄《後漢書》卷一百十一，北京：中華書局，1974 年，第 3458 頁。清代錢坫撰《新斠注地理志》一書，在解釋"蘭陵"地名之時有相關考證，也爲"漆""次"二字通用提供了有力的證據。"蘭陵，在今兗州府，嶧縣東五十里，《元和郡縣志》：'故城在承縣東六十里。'《十三州志》：'故魯次室邑，其後楚取之，改爲蘭陵縣。考次室，即《列女傳》所稱漆室也，古字漆、次通用。'"參見錢坫《新斠注地理志》卷九，清同治十三年刻本，第 181 頁。
③ 蔡邕《琴操》卷上，北京：中華書局，1985 年，第 7 頁。

三、"嘯"聲的祭祀功能與巫術技藝

錢鍾書《談藝録》:"先民草昧,詞章未有專門。於是聲歌雅頌,施之於祭祀、軍旅、昏媾、宴會,以收興觀群怨之致。"[①] 在早期社會中,還未形成分工明確的詞章之學,祭祀之聲則伴隨宗廟貴族的興盛脱穎而出,其在一定程度上帶有驅邪避害的實用功能。作爲聲音樣式的"嘯",無疑受到了早期巫術潛移默化的影響,在特定的祭祀活動中,扮演驅除鬼魅邪祟、祈禱靈運亨通的重要角色。

《楚辭·招魂》:"招具該備,永嘯呼些。"東漢王逸《楚辭章句》:"該亦備也。言撰設甘美招魂之具,靡不畢備,故長嘯大呼以招君也。夫嘯者,陰也,呼者,陽也。陽主魂,陰主魄,故必嘯呼,以感之也。"[②] 黄靈庚疏證:"章句以陰嘯而陽呼爲説,猶别以蹙口、侈口也。"[③] 這段材料有異同之處,大致有以下三點。其一,"嘯"和"呼"雖然都是從口而出,但是各自收張口型的方式有差異,"嘯"乃蹙口發聲,"呼"則張口發聲。其二,在早期文人的觀念中,天地有陰陽之氣,並運用陰陽觀念來解釋自然界和人世間的種種現象,如《大戴禮記》:"陰陽之氣各静其所,則静矣。偏則風,俱則雷,交則電,亂則霧,和則雨。陽氣盛,則散爲雨露。陰氣盛,則凝爲霜雪。陽之專氣爲霰,陰之專氣爲霰,霰雹者,一氣之化也。"[④] 東漢王充《論衡·訂鬼》:"人所以生者,陰陽氣也。陰氣主爲骨肉,陽氣主爲精神。"[⑤] 這裏談到了"陰陽之氣"的概念,與"嘯呼"的外在表現形態"氣"有密切關係。其三,在早期宗教祭祀的觀念中,人有三魂七魄,以"呼"招魂,以"嘯"招魄,二者相互配合才能達到收魂納魄的巫術效果。

胡新生在《中國古代巫術》一書中談到:"戰國秦漢時期,巫師們開始用一種中國人特有的理論指導巫術實踐,開始依據這一理論致力於巫術

---

① 錢鍾書《談藝録》,北京:中華書局,1984年,第38~39頁。
② 黄靈庚《楚辭章句疏證》卷九,北京:中華書局,2007年,第2001頁。
③ 黄靈庚《楚辭章句疏證》卷九,第2002頁。
④ 王聘珍《大戴禮記校詁》卷五,北京:中華書局,1983年,第99頁。
⑤ 張宗祥《論衡校注》卷二十二,上海:上海古籍出版社,2010年,第454頁。

的系統化和規範化，從而使中國巫術從整體上呈現出一種與眾不同的民族特色。這種給中國巫術帶來重大影響的理論就是陰陽五行之説。"① 處於東漢之際的王逸以陰陽之説解釋"嘯呼"現象，在很大程度上增加了楚地祭祀招魂的神秘色彩。

此外，唐代沈亞之《屈原外傳》載屈原栖玉笥山作《九歌》一事，托以諷諫："至《山鬼》篇成，四山忽啾啾若啼嘯，聲聞十里外，草木莫不萎死。"②《山鬼》本爲祭祀山神之歌，"鬼"本是虛無縹緲的游離之象，"嘯"乃有招魂之意，可以印證"嘯"在祭祀鬼神中所具有的特殊功用。另據《藝文類聚》引《莊子》佚文云："童子夜嘯，鬼數若齒。"③ 夜陰之時，眾多鬼魂飄散游離，這是祭祀的絕佳時機，如《周禮·雞人》所言："大祭祀，夜呼旦以叫百官。"④ 此處的"嘯"至陰至柔，仍然具有招魂攝鬼、一呼百應的作用，這與"夫嘯者，陰也"之説大抵契合。

據唐代孫廣《嘯旨》記載，"嘯"的巫術技藝更加豐富，堪稱達到了出神入化的境界，"空林夜鬼者，古之善嘯者夜過空林而寫之也。點柳蟋蟀鐵竊璃絕，輕不舉，纖不滅，中徵之餘，濃雪晝暄，淒風飛雪之時，特宜爲之。奏之當以道法，先呼群鬼聚於空林之中，遞爲應命，心當危危然，若有所遇。始於內激，次以五少三，去宮商耳，以越連之，則空林夜鬼之旨備矣。"⑤ 從這段材料可以明顯看出，"嘯"者善於運用方術之道來召呼鬼怪，而且借助"內激"⑥ 這一發聲技法，聲調忽而高亢鏗鏘，忽而低沉哀婉，在一定程度上説明，"嘯"不僅具有濃厚的巫術色彩，而且呈現出錯落有致的節奏感。

實際上，先秦兩漢時期文獻中對"嘯"的使用不限於人類，如《七諫·謬諫》："虎嘯而谷風至兮，龍舉而景雲往。"王逸《楚辭章句》："虎，陽物也，谷風，陽氣也，言虎悲嘯而吟，則谷風至而應其類也，以言君修

① 胡新生《中國古代巫術》，濟南：山東人民教育出版社，1998 年，第 16 頁。
② 蔣驥《山帶閣注楚辭》卷一，上海：上海古籍出版社，1984 年，第 21 頁。
③ 歐陽詢《藝文類聚》卷十九，《景印文淵閣四庫全書》本，第 273 頁。
④ 鄭玄注，陳戍國點校《周禮》卷三，長沙：岳麓書社，1989 年，第 57 頁。
⑤ 孫廣《嘯旨》，北京：中華書局，1985 年，第 4 頁。
⑥ "內激"是一種獨特的發聲方式，運用人的舌頭抵住前腭部位，雙唇微微閉合，口型好似麥芒，其作用在於通氣發聲，聲音主要是在口腔内部產生共鳴的。參見孫廣《嘯旨》，第 1 頁。

德行正，則百姓隨而化也。"① 王逸闡釋的立足點在於陰陽之説，"虎" 和 "谷風" 同樣具有 "陽" 的特性，憑借這一類喻原則，又將自然物象與人文德行關聯起來，雖有牽強附會之嫌，但能自圓其説。此後，漢代淮南王劉安也曾引用過這段話，並對其進行了細微改動，《淮南子・天文訓》："虎嘯而谷風至，龍舉而景雲屬。" 高誘注："虎，土物也，谷風，木風也。木生於土，故虎嘯而谷風至。"② 有所不同的是，高誘以五行之説來訓詁字義，也有其合理之處，由於漢代陰陽五行之説頗爲盛行，借此來解釋自然物象生成與變化規律已成常態，如班固《漢書・禮樂志》："經緯天地，作成四時，精建日月星辰，度理陰陽五行；周而復始，雲風雷電，降甘露雨，百姓蕃滋，咸循厥緒。"③

從時間上來看，相關記述在《周易》一書中早有端倪，《周易・乾》："雲從龍，風從虎。" 孔穎達《周易正義》："虎是威猛之獸，風是震動之氣。此亦是同類相感。故虎嘯則谷風生，是風從虎也。"④《周易》的卦象 "擬諸形容"，卦辭常常會根據一些具體的物象來解釋其大意，特別是強調一些看似毫不相干事物之間的隱性聯繫，孔疏進而將這種欲蓋彌彰的聯繫揭示出來，"虎嘯龍吟" 則可以依次對應爲 "風起雲湧"，這也符合 "同聲相應，同氣求求" 的自然法則。

在先秦兩漢時期，巫術之 "嘯" 還存在於淮南王劉安所編的《淮南子》一書中，這部著作以黄老道家思想爲主，從中可以窺探道家獨特的嘯法技藝。其《覽冥訓》有云："西老折勝，黄神嘯吟。" 東漢高誘注："西王母折其頭上所戴勝，爲時無法度，黄帝之神，傷道之衰，故嘯吟而長嘆也。"⑤ 西王母是早期神話傳說中的一個虛構形象，《山海經・西次三經》："其狀如人，豹尾虎齒而善嘯，蓬髮戴勝。"⑥《山海經・海內北經》："西王母梯几而戴勝杖，其南有三青鳥，爲西王母取食。"⑦ 可見西王母是一副半人半獸的模樣，並且具備 "善嘯" 的特性，"勝" 是原始氏族所戴的

① 黃靈庚《楚辭章句疏證》，第 2372 頁。
② 劉文典《淮南鴻烈集解》卷三，北京：中華書局，1989 年，第 83 頁。
③ 班固著，顏師古注《漢書》卷二十二，北京：中華書局，1999 年，第 901～902 頁。
④ 孔穎達《周易正義》卷一，上海：上海古籍出版社，1990 年，第 18 頁。
⑤ 劉文典《淮南鴻烈集解》卷六，第 221 頁。
⑥ 袁珂《山海經校注》卷二，上海：上海古籍出版社，1980 年，第 50 頁。
⑦ 袁珂《山海經校注》卷十二，第 306 頁。

首飾，東晉郭璞解釋爲："勝，玉勝也。"① 玉石是一種較爲常見的裝飾品，在《山海經·西次三經》中有具體描述："其獸皆文尾，其鳥皆文首，是多文玉石。"② 黃帝在古代史書中有明確記載，司馬遷《史記·五帝本紀》將其奉爲五帝之首，黃老學説在漢代尤爲推崇，"傷道之衰"是指因未得道成仙而悵然若失，這裏的"嘯吟"旨趣不同於人類自然流露的真情實感，更多地體現了道士求仙問道的虛無之感。

宋代張君房曾編撰一部道教類書《雲笈七籤》，卷四十九載有《金闕帝君五斗三元真一經口訣》一文，"登飛上清，浮景七元，長生順往，嘯吟千神"③。寥寥數語就描寫了群仙自由嘯吟的高蹈之貌，"嘯吟"則被賦予了神秘的道術玄技，卷六十八《金丹部》記述"嘯"之盛況，"左嘯則神仙稽首，右嘯則八景合真。於是騰空上造，以詣紫虛，出入玉清，寢宴晨房矣"④。發"嘯"可以使得神仙作揖稽首，看似荒誕不經，實則表明了道士渴望馳騁天界、駕馭神仙的美好願景，這與《楚辭》《莊子》佚文中收魂納魄的"嘯"聲判若雲泥，循此而來，"嘯"在道教典籍中的功用可見一斑。

四、"吟"——"嘯"的同義替換与身份嬗變

《藝文類聚》卷十九《人部三》目録依次爲言語、謳謡、吟、嘯、笑⑤，都是作爲人類展現情緒的重要方式，將"吟""嘯"二字分類釋義，則主要強調了二者之間的差異，在早期文獻中，"吟"和"嘯"在表意達情諸多方面有相似之處，並在後世構成了"吟嘯"這一頗具人文個性的雙音節詞，它们的意義相應地隨時代歷程和文本內涵而擴充豐富，其中緣由可作一番探討。《釋名·釋樂器》："吟，嚴也。其聲本出於憂愁，故聲嚴肅，使聽之淒嘆也。"⑥ 其釋義顯然是從聲音與內心的關係出發，情動於中而形於聲，《淮南子·脩務訓》："夫七尺之形，心致憂愁勞苦，膚之知

---

① 袁珂《山海經校注》卷二，第51頁。
② 袁珂《山海經校注》卷二，第51～52頁。
③ 張君房《雲笈七籤》卷四十九，《四部叢刊》影明正統道藏本，第461頁。
④ 張君房《雲笈七籤》卷六十八，第624頁。
⑤ 歐陽詢《藝文類聚》卷十九，第266頁。
⑥ 劉熙《釋名》卷七，北京：商務印書館，1939年，108頁。

疾痛寒暑，人情一也。”① 個人的内心能够敏鋭地感知憂愁勞苦，由此進一步産生情感。

早期的語言系統並不發達，《周易·系辭上》：“書不盡言，言不盡意。”② 一些語言難以直接清晰地形容人的精神情感，看似單調貧乏的聲音却能潛在地表露個人的内心情緒。《楚辭》一書中存在一些有代表性的例子，《九嘆·離世》：“立江界而長吟兮，愁哀哀而累息。”③《九嘆·遠逝》：“遭傾遇禍不可救兮，長吟永欷涕究究兮。”④ 長吟大抵是指一種悠長緩慢的哀婉之聲，多與自己的悲慘遭遇相關，《九嘆》爲劉向所作，王逸在《楚辭章句·九嘆叙》中云：“向以博敏達，典校經書，辯章舊文，追念屈原忠信之節，故作《九嘆》。嘆者，傷也，息也。言屈原放在山澤，猶傷念君，嘆息無已。所謂贊賢以輔志，騁詞以曜德者也。”⑤ 按王逸所説，劉向之所以創作《九嘆》，實爲有感而發，其旨在追緬和贊頌屈原，同時又帶有深沉的悲嘆意味。另有“長嘯”一出處，《九嘆·思古》：“臨深水而長嘯兮，且倘佯而泛觀。”王逸《楚辭章句》：“言己憂愁不能寧處，出升山側，遊戲博觀，臨水長嘯，思念楚國，而無解已也。”⑥ 屈原在政治抱負上未能如願，鬱悒侘傺之懷難以排遣，他只得轉而流連於山水之間，悠悠思國之情不禁湧上心頭，唯有化作聲聲長嘯，聊以緩憂。屈原《離騷》：“陟陞皇之赫戲兮，忽臨睨夫舊鄉。僕夫悲余馬懷兮，蜷局顧而不行。”王逸《楚辭章句》：“言己雖陞崑崙，過不周，渡西海，陞天庭，據光耀，不足以解憂，猶顧視楚國，愁且思也。”⑦ 也可與劉向之語遥相呼應，屈原遊歷山水，長嘯騁懷，這些都是其政治理想難以實現的外化表象。

值得注意的是，許慎《説文解字·欠部》：“歗，吟也。”又注：“歎，吟也。”⑧ “歗”是籀文“嘯”字，三者以“吟”爲紐帶在一定條件下可以

① 劉文典《淮南鴻烈集解》卷十九，第 653 頁。
② 孔穎達《周易正義》卷七，上海：上海古籍出版社，1990 年，第 159 頁。
③ 黄靈庚《楚辭章句疏證》卷十六，第 2450 頁。
④ 黄靈庚《楚辭章句疏證》卷十六，第 2508 頁。
⑤ 黄靈庚《楚辭章句疏證》卷十六，第 2392～2393 頁。
⑥ 黄靈庚《楚辭章句疏證》卷十六，第 2606 頁。
⑦ 黄靈庚《楚辭章句疏證》卷一，第 541 頁。
⑧ 許慎《説文解字》卷八，第 427 頁。

相互訓釋，清代馬瑞辰《毛詩傳箋通釋》圍繞許慎之説對"嘯"的含義進行了闡釋："嘯者，吟也，與《説文》嘆字訓吟，'謂情有所欲，吟嘆而歌'同義，樂聲也。"① 以劉向《九嘆》爲例，它們的情意指向具有一致的共通性，往往夾雜了深沉纏綿、激蕩淋漓的悲苦之情。更爲關鍵的是，"吟""嘯"的發出者有了新的變化，《詩經》疾聲慟哭的弃婦形象烟消雲散，取而代之的是懷才不遇、生不逢時的屈原，"嘯"者的男性身份似乎有了較爲清晰的確認，實際上這暗含由女性之"嘯"向男性之"嘯"逐漸傾斜的内在趨勢，也體現了文學文本中的身份書寫與嬗變過程。

當然，鑒於這一文學文本中的突出現象，其他文獻也可提供相應例證，東漢趙曄《吳越春秋》是汉代一部重要的歷史小説，仿照史書體例並加以小説筆法撰寫而成，其中顯示了男性之"嘯"日益上升的話語地位。在《吳越春秋》一書中，"嘯"共有以下三處。《闔閭内傳》："（吳王）登臺向南風而嘯，有頃而嘆，群臣莫有曉王意者，子胥深知王之不定，乃薦孫子於王。"② 吳王闔閭因伐楚之事而一籌莫展，遂登臺長嘯以此遣懷；《越王無余外傳》："禹乃登山，仰天而嘯。"③ 越王祖先夏禹登山覽勝，仰天而嘯，早在《莊子·齊物論》中便有類似記載，"南郭子綦隱機而坐，仰天長噓。"唐代成玄英疏："噓，嘆也。"④《勾踐歸同外傳》："（越王）中夜潛泣，泣而復嘯。"⑤ 越王勾踐心係復仇雪耻之事，無奈折戟沉沙，飲恨啜泣之際復作聲聲長嘯。通過以上概述，"嘯"的主體都是男性，而且擁有君王般至高無上的地位和權力，這一身份特點有力地表明"嘯"在東漢時期經由虛實結合的有意描寫，其文學價值得到前所未有的重視。雖然《吳越春秋》在傳説史書的基礎上進一步發揮渲染，其故事情節存在一定的誇張成分，但是就"嘯"的記述而言，基本上可以揭示先秦兩漢文獻中"嘯"者身份嬗變的潛在規律。然而它的意義不限於此，也爲魏晉之"嘯"開啓了先聲。

此後，在魏晉時期一度興起了"嘯"的熱潮，大致可以分化爲兩個派

---

① 馬瑞辰《毛詩傳箋通釋》卷三，第 96 頁。
② 張覺《吳越春秋校注》卷四，長沙：岳麓書社，2006 年，第 69 頁。
③ 張覺《吳越春秋校注》卷六，第 158 頁。
④ 郭慶藩《莊子集釋》卷一，北京：中華書局，1961 年，第 58 頁。
⑤ 張覺《吳越春秋校注》卷八，第 214 頁。

別，一是繼續保持 "嘯" 暢叙悲情的本色傳統，如曹植《雜詩六首》其三："太息終長夜，悲嘯入青雲。妾身入空閨，良人行從軍。"① 一位閨中婦人難以抑制對從軍丈夫的想念之情，其脉脉深情化作聲聲悲嘯，響徹雲霄，實可謂意悲而遠，感動天地，鍾嶸《詩品》評價曹植詩爲 "其源出於國風"②，頗中肯綮。又如嵇康《贈秀才入軍》："感悟馳情，思我所欲。心之憂矣，永嘯長吟。"③ 則延續了《詩經》四言體形式，但不同於淒清惆悵的弃婦之 "嘯"，而是蘊含着嵇康惜别其兄的珍貴情誼。二是不斷拓展 "嘯" 避世隱遁、放浪形骸的精神要義，如《世説新語·雅量》："謝太傅盤桓東山時，與孫興公諸人泛海戲。風起浪湧，孫、王諸人色並遽，便唱使還。太傅神情方王，吟嘯不言。"④ 不以物喜，不以己悲，"吟嘯不言" 自是暗含謝安隱遁山林的超脱之懷，"吟嘯" 是 "不言" 的另外一種表現形式，其獨具一格地突破了語言表達意義的局限性，以悠長寂寥的 "嘯" 聲來傳遞自然觀念，寄托人生真諦，在某種意義上來説，其可以被視作一種 "聲文" 的獨特樣式。左思《招隱士》："非必絲與竹，山水有清音。何事待嘯歌，灌木自悲吟。"⑤ 左思詩中之 "嘯歌" 與山水之 "清音" 恰好相對，左思並未蹈襲舊徑，反而認爲自然之 "吟" 非人類之 "嘯" 難以企及，希望建構一片返璞歸真的精神栖息地，這更接近於一種 "道法自然" 的澄明境界。西晋成公綏曾專門寫了一篇帶有音樂性質的《嘯賦》，以此來探討魏晋之 "嘯" 與士人風度的關係，"狹世路之厄僻，仰天衢而高蹈。邈姱俗而遺身，乃慷慨而長嘯"⑥。一聲長嘯，一曲高歌，呐喊出魏晋士人元氣淋漓的生命活力。

五、結語

在先秦兩漢文獻中，"嘯" 自《詩經》發軔以來，女性作爲 "嘯" 的主要發出者，激發了哀婉淒惻的情感共鳴，相比於疾言厲色，長嘯悲歌確

---

① 蕭統編，李善注《昭明文選》卷二十九，上海：上海古籍出版社，1986 年，第 1364 頁。
② 王叔岷《鍾嶸詩品箋證稿》卷上，北京：中華書局，2007 年，第 149 頁。
③ 戴明揚《嵇康集校注》卷一，北京：人民文學出版社，1962 年，第 13 頁。
④ 余嘉錫《世説新語箋疏》卷中，北京：中華書局，2016 年，第 406 頁。
⑤ 蕭統編，李善注《昭明文選》卷二十三，第 1028 頁。
⑥ 蕭統編，李善注《昭明文選》卷十八，第 866 頁。

實顯得有些蒼白無力，但這何嘗不是敢於反抗禮教束縛的弦外之音呢？此外，"嘯"不再是純粹意義上的長噓短嘆，在一定程度上沾染了祀鬼崇神的巫術色彩，隨之而來的是，在"嘯"與巫術的火花碰撞中，也催生了豐富多樣的嘯法技藝。在魏晉時期，由於士人對"嘯"這一發聲方式的重視，不斷推動"嘯"從音樂的廊廡進入人文的殿堂，在後世奏出遺響絕唱的曼妙之音。

需要指明的是，"嘯"者的主體身份發生了重大變化，男性士人有意賦予"嘯"以隱逸的精神旨趣，而"嘯"已然成了隱士趨利避禍、明哲保身的一張名片。"嘯"不僅作爲一種存在於文本書寫中的聲音樣式，而且還孕育了"嘯臺"這一具體場所①，如阮籍與孫登在蘇門山長嘯山林之事。自魏晉以降，"嘯"聲在文學文本中得到廣泛書寫，並且揭示出一條明晰可見的發展綫索：由個體抒情走向群體吟詠，由巫術祭祀走向自然遣懷，因此，這大大豐富了"嘯"的思想内涵與精神旨趣，正如范子燁所云："基於隱逸文化的背景，嘯臺本事往往代表一種風流的氣度，一種高士的風骨。"②

---

① 嘯臺，又作阮籍嘯臺，指西晉名士阮籍吟詩發嘯之地，《白氏六帖事類集》有記"阮臺"之名："阮嗣宗善嘯，聲與琴諧，陳留有阮公嘯臺。"參見白居易《白氏六帖事類集》卷十八，北京：文物出版社，1987年，第204頁。
② 范子燁《魏晋之聲：嘯本事及其相關文學書寫》，《文學評論》2020年第2期，第21頁。

《楚辭》"五階段成書""劉向編纂十六卷" 説考辨

謝天鵬[①]

摘　要：《楚辭》的形成，以湯炳正"五階段成書"説和傳統的"劉向編纂十六卷"説爲代表。湯先生從王逸《九章》注有"皆解於《九辯》中"，推出王注有"凡見於前者即略於後"的"慣例"，不合此類注的實際。而其所謂先秦諸學派弟子常將自己的作品附於前哲著述之末的"通例"，則混淆了漢代逐漸産生的"後序"。故依《釋文》篇次分五組以論《楚辭》成書階段，前提未堅。當然，"劉向編纂十六卷"説亦尚有未盡之處。

關鍵詞：《楚辭》　《釋文》　湯炳正　力之　"已解於"

關於《楚辭》的成書問題，當前主要有兩種説法：一爲"劉向編纂十六卷"説，二爲"五階段成書"説，頗難相容。後者爲湯炳正先生所發，影響尤大，可謂近世《楚辭》研究之"新聲"。此論未發前，劉向編纂十六卷《楚辭》幾爲共識，故從無論證其真實性者，至湯先生疑之，其説方有論證必要，遂産生一系列維護"舊響"之作。在此一攻一守間，所涉者不唯有編者問題、階段問題，更牽及《楚辭》成書之體例、王逸序注之真僞、《楚辭》各篇之主旨、劉勰《辯騷》之版本依據等，不可謂不廣，不可謂不深，故此問題尤有整理舊説、探索前路之必要。從目前看，雙方各有精彩之論，然亦有令人生疑或言之未盡者，此即本文所欲發之者。

---

① 謝天鵬，重慶人，四川大學文學與新聞學院古代文學博士生，主要從事楚辭、唐宋詩禪研究。

一、“五階段成書”説之觀點、依據及所遇挑戰

　　湯先生是《楚辭》“五階段成書”説提出者，詳細論證存於《〈楚辭〉成書之探索》一文，審觀所論，一則論《楚辭釋文》（下稱《釋文》；另，陳振孫《直齋書録解題》稱是書爲《離騷釋文》）篇次爲《楚辭》古本，一則依《釋文》之古本篇次論《楚辭》分五階段成書。

　　先看第一部分。湯先生證《釋文》篇次爲古本，也即王逸所注之本，依據有二：一則其篇次合於王逸之注，一則合於劉勰《辯騷》所涉《楚辭》諸篇序次。洪興祖《楚辭補注》曾專門言及《釋文》篇次與當時通行本之異，前者依次爲《離騷》《九辯》《九歌》《天問》《九章》《遠遊》《卜居》《漁父》《招隱士》《招魂》《九懷》《七諫》《九嘆》《哀時命》《惜誓》《大招》《九思》，後者爲《離騷經》《九歌》《天問》《九章》《遠遊》《卜居》《漁父》《九辯》《招魂》《大招》《惜誓》《招隱士》《七諫》《哀時命》《九懷》《九嘆》《九思》，又云“按《九章》第四，《九辯》第八，而王逸《九章》注云‘皆解於《九辯》中’，知《釋文》篇第蓋舊本也，後人始以作者先後次叙之爾”[1]，從王注尋得與《釋文》篇次相契之證，遂斷之爲“舊本”，且由以王注爲證看，是言王逸所注《楚辭》之目録即如《釋文》。此論頗有力，朱熹《楚辭集注》、晁公武《郡齋讀書志》、陳振孫《直齋書録解題》皆存其説。

　　湯先生繼承洪説，且有發揮，其文云：

　　《楚辭釋文》的篇次，却跟王逸《楚辭章句》的原始篇次相合。因爲這個篇次是《九辯》在前，《九章》在後，所以王逸的《九章》注云：“皆解於《九辯》中。”洪氏的這一重要發現，也見於他的《楚辭補注》目録後。凡見於前者即略於後，乃王逸《楚辭章句》的慣例。如《七諫》云：“已解於《九章》篇中”；又《哀時命》注云：“已解於《七諫》也”。通貫全書，例不勝舉。因此，王逸《楚辭章句》的原始篇次，乃《九辯》在前，是不容質疑的事實。近劉永濟同志的《屈賦通箋》又有一個新的發現。他認爲王逸的《楚辭章句》於

---

　　① 洪興祖撰，白化文等點校《楚辭補注》，北京：中華書局，1983 年，目録第 3 頁。

《九歌》《九章》的叙文中都不釋"九"字之義，而在《九辯》的叙文中則曰："九者，陽之數，道之綱紀也。故天有九星，以正機衡；地有九州，以成萬邦；人有九竅，以通精明。"這更證明了王逸《楚辭章句》的原始篇次，《九辯》不僅在《九章》之前，而且在《九歌》之前，跟《楚辭釋文》的篇次相同。據此可知，《楚辭釋文》的篇次雖較混亂，而却是王逸《楚辭章句》的原始面貌。①

湯先生認爲王注有"凡見於前者即略於後"的"慣例"（此幾爲楚辭學界所普遍認可），除舉"皆解於……"之類，還有劉永濟所舉"九"字之例，並謂此種"慣例"在王注中"通貫全書，例不勝舉"。

《九章》注中出現"皆解於《九辯》中"，可謂《釋文》篇次爲古本最重要之依據，故不信《釋文》者便不得不面對此難題。孫志祖《讀書脞録》論《九辯》作者云：

> 焦竑《筆乘》以《九辯》爲屈原所自作，引《直齋書録解題》載《離騷釋文》首《騷經》，次《九辯》，王逸《九章》注云"皆解於《九辯》中"，則《釋文》篇第蓋舊本也，決無宋玉所作攙入原文之理。志祖案：王逸叙明云"《九辯》者，楚大夫宋玉之所作也"，《文選》亦以宋玉《九辯》列於屈子《卜居》《漁父》之後，《釋文》舊本自誤爾。注云"皆解於《九辯》中"，不必定《九辯》在前也，焦氏因此遂以《九辯》爲屈子所作，非也。②

以王序爲標準，既認定宋玉爲《九辯》作者，又認定《楚辭》必以作者時間排序，再加上《文選》列《九辯》於屈作之後，故判《釋文》篇次爲"自誤"。然其於"皆解於《九辯》中"却難以解釋，僅云"不必定《九辯》在前也"。姜亮夫先生《屈原賦校注》略近一步，其文曰：

> 王逸《九章》注云："皆解於《九辯》中"，而《釋文》亦以《離騷》《九辯》《九歌》爲次，因以啓後世之疑。然注詳後篇，古人亦有其例。而《九辯》文弱，不類屈作，王已明標宋玉之作，無用更生藤

---

① 湯炳正《屈賦新探》，北京：華齡出版社，2010年，第70頁。
② 孫志祖《讀書脞録》卷七，清嘉慶刻本。

蔦。今亦不取焉！①

姜先生認爲"注詳後篇，古人亦有其例"，然此説價值與孫志祖大抵無異，終究是"不必定"，而非"必定不"。

孫、姜二氏之所以否定《釋文》篇次，且懷疑"皆解於《九辯》中"一語對論定《釋文》篇次爲王注《楚辭》古本的效力，根本目的是要維護宋玉作《九辯》之説。然湯先生"五階段成書"説並不與此矛盾，且瓦解了"同一作者之作品必須集在一起——全書排序必須按作者先後爲次"這一對應關係，於是從《九辯》作者屬屈還是屬宋來論證《釋文》篇次是否是古本便失去了價值，即否定《釋文》篇次的最重要依據——宋玉作《九辯》，於此問題失去了意義。如此，王注"皆解於《九辯》中"爲何與《釋文》篇次相符，就成了必須重新論證之議題。

代替"宋玉作《九辯》"成爲否定《釋文》篇次最重要依據的是一種《楚辭》的"體例"説——"《楚辭》一書，從某種意義上説，可謂'屈原集'。它收録了屈原的全部作品，而所選録的非屈原作品，均代屈原設言"②。力之先生此論，雖非針對湯先生文章，但與其觀點却隱隱衝突——如果《楚辭》有統一之編纂體例，則其宜應爲劉向一人所集③，而"五階段成書"説中劉向僅爲編者之一。信力之先生"體例"説者，遂繼續就"五階段成書"説予以討論，其詳者有龔俅、邵杰兩位學者。

龔俅駁湯先生所涉角度眾多，而論"皆解於《九辯》中"爲一重點，其觀點曰"王逸《楚辭章句》未必有'凡見於前者即略於後'的'慣例'"，依據有四。第一，繼承姜亮夫"注詳後篇，古人亦有其例"之説，並舉趙吕甫《史通新校注》中"沮誦"條爲例。第二，《楚辭章句》中《離騷》《東皇太一》篇重複注"紛"字三處，《離騷》《湘夫人》《哀郢》中重複注"嬋媛"三次，《離騷》《惜誦》《抽思》中重複注"尤"三次，《招魂》《大招》中重複注"曼"三次，《離騷》《大招》中重複注"則"三次，認爲前已注者後復注之，非"略"。又舉王逸未於《離騷》中釋"九

---

① 姜寅清《屈原賦校注》，臺北：世界書局，1979 年，第 2 頁。

② 力之《從〈楚辭〉成書之體例看其各非屈原作品之旨》，《四川大學學報》2000 年第 2期。

③ 力之先生持劉向編《楚辭》之論，參氏著《〈楚辭〉研究二題》，《云夢學刊》1999 年第 1 期。

辯”之“九”，却在《九辯序》中詳述，認爲這是略於前而詳於後。第三，
《九歌》中“潺湲”“淼”“寒”“逍遥”“遭”、《九章》中“薄”“湛湛”
“伯樂”“誦”諸字皆有注，而《九辯》中却不注，若按《釋文》篇次則不
合“凡見於前者即略於後”。第四，舉姜亮夫先生所指出者，《招魂》一
篇，依《釋文》次，則後於《招隱士》，而《章句》釋‘招’字，不在
《招隱士》篇，乃在《招魂》篇。則‘解於前篇’一例，不必即爲審實篇
第之唯一標準”。在駁論之後，又進而對“此皆已解於《九辯》中”一條
作出解釋，認爲“此”指《九章·哀郢》中“堯舜之抗行兮，瞭杳杳而薄
天。衆讒人之嫉妬兮，被以不慈之僞名。憎愠愉之修美兮，好夫人之忼
慨。衆踥蹀而日進兮，美超遠而逾邁”，而《九辯》中涉此者爲“堯舜之
抗行兮，瞭冥冥而薄天。何險巇之嫉妬兮，被以不慈之僞名。彼日月之照
明兮，尚黯黮而有瑕。何況一國之事兮，亦多端而膠加。被荷裯之晏晏
兮，然潢洋而不可帶。既驕美而伐武兮，負左右之耿介。憎愠愉之修美
兮，好夫人之慷慨。衆踥蹀而日進兮，美超遠而逾邁”，蓋後者可包囊前
者，故王逸不注於《哀郢》中，而注於《九辯》中。[1] 邵氏亦認爲利於證
明《釋文》篇次爲古本者，爲湯先生所列兩條，而不利者則爲姜氏所舉
“招”字事，並進而指出“王逸作《章句》時屈原作品已有解説，那麼，
引起無窮爭論的三種現象：《九章》注中出現的‘皆解於《九辯》之中’
之語、釋‘九’於《九辯》、釋‘招’於《招魂》，就有了共同的指向——
王逸作《章句》時極有可能始於宋玉的作品，而非始於已有舊注和舊説的
屈原作品。”[2] 可見，兩家駁湯先生説雖近似，其於“此皆已解於《九辯》
中”一條産生之因的認知却大異。

　　事實上，湯先生將“此皆已解於《九辯》中”一條上升爲王逸《楚辭
章句》“凡見於前者即略於後”之“慣例”是迂遠自迷，劉永濟爲之舉
“九”字釋，是迷而又迷，至如姜、龔、邵三氏所舉反駁之證，亦皆以迷
攻迷。要了解王逸此注，應先考察同類之注，而不應不加分别地推廣於其
所有序、注。今查《楚辭章句》“已解於……”之類注釋，凡 17 條，分析

---

[1]　詳參龔彧《〈楚辭〉成書問題考辨》，見《中國楚辭學》第十六輯，第 281～283 頁。
[2]　詳參邵杰《論王逸注次異於〈楚辭章句〉篇次——兼論〈楚辭章句〉注釋的五個階段》，
《廣西師範大學學報》2015 年第 5 期。

諸例，可得其特點有二。第一，該類注例皆針對整句（或多句）與他處文句之字、義（尤其是著名歷史典故）有大量重複者。除上舉《九章·哀郢》例，此復舉四例以觀，如《惜誓》"比干忠諫而剖心兮，箕子被髮而佯狂"，注曰"已解於《九章》"①，而所應《九章·涉江》爲"比干菹醢"，注曰"比干，紂之諸父也。紂惑妲己，作糟丘、酒池，長夜之飲，斷斫朝涉，刳剔孕婦。比干正諫，紂怒曰：吾聞聖人心有七孔。於是殺比干，剖其心而觀之，故言菹醢也"②；《七諫·怨世》"吕望窮困而不聊生兮，遭周文而舒志。寧戚飯牛而商歌兮，桓公聞而弗置"，注曰"皆解於《離騷經》"③，而《離騷》所應之句爲"吕望之鼓刀兮，遭周文而得舉。寧戚之謳歌兮，齊桓聞以該輔"④；《七諫·怨思》"子胥諫而靡軀兮，比干忠而剖心。子推自割而飼君兮，德日忘而怨深"，注曰"已解於《九章》也"⑤，而《九章·惜往日》所應之句爲"吳信讒而弗味兮，子胥死而後憂。介子忠而立枯兮，文君寤而追求"⑥；《哀時命》"箟簬雜於廥蒸兮，機蓬矢以躬革"，注曰"已解於《七諫》也"⑦，而《七諫·謬諫》所應曰"菎蕗雜於廥蒸兮，機蓬矢以射革"⑧。第二，該類注例除有争議之"此皆已解於《九辯》中"外，皆爲居後之篇其文句見於前者，如《大招》"豐肉微骨，體便娟只"，注曰"便娟，好貌也，已解於上"⑨，所應之處亦在《大招》中，居此條之前，文曰"豐肉微骨，調以娛只"⑩；《七諫·哀命》"和抱璞而泣血兮，安得良工而剖之。已解於上篇也"⑪，所應之文則在《七諫·怨世》，居於《哀命》前，文曰"悲楚人之和氏兮，獻寶玉以爲石。遇厲武之不察兮，羌兩足以畢斫"⑫；

---

① 《楚辭補注》，第 230 頁。
② 《楚辭補注》，第 131 頁。
③ 《楚辭補注》，第 245 頁。
④ 《楚辭補注》，第 38 頁。
⑤ 《楚辭補注》，第 247 頁。
⑥ 《楚辭補注》，第 151 頁。
⑦ 《楚辭補注》，第 263 頁。
⑧ 《楚辭補注》，第 254 頁。
⑨ 《楚辭補注》，第 223 頁。
⑩ 《楚辭補注》，第 222 頁。
⑪ 《楚辭補注》，第 254 頁。
⑫ 《楚辭補注》，第 245 頁。

"上"字乃明確指先出者。① 可見《九章·哀郢》中"此皆已解於《九辯》中",除非證明其有誤,或者有其他令人信服之理由,否則便很難否定《九辯》在《九章》前。這其實符合注者心理,諸所涉句例以其整體性或爲著名典故而目標大、易記憶,故注者再次面對時易思及前文已有,而因之爲整句重複,故用"已解於……"形式顯得省便;與之相應,讀者同樣亦可以其目標大、易記憶之特點,循之而得解。相反,諸學者所謂"慣例"中非此類之單字、單詞則目標小,不便記憶,且其運用必繁於諸篇,注者、讀者如何能迅速把握前文是否已有,及"有"在何處?而諸單字、單詞,往往數字即可釋義,若用"已解於……",豈非反使閲讀不便?至如龔、邵二氏以先注後篇爲解,其説已各各不同,雖皆能予人啓發,但亦同陷一蔽,未見"注"乃爲讀者發,非作者自觀,讀者覽書,普遍皆由前而後,已讀者熟悉,未讀者陌生,若注者使人讀前篇時而往後篇"陌生"之文中尋某字之解説,豈非緣木求魚,變易爲難?此傷注釋之旨。所以,湯先生"慣例"之説雖迷,而駁之者亦未盡洽;歸乎本源,"此皆已解於《九辯》中"對支撐王逸所注《楚辭》篇次《九辯》先於《九章》之説仍有極重分量。

再看湯先生第二個依據,即以劉勰《文心雕龍·辯騷》所涉《楚辭》諸篇序次以證《釋文》目録爲古本。"此皆已解於《九辯》中"一條雖能支撐王逸所注《楚辭》篇次《九辯》先於《九章》,但其篇次是否全爲《釋文》之貌,畢竟隔着一層。只有證明《釋文》篇次爲古本,才能以之爲基礎展開"五階段成書"説,故此點之論證實爲又一關鍵。湯先生證此之依據是《文心雕龍·辯騷》中的一段文字,如下:

> 故《騷經》《九章》,朗麗以哀志;《九歌》《九辯》,綺靡以傷情;《遠遊》《天問》,瓌詭而惠巧;《招魂》《招隱》,耀豔而深華;《卜居》標放言之致;《漁父》寄獨往之才;故能氣往轢古,辭來切今,驚采絶豔,難與並能矣。自《九懷》以下,遽躡其迹,而屈、宋逸步,莫之能追。②

① 另,《惜誓》"梅伯數諫而至醢兮",《楚辭補注》本注曰"已解於《離騷經》",四庫本《楚辭章句》則注曰"已解於前也",若其原文爲後者,則"前"字同樣直接反應出王逸之注釋序次。

② 詹鍈《文心雕龍義證》,上海:上海古籍出版社,1989年,第156~161頁。

　　湯先生得出觀點有二：一則認爲此段就分類言，標準乃"根據屈、宋作品的藝術風格"，二則認爲諸小類之更具體排序反映劉勰所見《楚辭》篇目之狀。

　　關於後者，具言之有三。第一，"從這個排列中也可以看出，當時流傳的本子，這十篇的次第跟《楚辭釋文》同樣是集中在一起的"。第二，"《招隱士》與《招魂》並列，不與《大招》並列，致使劉氏或傳抄者連類而及，以《招魂》與漢人作品《招隱》並舉，造成了錯誤。如依今本篇次，則《招隱士》厠於漢人的《惜誓》與《七諫》之間，而《大招》即次於《招魂》之下，必不致有此錯誤。"第三，"劉氏在歷述屈、宋作品的藝術風格以後，接着寫道'自《九懷》以下，遽躡其迹，而屈、宋逸步，莫之能追'，這就非常清楚地看到了劉氏所據的本子，對漢人的作品不像今本那樣以賈誼的《惜誓》起首，依年代順序排下來，而是跟《楚辭釋文》的篇次一樣，以王褒的《九懷》起首。所以才用'自《九懷》以下'一句概括漢人的作品。如果依今本篇次，則《九懷》以下，只有《九嘆》《九思》，而《九懷》以前的漢人作品還有賈誼的《惜誓》、東方朔的《七諫》、嚴忌的《哀時命》等，難道這些作品不是'遽躡'屈、宋之'迹'的嗎？難道這些人獨能'追''屈、宋逸步'嗎？這顯然不是劉氏立論的本質。"① 此説亦遭駁議。

　　龔俅對第三點提出質疑，以爲若依湯説，以"《九懷》以下"代指漢人眾作，則"其一，《招隱士》爲淮南小山作，亦是漢人，却未涵括於內；其二，《大招》爲屈原或景差所作，不是漢人，却被包攝其中"，並解釋劉勰作此言乃"因《九懷》篇名中有'九'字，又是漢作中最早以'九'命名之擬作。而以'九'命篇名往往是'遽躡其迹'之最突出者"②。邵杰則以爲："即使將其中所論坐實爲具體篇目，聯繫'枚、賈追風以入麗，馬、揚沿波而得奇'之語來理解，可以明顯看出'枚、賈'和'馬、揚'是'追'了的，而且各有所得。那麼，'自《九懷》已下'之語就正好可以説明：王褒《九懷》之前，還是'能追'的。依《章句》本的篇次觀

────────────

　　① 詳參湯炳正《屈賦新探》，第 72 頁。
　　② 詳參龔俅《〈楚辭〉成書問題考辨》，見《中國楚辭學》第十六輯，第 281 頁。

之，完全没有扞格矛盾的地方。"① 此點涉及藝術品質之欣賞，於價值判定，讀者每具主觀性，湯先生之説故僅一家之言。相比之下，邵氏之論更切語境。可注意者，"遽躐"非"俱躐"，若爲"俱"，則《惜誓》《七諫》《哀時命》以其屬"躐"，則湯氏之問可也。然"遽，急也"，故"遽躐其迹"便有兩種指向，一則將擬屈宋之作一概否定，皆屬"遽躐"，一則分之爲"遽躐"與"非遽躐"者，而以"《九懷》已下"當"遽躐"者。結合前賢評價②及下文"枚、賈追風以入麗，馬、揚沿波而得奇"看，第二種指向應更爲準確。

湯先生之説除第三點外，第一、二點亦顯牽强。如其一，既有"風格"標準，又要依《楚辭》（指《釋文》目録所示者）之"文獻"標準，而文中有四組兩篇並舉者，當此之際，二者能天然合契嗎？若有衝突，依於誰？且此並舉之處，循於駢文對仗之體，屈子之篇不足，取他篇（如《九辯》《招隱》）不也自然之事？如其二，言《招魂》《招隱》並舉乃劉勰"連類言及"之誤，然何利於"古本"説處，恰就生"誤"？所謂"連類言及"者乃依《楚辭》目録上二篇相近之故，此以有形文本爲説，然《招隱》《大招》其作者爲誰並非難記之事，劉勰作論時難道還要依目録按部就班？若其記憶於心，無依於有形文本，則其心中有什麽"連類"之態？當然，龔俅從孫志祖思路，以"今傳《文選》'騷'類所選篇目之篇次與通行本《楚辭章句》全同"爲説，欲證《文選》"騷"類之序即當時《楚辭》之序（主要是《九辯》），則與湯先生陷於同樣之邏輯失誤中，《文選》《文心雕龍·辯騷》皆各有其編纂、排序之旨，非全然依於《楚辭》序次

---

① 詳參邵杰《論王逸注次异於〈楚辭章句〉篇次——兼論〈楚辭章句〉注釋的五個階段》，《廣西師範大學學報》2015 年第 5 期。

② 朱熹重編《楚辭》，曰："《七諫》《九懷》《九嘆》《九思》雖爲騷體，然其詞氣平緩，意不深切，如無所疾痛而强爲呻吟者。就其中《諫》《嘆》猶或粗有可觀，兩王則卑已甚矣。故雖幸附書尾，而人莫之讀，今亦不復以累篇帙也。賈傅之詞，於西京爲最高，且《惜誓》已著於篇，而二賦尤精，乃不見取，亦不可曉，故今並録以附焉。若揚雄則尤刻意於楚學者，然其《反騷》，實乃屈子之罪人也，洪氏譏之，當矣。舊録既不之取，今亦不欲特收，姑别定爲一篇，使居八卷之外。"（李誠、熊良志主編《楚辭評論集覽》，武漢：湖北教育出版社，2002 年，第 161 頁）亦可見其對《楚辭》中的漢人作品分了兩等。

者，故亦不足爲據。①

既論《釋文》篇目爲古本，湯先生遂得推而爲"五階段成書"説，認爲：《離騷》《九辯》或爲宋玉所輯，爲第一階段；《九歌》《天問》《九章》《遠遊》《卜居》《漁父》《招隱士》乃淮南小山或劉安所輯，爲第二階段；《招魂》《九懷》《七諫》《九嘆》乃劉向所輯，爲第三階段；《哀時命》《惜誓》《大招》乃多人所輯，時在班固後、王逸前，爲第四階段；《九思》乃王逸增，爲第五階段。其依據爲"先秦諸子百家之流傳於今者，多爲其門第子纂輯遺篇或其同一學派的後學補續舊説而成書；而且纂輯者或補續者往往又把自己的作品也附在後面。這幾乎是古書的通例"（下稱"通例"説）②，然其説亦尚有未周之處，詳後。

二、"劉向編纂十六卷"説之觀點、依據及挑戰

《楚辭》成書最原始、影響最久遠之説法，是"劉向編纂十六卷"説，然此觀點之論證，至今來看尚顯零碎，尤其缺少統籌之後與"五階段成書"説進行的對比分析。試論之如下。

今本之次，是否即王逸所注《楚辭》古本之貌，今無漢代版本之直接實物以觀，只能由王序中得部分信息，其文曰：

> 屈原履忠被譖，憂悲愁思，獨依詩人之義而作《離騷》，上以諷諫，下以自慰。遭時暗亂，不見省納，不勝憤懣，遂復作《九歌》以下，凡二十五篇。楚人高其行義，瑋其文采，以相教傳。至於孝武帝，恢廓道訓，使淮南王安作《離騷經章句》，則大義粲然。後世雄俊，莫不瞻慕，舒肆妙慮，纘述其詞。逮至劉向，典校經書，分爲十六卷。孝章即位，深弘道藝，而班固、賈逵復以所見改易前疑，各作《離騷經章句》。其餘十五卷，闕而不説。又以壯爲狀，義多乖異，事不要括。今臣復以所識所知，稽之舊章，合之經傳，作十六卷章句。

---

① 龔俅還引《四庫提要》"洪興祖《考异》於《離騷經》下注曰：'《釋文》第一，無經字。'而王逸注明云：'離，别也；騷，愁也；經，徑也。'則逸所注本，確有經字，與《釋文》本不同。必謂《釋文》爲舊本，亦未可信"駁之，同時引《隋志》"王逸集屈原以下迄於劉向"證其所載之本以劉向《九嘆》居末，則皆有理。

② 湯炳正《屈賦新探》，第74頁。

雖未能究其微妙，然大指之趣略可見矣。①

所述甚明，即劉向所編者確爲十六卷，而王氏所成之"章句"亦爲十六卷，無涉分階段成書之内容。

湯先生未對此段文字作直接駁議，乃依從其"五階段成書"說，得出"至於劉向則不過是纂輯者之一，而且不是重要的纂輯者……這個結論，不僅糾正了《楚辭》成書於元、成之世的片面看法，而且糾正了《楚辭》是劉向一人所集的錯誤傳說"②。龔俅反駁曰："如此說來，經過劉向增輯的這個《楚辭》傳本僅 13 卷。王逸《楚辭章句叙》明說劉向編集的《楚辭》爲 16 卷，這裏怎麼會變成 13 卷？"又引王理宏氏語，以爲王逸既知附己作於書後之傳統，則其言劉向編十六卷《楚辭》，便是見《九嘆》居第十六卷，若其所見爲《釋文》篇次，則《九嘆》當居第十三卷，王逸便不應謂之編十六卷。③ 考雙方之說，皆"以我之矛，攻彼之盾"，而非"以彼之矛，攻彼之盾"，以對方所不承認之論據爲基礎，則自難相服。然比較而言，湯氏之說欲立，必須"五階段成書"說先立，"五階段成書"說欲立，必須《釋文》目録爲古本篇次之說先立，所以其論點與論據間邏輯鏈過長，過長則差錯率益高。且其說若立，王逸所叙便只能解釋爲"籠統""錯誤""疏忽"或"假以自重"。龔俅之說依王逸，故於"劉向""十六卷"二證據爲直接明澈，然王說未及諸篇序次，若直以之等同今本按時間序次者，亦有未安。可注意者，王逸除於書中屢言及劉向編《楚辭》之類"大言"，還有細節陳述，如《天問後序》言劉向曾"援引傳記，以解說之"④，《九懷序》言"史官（按：當指劉向）録第，遂列於篇"⑤，能具體到人物、篇章，本身就代表"鑒別"目的，反映了對知識掌握之準確性。又前人往往以"裒集"一詞狀劉向之編《楚辭》，大抵因文獻學常識中，編一部書總是以"集"爲主要活動，然王序實反此常識，曰"分爲十六卷"，"分"與"集"適相反，"集"乃由散而合，"分"是由合而散，其用語如此考究，似非"籠統""錯誤""疏忽"或"假以自重"能盡之，而

① 《楚辭補注》，第 48 頁。
② 湯炳正《屈賦新探》，第 87 頁。
③ 詳參龔俅《〈楚辭〉成書問題考辨》，見《中國楚辭學》第十六輯，第 277 頁。
④ 《楚辭補注》，第 118 頁。
⑤ 《楚辭補注》，第 269 頁。

恰反映出他之辨析態度。而據"分"字言，如按湯先生之編纂説，篇次既定，劉向如何再"分"？考《漢書·藝文志》"屈原賦二十五篇""宋玉賦十六篇""莊夫子賦二十四篇""賈誼賦七篇""淮南王群臣賦四十四篇""劉向賦三十三篇""王褒賦十六篇"①，此皆《楚辭》中作家，其賦各各相"合"，於宋玉賦中抽二，莊、賈諸賦中各抽其一，皆可謂"分"，而"屈原賦二十五篇"別爲《楚辭》中之七卷，亦可謂"分"，故從王逸用"分"字看，他似在細膩呈現劉向編《楚辭》之方法，而能如此具體，其説亦非無的放矢。

與今通行本篇次相同之版本，現存最早者亦不過於宋代，湯先生以爲黄伯思、洪興祖見過唐本，而皆未言及唐本與以時間順序排列之通行本有異，故唐本應已有按時間排序者，又推定《楚辭》版本之流傳過程曰"從漢代直到唐代，原本《楚辭章句》的篇次，跟《楚辭釋文》是相同的；而唐到宋初則新舊兩本並行；宋以來則新本通行古本完全失傳"②。此論對持時序排列説者的不利之處在於無存此種漢、唐版本。龔俁引《隋志》"王逸集屈原以下迄於劉向"以證其所載之本以劉向《九嘆》居末，即謂唐前已有版本以時序排列也。然嚴苛些説，"此皆已解於《九辯》中"只能證《九辯》在《九章》前，其合《釋文》目録之部分，而不能合其全，而"王逸集屈原以下迄於劉向"也只能證其以《九嘆》居末而不能證其全同於今之通行本。反之，以管窺豹，亦可説二者對肯定自身版本所産生的支撐力量大抵相當。

值得注意者，《釋文》目録與今通行本關係密切，絶非後者有秩而前者便凌亂不堪。比較二者，不難發現總篇數一致；皆以《離騷》爲第一；《九歌》《九辯》《天問》《九章》《遠遊》《卜居》《漁父》一組序次全同，《招魂》《九懷》《九嘆》去其穿插者，序次相同；《招隱士》《七諫》《哀時命》去其穿插者，序次亦同。這些相同，説明二者應有親緣關係，要麼一方演化出另一方，要麼有共同之來源而各自變化。

如把《楚辭》版本只定爲《釋文》與今本兩種形式，則以湯先生之觀點，自然是《釋文》篇次演而爲今本，演化標準即時序，此種標準在文獻

① 班固《漢書》，北京：中華書局，1962年，第1747～1748頁。
② 湯炳正《屈賦新探》，第71頁。

編纂中爲常態，便於讀者，爲之也易，故其可能性甚大。反之，以今本篇次演而爲《釋文》篇次便顯得較難理解。不過，與《釋文》相先後之版本，除陳説之本及可能同於今本之唐本外，似還有其他版本，晁補之《離騷新序中》云：

> 劉向《離騷楚辭》十六卷，王逸傳之。按八卷皆屈原遭憂所作，故首篇曰"離騷經"，後篇皆曰"離騷"，餘皆曰"楚辭"。天聖中，有陳説之者，第其篇，然或不次序，今遷《遠遊》《九章》次《離騷經》，在《九歌》上，以原自叙其意，近《離騷經》也。而《九歌》《天問》乃原既放，攬楚祠廟鬼神之事以抒憤者，故遷於下。《卜居》《漁父》其自叙之餘意也，故又次之。《大招》古奧，疑原作，非景差辭，沉淵不返，不可如何也，故以終焉。爲《楚辭》上八卷。《九辯》《招魂》，皆宋玉作，或曰《九辯》原作，其聲浮矣。《惜誓》弘深，亦類原辭，或以爲賈誼作，蓋近之。東方朔、嚴忌，皆漢武帝廷臣，淮南小山之辭不當先朔、忌。王褒，漢宣帝時人，皆後淮南小山。至劉向最後作，故其次序如此。此皆西漢以前文也，以爲《楚辭》下八卷，凡十六卷，因向之舊録云。[1]

此《離騷楚辭》者，其名頗奇，與《釋文》、今本系統諸書皆异，分"離騷經""離騷""楚辭"三部分亦非《釋文》所有，"離騷經"之名也非《釋文》所具。更關鍵者，其篇次似也與二者相異，"八卷皆屈原遭憂所作"，即屈賦有八卷，而無論《釋文》還是今本諸書，屈作皆僅七卷。顯然，前八卷之中當還有一篇屈原之作。從下文看，涉屈者惟《九辯》《大招》。若《九辯》居八卷中，則謂之《釋文》本、以時序排列之本皆爲可能，然晁補之明確否定《九辯》爲屈作，若《九辯》在前八卷中，則其"八卷皆屈原遭憂所作"之説便非矣，而若《大招》在前八卷中，則無是病。又其文中移諸篇之位，用"遷""遷於下"，且變東方朔、嚴忌、淮南小山之次，而批評原本之不當，然列《大招》則無是語，豈《大招》原在《離騷楚辭》前八卷之中哉？如此，則又另有版本也。增此變數，則王逸所據《楚辭》面貌又加一惑，不再爲今本、《釋文》本二選一。

---

[1] 李誠、熊良志主編《楚辭評論集覽》，第133頁。

總之，單就版本言，《釋文》篇次僅見於《釋文》中，今本篇次最早能上溯至所謂陳說之本，二者距漢皆遠。其間隱隱關聯於更早版本者，《釋文》中《九辯》在《九章》前，合於王注"此皆已解於《九辯》中"，而《隋志》"王逸集屈原以下迄於劉向"亦大體反映了唐前之本居末者同於今本。各有部分之得，亦各有部分之未盡，若只存其一，則無妨謂之古本，而今兩本並立，且宋前似還有第三種版本，則遽定《釋文》篇次與古本原貌一一無別，於論證之嚴謹，亦或未安。

三、《楚辭》成書的"通例"與"體例"之比較

"編纂"總有其目的與標準，目的不同，標準自亦有別，其形式亦很可能相異。如此，故可就《楚辭》形式而反觀其目的與標準，而所謂"標準"者，即"體例"。

《楚辭》爲何而編，以何標準編？就前者言，至今之研究，似皆還籠統，缺乏立體、細密之探索。然於其編纂標準，已有兩種收穫，即湯先生的"通例"說（"通例"亦一體例，只不過此種體例爲眾人所共知共用）和力之先生的"體例"說。劉向一人編纂《楚辭》，則其宜有統一體例，此統一體例，前賢大抵以爲屬楚辭體即收錄。顯然，"楚辭體"之標準過於寬泛，不能解釋書中爲何不收宋玉《對楚王問》、司馬相如諸賦、東方朔《答客難》《非有先生論》、賈誼《吊屈原賦》等既屬楚辭體、技藝又"善"之作品。就先秦、西漢言，屬楚辭體而不入於《楚辭》者顯然大大超過入於其中者。因此，它應有更細膩的標準。力之先生考察王逸諸序、《楚辭》中入選各文本，並結合目錄學上《楚辭》獨立爲類，《漢書·藝文志》《隋書·經籍志》《新唐書·藝文志》中《楚辭》、"屈原集"不並出諸現象，得出"體例"說。[1] 此研究從方法上說極"立體"，居高處俯視《楚辭》所涉文獻、文學兩學科之材料以及諸具體問題，從零散中尋同一、尋關聯，並最終得出一個能較好解釋諸爭議現象的內在之因，在思維上展

---

[1] 詳參力之《楚辭學三題》（《廣西師院學報》1997年第4期）、《〈楚辭〉研究二題》（《雲夢學刊》1999年第1期）、《從〈楚辭〉成書之體例看其各非屈原作品之旨》（《四川大學學報》2000年第2期）。

現了很高的分析、綜合、演繹能力。然而，此説法與劉向編《楚辭》説頗相關，至少在論述中因力之先生將此問題與《漢書·藝文志》《劉向傳》聯繫，並支持劉向編《楚辭》説，故使人覺“體例”説與湯先生“通例”説難以並存，在湯先生眼中，劉向僅爲編書之次要一環。此種矛盾成爲一些學者用“通例”説否定“體例”説之依據。

事實上，湯先生“通例”説並不完善，而《楚辭》體例問題與成書是否分階段亦未必不可分開而觀。“五階段成書”説在論證《釋文》篇目爲古本後，遂分目錄爲五組，並解説每組成立之標準。反對“五階段成書”説者，往往駁議其每組成立之具體標準，而對據目錄分爲五組之依據——“通例”，却無一進行探討者，似皆以之爲確然存在。然而，真如此否？

“通例”説之具體表述爲“先秦諸子百家之流傳於今者，多爲其門弟子纂輯遺篇或其同一學派的後學補續舊説而成書；而且纂輯者或補續者往往又把自己的作品也附在後面。這幾乎是古書的通例”，其中涉及五個限定條件：第一，先秦諸子百家；第二，門弟子，後學；第三，纂輯遺篇，補續舊説；第四，纂輯者或補續者自己的作品；第五，附在後面。衡於先秦諸子書，若《墨子》《孟子》《莊子》者，第一、二、三、五項基本相合，而第四項，則難有所據。若以《論語》成書，諸弟子有置己語於其中者，則於第五項，實又不合。總之，就此“通例”言，同時滿足“自己的作品”“附在後面”兩條件者，當前來看，尚難確證。

“通例”僅一標準，若其成立，亦僅先秦編書思想之一，其是否確實發生於《楚辭》上，還需與事實相結合，而湯先生所用“事實”即《釋文》目錄。然此目錄之分組，所表現之特徵却未能與該説盡洽。其一，屈原以下之創作算不算“諸子百家”，諸作家之間是否合乎“學派”“門弟子”“後學”關係？屈原、宋玉等是否如此自視其身份、作品性質？其二，五組之分法，其中四組皆以一人之一篇居末，按湯先生説是編者自己附在後面，然若説同時滿足“把自己的作品”“附在後面”兩條件者還略可從先秦文獻中推出的話，必須是“一篇”而非“兩篇”“三篇”，此“通例”何來？顯然，此所謂“通例”實是混淆了“後序”這一文體。“序”之爲體，淵源多説，或以爲《序卦傳》，或以爲《詩大序》，或以爲《書序》，然彼時文體特徵未定，至漢方漸盛行，而居一書之末（非在前）者，大抵爲《史記·太史公自序》《漢書·敘傳》《論衡·自紀篇》，數量尚少，且爲散文，則湯先生所謂編纂《楚辭》之宋玉、劉安如何能離百歲而同心，創造性地將"後序"之體移於《楚辭》編纂上，且還要變散體爲辭賦？況此種辭賦，其内容實亦大異於"後序"，無有"總結"之效，而後之劉向、王逸，真能體二人如此特殊之用心嗎？所以，此種"通例"仍需從歷史中尋出證據來自證其可靠。

湯先生之論，其未善處在於以後推前，依《釋文》目録推測出一個似是而非之"通例"，而此"通例"却難以在同時代或更早的時代乃至後來的時代中找到佐證。與之相類，力之先生的"體例"説亦遇同樣困境，潘嘯龍便曾予以質疑，其文曰：

> 確定《楚辭》的體例，不宜以頗有附會之辭的王逸序言爲依據，而應考察《楚辭》各篇的實際情況。由於《楚辭》成書不同階段所收屈原作品有"疑不能明"的誤傳因素，增輯者所附己作的主旨和體式亦有不同，故《楚辭》並無所謂"非屈原作品，均代屈原設言""以屈原爲第一人稱口氣抒寫"的統一體例。因此，用這種"體例"去推斷宋玉《招魂》必爲"代屈原自招其魂"，是不科學的。①

除用湯先生"五階段成書"説駁"劉向編纂十六卷"説，以使人在"通例"與"體例"間只能二選一外，還從方法上對"體例"之得出提出質疑，即以王逸序爲依據對論證《楚辭》之體例有效否？潘先生認爲"《楚辭》各篇的實際情況"才是確定《楚辭》體例的第一根據。

儘管潘先生頗信"五階段成書"説，然在《釋文》目録還無法確定爲完全的王逸所注《楚辭》篇次以及"通例"之存否還頗爲可疑時，以之爲否定"劉向編纂十六卷"之依據，恐還效力不够。其次，所謂"《楚辭》各篇的實際情況"，也即直接考察諸篇文本，雖看似爲最直接之依從材料，然辭賦之文學性，造成其内在表達不清晰的一面，於讀者言，其理解實際上是充滿主觀性的，這正如屈原諸賦，其主旨如何、某些文句解釋如何，各研究名家、注釋大家亦頗不同，此時不能説此家是重視"實際"、彼家就不重"實際"。因此，這看似爲一手材料的辭賦文本實際上倒往往成爲爭議之源頭，若以之爲論證之首要依據，難以令人信服。力之先生在論文

---

① 潘嘯龍《〈楚辭〉的體例和〈招魂〉的對象》，《安徽師範大學學報》2005 年第 4 期。

中亦有就辭賦原典考察“各篇的實際情況”，只不過所得出之“實際”與潘先生不同耳，這恰好體現了這一方法本身存在的主觀性。最後，研讀各篇之主旨，其原文自然是一手材料，而研究編纂體例，原文其實爲二手材料，因爲編纂體例反映的是編纂者對這些文章的帶有主觀性的解讀，而不是這些文章本身的完全事實，它們之間有時重合，有時有區別，正如今人解讀《離騷》各懷一種答案，而編纂者之答案其實亦僅爲其中之一種，其未必能合屈原原意，也未必能合今人所理解者。從力之先生的論證角度說，其以劉向一人爲編纂者，從王逸序入手考察其編纂體例，雖不像劉向自供之詞那樣有力，但其材料價值也絕不低於今人對於《楚辭》各篇之直接解讀。王逸亦就諸篇解讀，今人亦就諸篇解讀，何以王逸之說價值必低於今人之說？且劉向編纂《楚辭》時不可避免會受主觀性影響，且又未提供自己明確的編纂宗旨，於是從論證角度王逸的話參考價值就變得最爲重要，因爲在現存資料中，他是最有可能接近劉向想法的人。也許他不是最準確的，但他是最可能最準確的。而那些《楚辭》中的篇章，他們先於劉向，怎麼可能反過來遷就劉向的編纂體例？因此，以這些篇章之解讀反過來考察劉向的編纂體例，也難免有倒置之嫌。當然，對這些篇章的謹慎解讀，亦可爲重要參考，因爲劉向畢竟要儘量選擇合乎其體例者。

潘嘯龍的話指出了此問題所涉及的另一方向，如果劉向編纂了十六卷《楚辭》，並且從王序中也可大抵看出確有那樣一種“體例”，但此“體例”究竟是王逸敷衍而成，還是劉向所立者？即便劉向確有此“體例”，是他主觀解讀而得者，還是從宋玉到劉向確實有這樣一個創作傳統存在？如果它僅爲劉向之主觀解讀，而非真有此創作傳統，那麼哪怕有此“體例”，也還不能直接以之用於確定宋玉至王褒各篇之主旨。所以，力之先生這一“體例”要更加有力地證明它不是王逸敷衍的或《隋書·經籍志》《新唐書·藝文志》等主觀臆斷的，而是劉向確有的，則宜在王逸、劉向楚辭學思想的繼承性上作進一步論證，並從劉向的相關活動中找到“自供詞”。而要把此種“體例”運用到《楚辭》每篇作品之解讀中，則要證明它確實是這些作家所熟知或者説應當熟知的寫作傳統，也即要把論證的時間範圍上推至宋玉時代。如此，則邏輯鏈可變得更爲嚴密。而這種“體例”如果是宋玉時代到漢皆知者，則此“體例”便成另一種“通例”，它將不再受編纂是否分階段問題所影響，因爲每個階段的編纂者皆熟知這種“通例”，便可實現跨代合作。

結　論

　　綜上所述，可看到無論湯先生"五階段成書"説，還是"劉向編纂十六卷"説，都牽涉甚廣，甚至可説是《楚辭》研究中之兩大"系統"，牽一髮而動全身，其意義不必言矣。然而，從具體論證過程説，皆或存在誤判，或尚有可繼續推進之處，如下：

　　第一，"五階段成書"説基於《釋文》爲王逸所注古本之論，而此論賴以成立的依據《九章》中出現"已解於《九辯》中"之注語乃洪興祖所提出。其後，湯先生由之而引申出的"凡見於前者即略於後"的"慣例"乃誤判，故相關論證皆於證明《釋文》篇次爲古本無效，此問題之進度仍停留於洪興祖所論處。至於以《辯騷》來證《釋文》篇次爲古本，亦顯牽強。與之相對，"劉向編纂十六卷"説也無直接、完整的漢唐版本以證明《楚辭》篇次以時序排列。事實上，在宋初應當還有《離騷楚辭》這樣一種異於《釋文》與今本的版本，故對《楚辭》早期形態的思考不能局限於二選一模式。

　　第二，"五階段成書"説所關涉的"通例"乃似是而非，無論在先秦、漢代還是後世，都沒有完全契合的編纂案例。其長處在於從發生學角度探索此"通例"在漢前發生的可能，故使讀者生出信任之感。力之先生的"體例"説從劉向及以後關涉《楚辭》之諸文獻與文學現象中總結而來，顯得立體、富於邏輯性，能較好解釋《楚辭》何以爲今本形態之原因，其未足處便在於未探討"代屈原立言"觀念及具體形式在劉向之前是否具有發生的可能性，故易使讀者誤以爲是"以今度古"。若能從發生學角度繼續探索而證明此種體例在劉向前確然存在，則其論便更堅確。

賈昌朝年譜*

胡　鵬

浙江大學中國語言文學系

摘　要： 賈昌朝（998—1065）是北宋仁宗時期著名政治家、經學家、語言學家及文學家。其以道左獻頌賜出身，厠侍經筵，終累官至將相，出入中外，位極人臣，且富文學，故對此期政壇、學界均有重要影響。賈昌朝生平行實，雖有諸多傳世文獻記載，然大多陋略，不足見其條貫。可資稽考的諸種史料又散落各處，且有不少記述歧異甚至相互牴牾，亟待作一分疏與廓清。通過比對王安石爲賈昌朝所撰《神道碑》、王珪作《墓志銘》及《續資治通鑒長編》《宋史》和其他宋人筆記中的相關材料，可以考證出賈昌朝上仁宗邇英延義二閣對問之書的準確書名、諫阻朝廷收族劉平、石元孫的時間、館伴契丹使的經歷、誤吳育上言勿於升祔二后之後濫賞事爲賈昌朝所爲、《全宋文》多處繫年差錯以及《神道碑》《墓志銘》個別記載諛諂不實等錯誤或含混不清之處，有助於加深對賈氏一生行迹和此期北宋政治史、軍事史的理解。

關鍵詞： 賈昌朝　宋仁宗　宰相　吳育　全宋文

賈昌朝（998—1065），字子明，祖籍滄州南皮，後徙真定獲鹿（今屬河北）。自其父始居、葬於開封縣，遂爲開封府（治今河南開封）人。真宗天禧元年（1017）因南郊獻頌，獲賜同進士出身，釋褐常州晋陵縣主

---

* 本文爲國家社科基金重大項目"全宋詞人年譜、行實考"（17ZDA255）的階段性成果。

簿。以經術進，歷國子監、崇政殿説書，天章閣侍講，仁宗慶曆間累拜至同中書門下平章事，兼侍中，封許國公。由經筵而位至宰執，爲有宋第一人。英宗立，加左僕射，進魏國公。治平二年（1065）以疾留京師，乃以左僕射、觀文殿大學士判都省，七月卒，年六十八。謚文元，英宗顏其墓碑額曰"大儒元老之碑"。生榮死哀，侍從時雖爲名臣，然執政後却不爲善人所與，蓋賢士大夫交相傳言其交結宮人宦豎，且涉仁宗年間愈演愈烈之黨爭故也。著有《群經音辨》十卷（今本七卷）、《文集》三十卷、《春秋要論》十卷、《通紀》八十卷、《太常新禮》四十卷、《慶曆祀儀》六十三卷、《慶曆編敕》十二卷《總例》一卷、《貢舉條制》十二卷、《國朝時令集解》十二卷、《奏議》三十卷、《金剛經解》、《邇英延義二閣記注》等，除《群經音辨》外皆佚。《全宋詩》録詩三首（《曲水園》《詠凌霄花》《繁城魏受禪臺》），並殘句一[1]；張如安先生《〈全宋詩〉訂補稿》補輯一首（擬題《贈南嶽養素先生》）。[2] 《全宋詞》存詞一闋（《木蘭花令》）。[3]《全宋文》收《群經音辨序》等文三十四篇，都爲一卷（卷四八一）。[4] 事見王安石《贈司空兼侍中文元賈魏公神道碑》（《臨川先生文集》卷八七）、王珪《賈文元公昌朝墓志銘》（《華陽集》卷三七）、《隆平集》卷五、《東都事略》卷六五、《宋史》卷二八五《賈昌朝傳》。賈昌朝是北宋著名政治家、經學家、文學家，在多個領域具有較大影響力。然因身處黨爭熾烈時代，不同立場著作者載事時態度判若涇渭；又秉政日久，措置紛繁，事多秘辛，致令傳世文獻頗多各相違戾或含混難明之處，不利於見賈昌朝出處之實與夫北宋歷史之實。今清整昌朝生平行迹，撰年譜如次。

真宗咸平元年（998）**戊戌　一歲**

公生。曾祖賈緯，祖賈璉，父賈注，母史氏。

> 《贈司空兼侍中文元賈魏公神道碑》："（二年）七月戊寅薨。……公年六十八。"（下文省稱《神道碑》）[5]

---

① 傅璇琮等《全宋詩》卷二二六，北京：北京大學出版社，1998 年，第 1623～1624 頁。

② 張如安《〈全宋詩〉訂補稿》，北京：群言出版社，2005 年，第 207～208 頁。

③ 唐圭璋《全宋詞》，北京：中華書局，1965 年，第 117 頁。

④ 曾棗莊、劉琳《全宋文》卷四八一，上海：上海辭書出版社；合肥：安徽教育出版社，2006 年，第 62～85 頁。

⑤ 王安石撰，聶安福、侯體健整理《臨川先生文集》卷八七，《王安石全集》第七册，上海：復旦大學出版社，2016 年，第 1520～1521 頁。

《賈文元公昌朝墓志銘》："踰月公薨，享年六十八。"（下文省稱
《墓志銘》）①

《隆平集》卷五："（治平）二年，改觀文殿大學士判都省。卒，
年六十八，謚文元。"（下文省稱《曾傳》）②

《東都事略》卷六五："薨，年六十八。"（下文省稱《王傳》）③

《宋史》卷二八五："（治平二年）卒，年六十八。"（下文省稱
《本傳》）④

《續資治通鑒長編》卷二〇五："（治平二年秋七月）戊寅，觀文
殿大學士、尚書左丞賈昌朝卒。"（下文省稱《長編》）⑤

【按】諸書未記公生年，卒年六十八則無異。以薨於治平二年逆推之，
生於是年。其世系里籍，《曾傳》僅云："真定人，晉中書舍人緯之曾
孫。"⑥《王傳》《本傳》略同。《神道碑》云："皇秘書省著作佐郎、贈太
師、中書令、尚書令、晉國公諱注之子，皇太子左贊善大夫、贈太師、中
書令、尚書令、齊國公諱某之孫，晉中書舍人、史館修撰、皇贈太師、中
書令諱某之曾孫。其先南皮人，中徙獲鹿，今葬開封而爲其縣人者，自公
皇考始。"《墓志銘》言之最詳，曰："其先漢長沙王太傅誼之後，至唐僕
射魏國公耽，復以儒學相德宗，而世爲滄州南皮人。後徙真定之獲鹿，曾
祖緯，晉中書舍人，追封魯國公。祖璡，太子左贊善大夫，追封齊國公。
考注，秘書省著作佐郎，追封晉國公。皆贈太師、中書令、尚書令。曾祖
妣崔氏，封吳國太夫人；繼栗氏，封韓國太夫人。祖妣胡氏，封周國太夫
人。妣史氏，封燕國太夫人。自晉國公始去獲鹿而葬於開封，今爲開
封人。"⑦

少孤，由母教育成人。

———————

① 王珪《華陽集》卷三七，《叢書集成初編》本，北京：中華書局，1985 年，第 483 頁。
② 王瑞來《隆平集校證》卷五，北京：中華書局，2012 年，第 194 頁。
③ 王稱《東都事略》卷六五，《景印文淵閣四庫全書》本，臺北：臺灣商務印書館，1986
年，第 415 頁。
④ 脱脱等《宋史》卷二八五，北京：中華書局，1977 年，第 9620 頁。
⑤ 李燾撰，上海師範大學古籍整理研究所、華東師範大學古籍研究所點校《續資治通鑒長
編》卷二〇五，北京：中華書局，1995 年，第 4978 頁。
⑥ 王瑞來《隆平集校證》卷五，第 194 頁。
⑦ 王珪《華陽集》卷三七，第 477 頁。

《神道碑》："公少則莊重謹密，治經，章解句達，老師宿學譽嘆
以爲賢己。"①

《墓志銘》："初，晋國公一夕夢使者奉貂冠玉簡於大箱中，拜而
受之，以告燕國夫人，明日公乃生。少孤，母日教誨之，自經史圖緯
訓詁之書，無所不學。"②

真宗天禧元年（1017）丁巳 二十歲

獻頌，得賜同進士出身，補常州晋陵縣主簿、國子監説書郎。

《神道碑》："天禧元年，獻文章，召試，賜同進士出身，除常州
晋陵縣主簿、國子監説書。"③

《墓志銘》："天禧元年，真宗祈穀於南郊，獻書車駕前。賜同進
士出身，補常州晋陵縣主簿，引對便殿，以爲國子監説書郎。"④

【按】諸書記昌朝所獻，或曰"文章"（《神道碑》《王傳》），或曰
"書"（《墓志銘》），或曰"頌"（《曾傳》《本傳》）。作"頌"是。南郊獻
頌，本是北宋文人於科舉之外的另一條進身之塗。《長編》卷二一："其文
臣有不由科第者，或因獻文別試，以敕賜進士及第，或賜御前進士及第，
又有同進士及進士出身之目。"⑤ 同進士出身爲最低的第三、四等，可見
真宗對賈昌朝並未特別青睞。真宗神道設教（本應廟號"玄宗"，避虛構
的宋祖趙玄朗諱，改玄爲真），於儒學不曾特爲注目。

真宗天禧四年（1020）庚申 二十三歲

約於本年除江州德化縣令。

《墓志銘》："除江州德化縣令。"⑥

【按】真宗既不特別看重賈昌朝，因此必無超轉，按磨勘例，除德化
縣令，當繫本年。

仁宗乾興元年（1022）壬戌 二十五歲

---

① 王安石《臨川先生文集》卷八七，第 1515 頁。
② 王珪《華陽集》卷三七，第 477 頁。
③ 王安石《臨川先生文集》卷八七，第 1515 頁。
④ 王珪《華陽集》卷三七，第 477–478 頁。
⑤ 李燾《續資治通鑒長編》卷二一，第 473 頁。
⑥ 王珪《華陽集》卷三七，第 478 頁。

蒙判國子監孫奭稱許説經有師法，期以公輔。

《墓志銘》："孫宣公初判監，命學官各講一經，獨稱公所講有師法。一日往謁宣公，宣公遣人示唐相路隨、韋處厚傳，公讀已，宣公乃出見公，曰：'後當以經術進，如二公，願少勉之。'"①

《本傳》："孫奭判監，獨稱昌朝講説有師法。他日書《路隨》《韋處厚傳》示昌朝曰：'君當以經術進，如二公。'"②

《王傳》："時孫奭判監，一見許以公輔。"③

【按】孫奭於真宗大中祥符年間即曾判國子監，《墓志銘》云"初判監"，易引發歧義。真宗於乾興元年崩，"仁宗即位，宰相請擇名儒以經術侍講讀，乃詔爲翰林侍講學士，知審官院，判國子監，修《真宗實錄》"④。其稱許昌朝，當在此年。

仁宗天聖元年（1023）癸亥 二十六歲

兼潁川郡王院伴讀。

《神道碑》："又以江州德化縣令兼潁川郡王伴讀。"⑤

《墓志銘》："天聖元年，兼潁州郡王院伴讀。"⑥

《本傳》："爲潁川郡王院伴讀。"⑦

【按】當爲潁川郡王，作潁州者非。潁川在都城近側，潁州在淮南，今屬安徽。昌朝差遣爲國子監説書郎，兼差伴讀，自不可能遠離京師，且後多次以母老辭外任，一直居於開封，可證。

仁宗天聖四年（1026）丙寅 二十九歲

遷大理寺丞。

《墓志銘》："遷大理寺丞"。⑧

【按】遷官僅此一見，按磨勘例，姑繫於本年。

① 王珪《華陽集》卷三七，第477頁。
② 脱脱等《宋史》卷二八五，第9614頁。
③ 王稱《東都事略》卷六五，第414頁。
④ 脱脱等《宋史》卷四三一，第12806頁。
⑤ 王安石《臨川先生文集》卷八七，第1515頁。
⑥ 王珪《華陽集》卷三七，第478頁。
⑦ 脱脱等《宋史》卷二八五，第9614頁。
⑧ 王珪《華陽集》卷三七，第478頁。

仁宗天聖七年（1029）己巳　三十二歲

以殿中丞知常州宜興縣，徙知冀州。以母老辭。改監在京廣濟倉。

《墓誌銘》："以殿中丞知常州宜興縣，徙知冀州。以母老辭。改得監在京廣濟倉。"①

【按】未繫年，以理度之，當在本年。

仁宗天聖八年（1030）庚午　三十三歲

以徐奭薦，知東明縣。遷太常博士。

《墓誌銘》："翰林學士徐奭權知開封府，舉公知東明縣，遷太常博士。"②

【按】《長編》"（天聖八年五月）丙申，禮部郎中，知制誥徐奭爲翰林學士，權知開封府。奭俊邁有才，然銳於進取，在西掖幾四年未遷，乃由內降入翰林，領開封，時議薄之。不半載，暴卒。"③ 徐奭權知開封府首末俱在本年，故繫此。

仁宗天聖九年（1031）辛未　三十四歲

孫奭薦爲侍講，以參知政事陳堯佐親嫌報罷。

《神道碑》："（孫奭）數舉公學問當在人主左右。大臣有以親嫌者，故久弗用。"④

《墓誌銘》："是時宣公且老，數辭講禁中，乃薦公自代。召試中書，而參知政事陳文惠公與公有親嫌，言公年少，未可入侍經筵。宣公復言先朝用晏殊、宋綬知制誥，皆年未三十。朝廷用人，可悉限以年耶？然文惠終抑之。"⑤

《長編》卷一一〇："（三月）己巳，翰林侍講學士孫奭，試太常博士、國子監直講賈昌朝、秘書丞、諸王府侍講趙希言、殿中丞、國子監直講郭稹、左贊善大夫、國子監直講楊安國講説於中書。……及

試中書，積固辭，而昌朝亦以參知政事陳堯佐親嫌報罷。"①

《本傳》："尋侍讀禁中，以老辭，薦昌朝自代，召試中書，尋復國子監說書。"②

【按】賈昌朝元配王氏卒後，再娶陳堯佐弟陳堯咨之女。《神道碑》《墓志銘》皆有載，王珪另撰有《魏國夫人陳氏墓志銘》③，故賈昌朝爲時任參知政事陳堯佐之侄女婿，理當避嫌。

通判綿州，未赴，監在京永濟倉。

《墓志銘》："徙通判綿州，又以母老，得監在京永濟倉。"④

仁宗明道元年（1032）壬申　三十五歲

遷尚書屯田員外郎，復國子監說書，諫不諱太后父名。

《墓志銘》："明道元年，遷尚書屯田員外郎，復爲國子監說書。方章獻皇太后稱制，詔避彭城郡王名。公言：'在禮，母之諱不出宮中。今天下爲太后諱其父名，非所以尊宗廟。'初不報，及太后上僊，乃用公言罷。"⑤

仁宗景祐元年（1034）甲戌　三十七歲

元年正月擢崇政殿說書，加直集賢院，尚書都官員外郎。

《神道碑》："景祐元年，積官至尚書都官員外郎，乃始置崇政殿說書，而以公爲之。公於傳注訓詁，不爲曲釋，至先王治心守身、經理天下之意，指物譬事，析毫解縷，言則感心。自仁宗即位，大臣或操法令斷天下事，稽古不至秦、漢以上，以儒術爲疏闊。然上常獨意鄉堯、舜、三代，得公以經開說，則慨然以爲善，而公由此顯矣。於是上所質問，多道德之要，公請悉記録，歲終，歸之太史。"⑥

《墓志銘》："景祐元年，擢崇政殿說書，俄加直集賢院、判尚書

① 李燾《續資治通鑑長編》卷一一〇，第 2556 頁。
② 脱脱等《宋史》卷二八五，第 9614 頁。
③ 王珪《華陽集》卷四〇，第 562～563 頁。
④ 王珪《華陽集》卷三七，第 478 頁。
⑤ 王珪《華陽集》卷三七，第 478 頁。
⑥ 王安石《臨川先生文集》卷八七，第 1516 頁。

禮部。"①

　　《長編》卷一一四："（正月丁亥）始置崇政殿説書，命都官員外郎賈昌朝、屯田員外郎趙希言、太常博士崇文院檢討王宗道、國子博士楊安國爲之，日以二人侍講説。初，孫奭出知兗州，上問奭誰可代講説者，奭薦昌朝等，因命中書試説書。至是，特置此職以處之。後三歲，乃遷天章閣侍講。四年三月。"②

　　《本傳》："景祐中，置崇政殿説書，以授昌朝。"③

【按】《本傳》云"景祐中"置崇政殿説書，顯誤。除上列證據外，《宋史》卷一〇《仁宗本紀》、卷一六二《職官志》皆稱元年，是爲内證，詳見顧吉辰先生《〈宋史〉比事質疑》"景祐元年置崇政殿説書授賈昌朝"條。④ 元年當謂"初"。

仁宗景祐二年（1035）乙亥　三十八歲

崇政殿側置邇英、延義二閣，供經筵講讀。公於此侍講。

　　《長編》卷一一六："（正月）癸丑，置邇英、延義二閣，寫《尚書·無逸》篇於屏。邇英在迎陽門之北，東向。延義在崇政殿之西，北向。是日，御延義閣，召輔臣觀盛度進讀唐詩，賈昌朝講《春秋》。既而，曲燕崇政殿。"⑤

諫以鄭注《月令》入《禮記》，黜李林甫注。

　　《長編》卷一一六："（二月己巳）直集賢院賈昌朝請以鄭司農所注《月令》復入《禮記》第六，其李林甫所注，自爲《唐月令》別行，從之。仍詔《唐月令》以備四孟月宣讀。"⑥

仁宗景祐三年（1036）丙子　三十九歲

奏請遣還西域僧所獻佛骨、銅像。

　　《長編》卷一一八："（正月辛卯）西天僧善稱等九人貢梵經、佛

---

①　王珪《華陽集》卷三七，第478頁。
②　李燾《續資治通鑑長編》卷一一四，第2662頁。
③　脱脱等《宋史》卷二八五，第9614頁。
④　顧吉辰《〈宋史〉比事質疑》，北京：書目文獻出版社，1987年，第355頁。
⑤　李燾《續資治通鑑長編》卷一一六，第2720頁。
⑥　李燾《續資治通鑑長編》卷一一六，第2723頁。

骨及銅牙菩薩像。崇政殿說書賈昌朝請加賜束帛遣還，無以所獻示外，從之。"①

《神道碑》《王傳》《本傳》記事相同而較略。

上《邇英延義二閣記注》。

《墓誌銘》："天子方嚮文學，每授經之際，多詢質疑難。公因請以聖問所及政教道義之言，令講讀官悉綴録之，以上史館。於是作《邇英延義二閣注記》。"②

《王傳》："在經筵善稱說，仁宗多所質問，昌朝皆記録刪潤以進，賜名《邇英延議二閣記注録》。"③

《長編》卷一一八："（正月）乙巳，賈昌朝言：'臣幸得侍經禁中，陛下每以清燕之閑，嚮學稽古，微言善道，取高前聖，事在雙日，查隔嚴宸，時政記、史館日曆及起居注莫得纂述。臣自景祐元年春迄二年冬，凡書筵侍臣出處升黜、封章進對、燕會賜與，皆用存記，列為二卷，乞送史館。'詔以《邇英延義二閣記注》為名，命章得象等接續修纂。"④

《本傳》："誦說明白，帝多所質問，昌朝請記録以進，賜名《邇英延義記注》。"⑤

【按】《墓誌銘》《王傳》載書名並誤。《本傳》乃簡稱。諸書載奏言文字亦頗不同，具體辨析，請參拙作《〈全宋文·賈昌朝〉訂補》⑥。

編纂太宗在潛邸任開封府尹時案牘。

《長編》卷一一八："（二月）甲子，命崇政殿說書賈昌朝、王宗道同編次太宗尹京日押字。時范仲淹權知開封府，上太宗所判案牘，故令昌朝等編次。"⑦

---

① 李燾《續資治通鑒長編》卷一一八，第 2774 頁。
② 王珪《華陽集》卷三七，第 478 頁。
③ 王稱《東都事略》卷六五，第 414 頁。
④ 李燾《續資治通鑒長編》卷一一八，第 2774~2775 頁。
⑤ 脫脫等《宋史》卷二八五，第 9614 頁。
⑥ 胡鵬《〈全宋文·賈昌朝〉訂補》，《語文學刊》第 40 卷第 2 期。
⑦ 李燾《續資治通鑒長編》卷一一八，第 2777 頁。

秋，太平興國寺災，諫勿修。

《墓志銘》："三年秋，太平興國寺災，而議欲復修。公言比年京師觀寺屢災，此天佐興王者，故數下災异，以誠告之。願陛下側身念慇，以思答天之實。於是遂止不修。"①

《長編》卷一一九："朝廷始議修復火所焚處，崇政殿説書賈昌朝言：'《易·震卦》之象曰："洊雷震，君子以修身自省。"凡六爻之旨，皆以能自戒懼，乃免咎眚。《春秋傳》曰："人火曰火，天火曰災。"竊維近年寺觀屢災，此殆天示譴告，獨可勿繕治，以示畏天戒愛人力之意。'從之。"②

《王傳》《神道碑》《本傳》同。

仁宗景祐四年（1037）丁丑　四十歲

諫改貢舉申考時限，以公奏，始有別頭試。

《長編》卷一二〇："（二月）甲寅，詔禮部貢院，自今三月一日申請貢舉，其舉人到省，以十一月二十五日爲限。先是，崇政殿説書賈昌朝言：'舉人有親戚仕本州，或爲發解官，及侍父母遠官距本州二千里，宜敕轉運司選官類試，以十率之，取三人。'詔兩制議，而翰林學士丁度等言：'貢舉舊制，以五月一日申請，十月二十五日上名於省。若二千里而移試，或有不及。願稍寬其期，聽如昌朝説。'故降是詔。自是諸路始有別頭試。"③

遷司封員外郎，天章閣侍講。

《長編》卷一二〇："三月甲戌朔，以崇政殿説書、司封員外郎、直集賢院賈昌朝，祠部員外郎、崇文院檢討王宗道，屯田員外郎、國子監直講趙希言，主客員外郎、國子監直講楊安國，並兼天章閣侍講，預內殿起居比直龍圖閣而班直館本官之上。天章閣置侍講自此始。"④

---

① 王珪《華陽集》卷三七，第478頁。
② 李燾《續資治通鑑長編》卷一一九，第2797頁。
③ 李燾《續資治通鑑長編》卷一二〇，第2821頁。
④ 李燾《續資治通鑑長編》卷一二〇，第2822頁。

奏請重修《禮部韻略》。

《長編》卷一二○："又詔國子監以翰林學士丁度所修《禮部韵略》頒行。初，崇政殿説書賈昌朝言，舊韻略多無訓釋，又疑混聲與重疊出字，不顯義理，致舉人詩賦，或誤用之。遂詔度等以唐諸家韻本刊定，其韻窄者凡十三處，許令附近通用，疑混聲及重疊出字，皆於本字下解注之。"①

【按】昌朝此奏不知何時。丁度等人勘定韻書不甚難，費時不會太久。姑附此。

奏進所編次太宗尹京日押字。

《長編》卷一一八："四年十一月，昌朝編次成書，凡七百一十卷。"②

【按】此書後散佚不全，到南宋寧宗慶元二年（1196）殘存七十一卷。《玉海》卷三四《聖文》"慶元進太上皇帝領尹判押案牘"條載："（宋寧宗慶元）二年十一月十五日，上詣壽康宮，恭進《聖安壽仁太上皇帝領尹御筆判押案牘》共七十一卷：'禮存謙下，晋嘗紀於批牋。事美英明，漢亦崇於辨牘。龍筋絢藻，鳳尾摛華。倬雲漢之爲章，比春秋之決事。'景祐三年二月甲子，命崇政殿説書賈昌朝、王宗道同編次太宗尹京日押字。時范仲淹權知開封府，上太宗所判案牘，故命編次。四年十一月成書，凡七百一十卷。"③

仁宗景祐五年、寶元元年（1037）戊寅　四十一歲

約於是年判太府寺、史館修撰。九月上《言儀衛三事奏》。④ 十月奏請郊祀還然後謁景靈宮，見《請皇帝朝廟前不行謁景靈宮禮奏》。⑤

《神道碑》："以直集賢院、天章閣侍講、史館修撰，判尚書禮部、判太府寺。天章閣置侍講自公始。故事，親祠郊廟，燕遊慢戲之物皆

① 李燾《續資治通鑑長編》卷一二○，第 2834 頁。
② 李燾《續資治通鑑長編》卷一一八，第 2777 頁。
③ 王應麟纂《玉海》卷三四，據清光緒九年浙江書局刊本影印，南京：江蘇古籍出版社；上海：上海書店出版社，1987 年，第 650 頁。
④ 曾棗莊、劉琳主編《全宋文》卷四八一（第 23 冊），第 64 頁。
⑤ 曾棗莊、劉琳主編《全宋文》卷四八一（第 23 冊），第 65～66 頁。

在儀衛，公奏除之。"①

《墓志銘》："再遷司封員外郎、天章閣侍讀、判太府寺，爲史館修撰。天子每祠南郊，必先謁景靈宮，乃齋太廟。公言：'躬享景靈宮，初用唐朝獻太清宮故事，事出一時，不足以爲法，請須郊祠還，然後行謁謝之禮。'下議有司不合，乃寢。"②

仁宗寶元二年（1039）己卯　四十二歲

以編排資善堂書爲名教授內侍。

《長編》卷一二三："（三月）癸丑，命天章閣侍講賈昌朝、王宗道編排資善堂書籍，其實教授內侍云。"③

【按】《長編》卷一二三載："（四月辛巳）諫官吳育言，資善堂教授內臣，而以編修爲名，非盛朝所務也。癸未，詔罷之。"④ 賈昌朝與吳育之不睦，概從此時結怨也。

五月，因西夏戰事，乞減省不急之費。

《長編》卷一二三："癸卯，司封員外郎、直集賢院兼天章閣侍讀賈昌朝上書曰：'今西夏僭狂，出師命將，以遺朝廷之憂。臣竊謂此固不足慮，而國家用度素廣，儲蓄不厚，民力頗困，是則可憂……'"⑤

【按】文長不録，又見《國朝諸臣奏議》卷一〇一等，可參《全宋文》卷四八一《乞省不急之費奏》。⑥

六月，命同修纂禮書。

《長編》卷一二三："（六月）丁卯，天章閣侍講賈昌朝、直史館宋祁同修纂禮書。"⑦

仁宗康定元年（1040）庚辰　四十三歲

---

① 王安石《臨川先生文集》卷八七，第1516頁。
② 王珪《華陽集》卷三七，第478頁。
③ 李燾《續資治通鑑長編》卷一二三，第2899頁。
④ 李燾《續資治通鑑長編》卷一二三，第2903頁。
⑤ 李燾《續資治通鑑長編》卷一二三，第2905~2906頁。
⑥ 曾棗莊、劉琳主編《全宋文》卷四八一（第23冊），第66~67頁。
⑦ 李燾《續資治通鑑長編》卷一二三，第2909頁。

劉平等戰敗，黄德和誣奏已降元昊，朝廷兵圍劉平家，議收族。公諫止之。

《長編》卷一二六："始，朝廷信德和奏，已發禁兵圍平等家，將收其族。天章閣侍講賈昌朝言：'漢殺李陵母妻，陵不得歸，而漢悔之。先帝厚撫王繼忠家，卒得其用。平事未可知，而先收其族，使平果存，亦不得還矣。'乃得不收。"①

【按】《墓志銘》《神道碑》《曾傳》《王傳》《本傳》紀事同，而《神道碑》《曾傳》《王傳》皆繫此事於昌朝權御史中丞時，實誤。《長編》綴昌朝此奏於三月戊寅，云"始，朝廷信德和奏"，知爲追述之語。正月"癸未，朝廷始知劉平、石元孫等兵敗被執，延州奏到故也"②。三天后，二月丙戌初一"黄德和誣奏兩人降賊"③，此時當已兵圍劉、石二家。因前綫具體情況不明，各種情報相互牴牾，事未坐實；加上有臣僚上書，力保劉、石不降，三月，"乃命殿中侍御史文彦博、入内供奉官梁致誠就河中府置獄，復遣天章閣待制龐籍馳往訊之"④。到三月廿三日，儘管三人尚未最終確定劉平戰死細節，但黄德和誣奏情狀已經漸趨明朗，"上即命撤圍，各賜平及元孫家絹五百匹、錢五百貫、布五百端，時河中獄猶未決也"⑤。因此昌朝上奏，最晚當在康定元年二月初一前後。

三月丙子大風晝冥。丁丑，詔求言闕政。公上對。

《長編》卷一二六："天章閣侍講賈昌朝言：'今灾變屢見，初莫不恐懼，已則泰然爲無事。竊考灾异之所從，固不虛發。願陛下修飾五事，以當天心。雖罷大宴，未足以厭塞天變也。'"⑥

權知制誥。

《墓志銘》："居數月，權知制誥。"⑦

① 李燾《續資治通鑒長編》卷一二六，第 2990 頁。
② 李燾《續資治通鑒長編》卷一二六，第 2970 頁。
③ 李燾《續資治通鑒長編》卷一二六，第 2971 頁。
④ 李燾《續資治通鑒長編》卷一二六，第 2990 頁。
⑤ 李燾《續資治通鑒長編》卷一二六，第 2990 頁。
⑥ 李燾《續資治通鑒長編》卷一二六，第 2987 頁。
⑦ 王珪《華陽集》卷三七，第 479 頁。

十一月，權知通進銀臺司，兼門下封駁事，權判流内銓。

《神道碑》：“無幾，遂以知制誥、龍圖閣直學士權知通進銀臺司，兼門下封駁事，權判吏部流内銓。”①

《長編》卷一二九：“庚辰，知制誥賈昌朝同判流内銓。初，銓法縣令俸錢滿萬二十千乃舉令。昌朝以爲如此則小縣終不得善令，請概舉令而與之俸如大縣，從之。”②

《曾傳》《本傳》同。

十二月，詳定弓手、强壯通制。

《長編》卷一二九：“乙酉，命端明殿學士兼翰林侍讀學士李淑、知制誥賈昌朝、同修起居注郭稹、天章閣侍講王洙同詳定弓手强壯通制。”③

上奏選人試律斷案僅限一次。

《長編》卷一二九：“流内銓言選人試律斷案，多是苟避選限，乞自今止許試一次。從之。”④

【按】此處雖未載明上書人姓字，然昌朝此時判流内銓，必爲公所上無疑。

館伴契丹賀正旦使。

《墓志銘》：“爲館伴契丹使。”

【按】十二月，契丹分别遣使兩次，其一爲“己丑，契丹遣工部尚書、修國史杜防來聘，報郭稹也”⑤。郭稹於本年秋七月乙丑出使契丹，告西邊用兵事。此次杜防來報，理不當由昌朝館伴。另一次爲“丙午，契丹國母遣左千牛衛上將軍耶律庶忠、崇禄卿孫文昭，契丹主遣崇儀節度使蕭紹筠、西上閤門使維州刺史秦德昌來賀正旦”。館伴賀正旦使爲學士常兼之差，昌朝當於此時任此差遣。

仁宗康定二年、慶曆元年（1041）辛巳　四十四歲

正月壬戌，爲河北體量安撫使。回，上制邊之策。

《墓志銘》："河北旱、蝗，爲體量安撫使。既還，條所以制邊之策甚備。其言擇守宰、習鄉兵、治塘泊、紓徭役、繕甲壘之類，皆當時施用之。"①

《長編》："壬戌，遣使體量安撫諸路……知制誥賈昌朝、閤門通事舍人徐奎河北路。"②

權知開封府。處置禁衛軍案件。

《墓志銘》："除龍圖閣直學士，兼侍講，權知開封府。有禁衛卒告軍中斂率緡錢，本屬以其事移府。眾皆伏府門惴恐不自安。公止詰其告者不實坐之，餘置不問。仁宗大然之。"③

《長編》卷一三二："（五月庚午）知制誥賈昌朝爲龍圖閣直學士、權知開封。"④

爲南郊頓遞橋道使。

《墓志銘》："爲南郊頓遞橋道使。時西疆未寧，詔公護行在，以察奸匪。知開封府不侍齋祠，自公始。"⑤

七月二十二日，乞止令東西八作司管勾乘輿出入除道。

《宋會要輯稿》職官三〇之一四："康定二年七月二十二日，權知開封府賈昌朝言：'昨差內臣二人，以司乘輿出入除道。近胥吏掠取民錢，已行科斷。乞依舊止令東西八作司管勾。每遇乘輿出，令所差使臣即時關報八作司及左右軍巡院祗應除道。'從之。"⑥

諫罷納公卷。

《長編》卷一三三："（八月丁亥）罷天下舉人納公卷。初，權知

---

① 王珪《華陽集》卷三七，第 479 頁。
② 李燾《續資治通鑑長編》卷一三〇，第 3083 頁。
③ 王珪《華陽集》卷三七，第 479 頁。
④ 李燾《續資治通鑑長編》卷一三二，第 3127 頁。
⑤ 王珪《華陽集》卷三七，第 479 頁。
⑥ 徐松輯《宋會要輯稿》職官三〇之一四，北京：中華書局，1957 年，第 2998 頁。

開封府賈昌朝言：'唐以來禮部采名譽，觀素業，故預投公卷。今有彌封、謄録，一切考論試篇，則公卷爲可罷。'詔從之。"①

《宋會要輯稿》選舉一五之一一一："八月十一日，權知開封府賈昌朝言：'故事，舉人秋賦納公卷。今既糊名、謄録，則公卷但録題目，以防重複，不復觀其素業，請罷去。'從之。"②

【按】《宋會要輯稿》繫昌朝上言日爲八月十一日（丁亥），誤。《長編》明言"初"，知爲追述之辭。徐松從《永樂大典》中輯出此文，雖文字迥異，知其史料來源必非《長編》，然從史源學角度看，二手轉引，顯然不及《長編》準確。昌朝此奏不知月日，姑附於此。

十二月，爲右諫議大夫、權御史中丞、充理檢使，兼判國子監，仍侍講。

《墓志銘》："慶曆元年，遷右諫議大夫、權御史中丞、充理檢使，侍講如故。"③

《長編》卷一三四："（壬辰）龍圖閣直學士兼侍講、禮部郎中、權知開封府賈昌朝爲右諫議大夫、權御史中丞。"④

《本傳》："遷右諫議大夫、權御史中丞兼判國子監。"⑤

【按】本年十一月改元慶曆，故《墓志銘》如此繫年。仁宗天聖七年（1029）置理檢使，掌管檢院、鼓院，例以御史中丞充任，他書不具載。

仁宗慶曆二年（1042）壬午　四十五歲

正月，劾柴宗慶不當領郡。

《神道碑》："又奏劾駙馬都尉柴恭僖公，奪其州，人以爲宜。"⑥

《墓志銘》："駙馬都尉柴宗慶前在鄭州，縱其下擾民。及遣使問狀，而托疾不即應。更請出爲郡。公劾奏宗慶托國之肺腑而所爲不法，復使爲郡，恐益爲民患。於是詔留宗慶京師。"⑦

① 李燾《續資治通鑒長編》卷一三三，第3162頁。
② 徐松《宋會要輯稿》選舉一五之一一一，第4501頁。
③ 王珪《華陽集》卷三七，第479頁。
④ 李燾《續資治通鑒長編》卷一三四，第3207頁。
⑤ 脱脱等《宋史》卷二八五，第9614頁。
⑥ 王安石《臨川先生文集》卷八七，第1517頁。
⑦ 王珪《華陽集》卷三七，第479頁。

《長編》卷一三五："（正月）辛亥，詔武城節度使、同平章事、駙馬都尉柴宗慶赴本鎮。權御史中丞賈昌朝言宗慶前在鄭州，貪污不法，若更令赴本鎮，恐益以殘民。乃詔宗慶仍留京師。"①

奏罷舉人寫策題。

《長編》卷一三五："（正月）丁卯，賈昌朝請罷舉人試院所寫策題，從之。"②

《老學庵筆記》卷六："國初舉人對策皆先寫策題，然策題不過一二十句。其後策題寖多，而寫題如初，舉人甚以爲苦。慶曆初，賈文元公爲中丞，始奏罷之。"③

二月，侍講邇英閣。

《長編》卷一三五："（二月）丁丑，詔權御史中丞賈昌朝侍講邇英閣。故事，臺丞無在經筵者，上以昌朝長於講說，特召之。"④

三月，劾林瑀所學不經，妄言推步。瑀降通判饒州。

《神道碑》："侍講林瑀者言：'天子即位，當步其日，占所得卦以知吉凶。'公奏瑀所言不經，不可用。上即爲公罷瑀。"⑤

《墓志銘》："侍講林瑀上《會元紀》，且言推帝王即位，必遇辟卦，而真宗乃得卿卦。公奏瑀所學不經，不宜備顧問。遂絀之。"⑥

《長編》卷一三五："（三月）丙戌，太常博士、天章閣侍講林瑀落職，通判饒州。先是，瑀奉詔撰《周易天人會元紀》，其說用天子即位年月日辰，占所直卦以推吉凶。且言自古聖王即位，必直乾卦，若漢高祖及太祖皇帝皆是也。書成上之，詔學士院看詳，皆言瑀所編纂事涉圖緯，乞藏秘閣。詔賜瑀銀、絹各五十兩、匹。御史中丞賈昌朝，嘗面折瑀所言不經。瑀與昌朝辨於上前，由是與昌朝迕。及是，

---

① 李燾《續資治通鑒長編》卷一三五，第3213頁。
② 李燾《續資治通鑒長編》卷一三五，第3219頁。
③ 陸游撰，李劍雄、劉德權點校《老學庵筆記》卷六，北京：中華書局，1979年，第75頁。
④ 李燾《續資治通鑒長編》卷一三五，第3220頁。
⑤ 王安石《臨川先生文集》卷八七，第1517頁。
⑥ 王珪《華陽集》卷三七，第479頁。

瑪又言：'上即位，其卦直需，其象曰："雲上於天，需君子以飲食燕樂。"臣願陛下頻出宴遊，極水陸玩好之美，則合卦體，當天心矣。'上駭其言，因問太宗即位直何卦，瑪對非乾卦，問真宗，對亦然。上始厭瑪之迂誕。昌朝即劾奏瑪儒士，不師聖人之言，專挾邪説罔上聽，不宜在經筵。上乃謂輔臣曰："人臣雖有才學，若過爲巧僞，終涉形迹。"遂罷絀瑪，而命著作佐郎、崇文院檢討趙師民爲崇政殿説書。"①

契丹聚兵幽薊，聲言求關南之地，並與宋結婚。朝廷積極備戰。契丹遣蕭英、劉六符至，富弼先於雄州接伴，覘得情報。公受命於京師館伴，嚴拒和親之議。

《神道碑》："慶曆二年，契丹來求地請婚，公主其使，責以信義，告之利害，客詘服不能發口。"②

《墓志銘》："復爲館伴使。公言和親辱國，而尺地不可許。"③

《長編》卷一三五："（三月己巳）及英等至，命御史中丞賈昌朝館伴，朝廷議所欲與，不許割地，而許以信安僖簡王允寧女與其子梁王洪基結婚，或增歲賂……初，國主之弟宗元者，號大弟，挾太后勢用事，橫於國中，嘗自通書幣。上欲因今使答之，令昌朝問六符，六符辭曰：'此於太后則善，然於本朝不便也。'昌朝曰：'即如此而欲以梁王求和親，皇帝豈安心乎？'六符不能對，既而敵卒罷結婚之議。"④

《長編》卷一三八："始，昌朝館伴契丹使者，建言和親辱國而尺地亦不可許，朝議欲以金帛啗契丹使攻元昊，昌朝曰：'契丹許我而有功，則責報無窮，且以我市於元昊。昔尚結贊，欲助唐討朱泚，而陸贄以爲不可，後乃知吐蕃陰與泚合。今安知契丹計不出此邪？'"⑤

《本傳》："議者欲以金繒啗契丹使攻元昊，昌朝曰：'契丹許我有

---

① 李燾《續資治通鑒長編》卷一三五，第 3223 頁。
② 王安石《臨川先生文集》卷八七，第 1517 頁。
③ 王珪《華陽集》卷三七，第 480 頁。
④ 李燾《續資治通鑒長編》卷一三五，第 3231 頁。
⑤ 李燾《續資治通鑒長編》卷一三八，第 3320 頁。

功，則責報無窮矣。'力止之。"①

與三司官吏計議，減省不急之費。

《墓誌銘》："未幾，詔公與三司官吏減省浮費。前此公上疏言：'國家用度素廣，而民力不足。日者屢詔有司省節浮費，未聞卓然施行。今陝西用兵而無先事之備，竊爲國計憂之。願較景德以來訖於景祐財用出入之數，約祖宗舊制，其不急者一切省之。'至是，内自宮掖，外及權貴而下，歲省用凡數百萬。"②

《長編》卷一三五："（三月）戊寅，命權御史中丞賈昌朝、右正言田况、知諫院張方平、入内都知張永和與權三司使姚仲孫同議裁減浮費。"③

【按】《神道碑》《曾傳》《王傳》《本傳》載事同，多引昌朝寶元二年上奏減省浮費事以證此時之命爲當時之議的回應。李燾排比史料，認爲乃因張方平諫而有此詔命，詳見《長編》第 3233～3234 頁。

四月，請令部分朝臣年滿七十不職者致仕。

《長編》卷一三五："辛丑，權御史中丞賈昌朝言，三司判官、開封府推判官、轉運使副、提點刑獄朝臣年踰七十衰耄不職者，請皆罷之，奏可。"④

乞不許御厨别將酒饌供應臣僚。

《宋會要輯稿》禮四五之一二："慶曆二年四月二十四日，御史中丞賈昌朝言：'今後宴坐臣僚，乞不許三司御厨翰林司别將酒饌供應，中宴更不先退。'從之。"⑤

五月，疏正群臣辭謝過衙之禮。

《墓誌銘》："自唐，群臣見謝辭，皆過天子正衙。五代草創，過

---

① 脱脱等《宋史》卷二八五，第 9614 頁。
② 王珪《華陽集》卷三七，第 479 頁。
③ 李燾《續資治通鑒長編》卷一三五，第 3233 頁。
④ 李燾《續資治通鑒長編》卷一三五，第 3241 頁。
⑤ 徐松《宋會要輯稿》禮四五之一二，第 1453 頁。

衙乃在其後。公始釐正之。"①

《長編》卷一三六："又詔：'自今應臣僚入見及辭謝，如值假故，不御前殿，即依舊制並放外。若事急速，許令後殿見謝辭，及放正衙，並繫臨時特降朝旨，即不得輒自上章陳乞。'時權御史中丞賈昌朝言：'護國節度使兼侍中張耆赴河陽，武勝軍節度使高化赴相州，乞免衙辭；河陽節度使楊崇勳復平章事，乞免衙謝。兼聞上件官等並乞只於後殿見辭者。按近制，臣僚見謝辭並合在前殿，仍詣正衙，除假故外，若事急速，或許於後殿，或免過正衙，並繫臨時特旨。耆等位為節制，久去朝闕，辭見不由前殿，出入不詣正衙，或扶以拜君，或揖而受賜，既稱衰疾，且冒寵榮，雖聖上眷待老臣，特推异數，猶宜避免，以示恪恭，豈可輒上奏封，自求優便？今國家外捍邊寇，方任武臣，所宜並示恩威，不可專用姑息，仍恐文武臣僚自此更輕慢朝廷之儀。'乃下是詔，仍榜朝堂。"②

六月，甲戌日，再申奏朝臣年七十致仕事，並劾八人落職。

《長編》卷一三七："御史中丞賈昌朝言：'臣僚年七十而筋力衰者並優與改官，令致仕。年雖七十而未衰及別有功狀，朝廷固留任使者，勿拘此令。在京若工部侍郎俞獻卿、少府監畢世長、太常少卿李孝若、駕部郎中李士良，在外若給事中盛京、光祿卿王盤、太常少卿張傲、兵部郎中張億皆耄昏不任事，請並令致仕。'詔在京者中書體量之，在外者進奏院告示之。"③

《本傳》："又言：'朝臣七十，筋力衰者，宜依典故致仕，有功狀可留者勿拘。'因疏耄昏不任事者八人，令致仕。"④

丙申日，奏減省浮費事訖。

《長編》卷一三七："御史中丞賈昌朝等言，今詳定減省事畢，自後或有臣僚輒於所減省中復有陳乞，望令兩府及三司執奏，從之。"⑤

---

① 王珪《華陽集》卷三七，第479頁。
② 李燾《續資治通鑒長編》卷一三六，第3259～3260頁。
③ 李燾《續資治通鑒長編》卷一三七，第3276頁。
④ 脫脫等《宋史》卷二八五，第9618頁。
⑤ 李燾《續資治通鑒長編》卷一三七，第3280頁。

八月，奏臣僚起居失儀，請依唐律正之。

《長編》卷一三七："（己亥）權御史中丞賈昌朝言，臣僚起居失儀，請依唐例參列爲八節，分十六事，從之。"①

《宋會要輯稿》儀制八之二九："慶曆二年八月二十八日，權御史中丞賈昌朝言：'臣僚起居失儀，請依唐制參定，列爲八節，分十六事：朝堂私禮及跪拜，待漏行立失序，説笑喧嘩入衞門，執笏不端，行立遲慢，至班列行立不正，趨拜失儀，言語微喧，穿班仗，出閤門不即就班，無故離位，廊下食行坐失儀，入朝、退朝不從正衞出入，非公事入中書。'詔從之。"②

十月，上《論備邊六事疏》，辭報契丹使任。

《神道碑》："乃言所以待夷狄者凡六事，上皆行其策。"③

《墓志銘》："時方命公使契丹，於是力辭其行。"④

《長編》卷一三八："戊辰，御史中丞賈昌朝上疏言……（文長不錄）於是，命昌朝報使契丹，昌朝力辭，因奏此疏，上嘉納之。"⑤

【按】此疏除備載於《長編》卷一三八，又見《本傳》《皇朝文鑒》卷四五、《國朝諸臣奏議》卷一三三、《太平治迹統類》卷八等，爲有宋奏疏名文，今收入《全宋文》卷四八一，第71~75頁。

十一月，劾奏王沿節度無狀，且不應得近職。

《長編》卷一三八："（壬申）御史中丞賈昌朝言，王沿節制無狀，乞劾問，以行典憲。甲戌，詔罷沿龍圖閣直學士，降爲天章閣待制。昌朝又言：'沿不當復領近職。'丙子詔沿落天章閣待制。"⑥

十二月，請置武學教授。

《長編》卷一三八："壬寅，詔兩制舉文武官各一員爲武學教授，

---

① 李燾《續資治通鑒長編》卷一三七，第3289頁。
② 徐松《宋會要輯稿》儀制八之二九，第1981頁。
③ 王安石《臨川先生文集》卷八七，第1517頁。
④ 王珪《華陽集》卷三七，第480頁。
⑤ 李燾《續資治通鑒長編》卷一三八，第3316~3320頁。
⑥ 李燾《續資治通鑒長編》卷一三八，第3321頁。

從御史中丞賈昌朝之言也。"①

上疏言轉運使肩監察之責，使名不正。

《長編》卷一四一："參知政事賈昌朝前爲御史中丞，嘗云轉運使朝廷責以按察官吏能否，而使名未正。"②

【按】諸書不載此事，《長編》亦止於慶曆三年歐陽修上書事附見，今姑附此。

仁宗慶曆三年（1043）癸未　四十六歲

三月，以本官參知政事。

《墓誌銘》："三年，遂參知政事。"③

《長編》卷一四〇："（乙酉）右諫議大夫、權御史中丞賈昌朝爲參知政事……昌朝以館伴有勞，故俱擢用之。"④

《神道碑》《曾傳》《王傳》《本傳》載事同。

八月，提舉刪定《天聖編敕》。

《長編》卷一四二："《天聖編敕》既施行，自景祐二年至今，所增又四千七百餘條，丁酉，復命官刪定。……宰臣晏殊、參知政事賈昌朝提舉。"⑤

仁宗慶曆四年（1044）甲申　四十七歲

正月，所提舉之《太常新禮》《慶曆祀儀》成，有賜。

《長編》卷一四六："辛卯，太常禮院上新修《太常新禮》四十卷、《慶曆祀儀》六十二卷，賜提舉，參知政事賈昌朝，編修，龍圖閣直學士孫祖德、知制誥李宥、張方平，同編修，直集賢院呂公綽、天章閣侍講曾公亮、王洙，崇文院檢討孫瑜、集賢校理余靖、刁約器幣有差。"⑥

---

① 李燾《續資治通鑑長編》卷一三八，第 3328 頁。
② 李燾《續資治通鑑長編》卷一四一，第 3375 頁。
③ 王珪《華陽集》卷三七，第 480 頁。
④ 李燾《續資治通鑑長編》卷一四〇，第 3359 頁。
⑤ 李燾《續資治通鑑長編》卷一四二，第 3415 頁。
⑥ 李燾《續資治通鑑長編》卷一四六，第 3533 頁。

三月，對問春秋三傳异同，稱旨。

《長編》卷一四七："乙酉，上問輔臣《春秋三傳》异同之義，賈昌朝對曰：'《左氏》多記事，《公羊》《穀梁》專解經旨，大抵皆以尊王室、正賞罰爲意，然三傳异同，考之亦各有得失也。'上然之。"①

八月，詔公領天下農田事，由范仲淹之請也，然因建議實太迂闊，卒不果行。

《長編》卷一五一："八月辛卯命參知政事賈昌朝領天下農田，范仲淹領刑法，事有利害，其悉條上。初，仲淹建議：'周制，三公分兼六官之職，漢以三公分部六卿，唐以宰相分判六曹，今中書，古天官冢宰也；樞密院，古夏官司馬也。四官散於群有司，無三公兼領之重，而二府惟進擢差除循資級，議賞罰檢用條例而已。上不專三公論道之任，下不專六卿佐王之職，非法治也。臣請仿前代，以三司、司農、審官、流內銓、三班院、國子監、太常、刑部、審刑、大理、群牧、殿前馬步軍司，各委輔臣兼判其事。凡創置新規、更改前弊、官吏絀陟、刑法輕重、事有利害者，並從輔臣予奪。其體大者，二府僉議奏裁。臣願自領兵賦之職，如其無輔，請先黜降。'章得象等皆以爲不可，久之乃降是命，然卒不果行。"②

九月，請止絕諸路折變科率物色。

《長編》卷一五二："壬申，參知政事賈昌朝言：'用兵以來，天下民力顧困，請下諸路轉運司，毋得承例折變科率物色，其須科折者，並奏聽裁。即雖有宣敕及三司移文而於民不便者，亦以聞。'從之。"③

以檢校太傅、尚書工部侍郎爲樞密使。

《墓志銘》："明年，以檢校太傅、尚書工部侍郎爲樞密使。"④

《長編》卷一五二："（甲申）右諫議大夫、參知政事賈昌朝爲工

① 李燾《續資治通鑑長編》卷一四七，第3566～3567頁。
② 李燾《續資治通鑑長編》卷一五一，第3673頁。
③ 李燾《續資治通鑑長編》卷一五二，第3701頁。
④ 王珪《華陽集》卷三七，第480頁。

部侍郎、充樞密使。"①

仁宗慶曆五年（1045）乙酉　四十八歲

正月，拜同中書門下平章事、集賢殿大學士，兼樞密使。

《墓志銘》："又明年，拜同中書門下平章事、集賢殿大學士，兼樞密使。"②

《長編》卷一五四："（丙戌）樞密使、工部侍郎賈昌朝依前官平章事、兼樞密使。"③

四月，拜昭文館大學士，監修國史，提舉重修《唐書》。

《墓志銘》："纔兩月，拜昭文館大學士，監修國史，提舉編修唐書。"④

《長編》卷一五五："（戊申）工部侍郎、平章事、兼樞密使賈昌朝加昭文館大學士，監修國史。"

《石林燕語》卷四："慶曆五年，賈文元爲相，始建議重修《唐書》。詔以判館閣王文安、宋景文、楊宣懿察、趙康靖概，及張文定、余襄公爲史館修撰。刊修未幾，諸人皆以故去，獨景文下筆。已而景文亦補外，乃許以史蒙自隨。編修官置局于京師者仍舊，遇有疑議取證，則移文於局中，往來迂遠，書久不及成。是時，歐陽文忠公非文元所喜，且方貶出，獨不得預。嘉祐初，文忠還，范蜀公爲諫官，乃請以《紀》《志》屬文忠。至五年，書始成。初，文元以宰相自領提舉官。及罷去，陳恭公相，辭不領，乃命參知政事王文安。訖奏書，亦曾魯公以參知政事領也。"⑤

五月，西夏歸前此被俘宋將石元孫。朝議斬之塞下。昌朝力諫勿殺。

《神道碑》："元昊歸石元孫，議賜死，公爭言自古將帥被執歸，

① 李燾《續資治通鑑長編》卷一五二，第 3704 頁。
② 王珪《華陽集》卷三七，第 480 頁。
③ 李燾《續資治通鑑長編》卷一五四，第 3741 頁。
④ 王珪《華陽集》卷三七，第 480 頁。
⑤ 葉夢得撰，徐時儀整理《石林燕語》，《全宋筆記》第二編第十冊，鄭州：大象出版社，2006 年，第 55 頁。

多不死。元孫以不死。"①

《長編》卷一五五："西人歸石元孫，諫官、御史奏元孫軍敗不死，爲國辱，請斬於塞下，以示西人。宰相陳執中謂宜如所奏，賈昌朝獨曰：'在春秋時，晉獲楚將穀臣，楚獲晉將知罃，亦還其國不誅。'因入對，探袖出《魏志·于禁傳》以奏曰：'前代將臣敗覆而還，多不加罪。'帝乃貸元孫。癸亥，削除官爵，編管全州。其子弟嘗受陣亡恩澤者，並追奪之。"②

閏五月，詔中書門下議升祔奉慈廟三后之禮，有司論不一。七月，公等奏止升祔章獻明肅、章懿二后，章惠別祠奉慈廟如故。

《神道碑》："議祔章惠太后太廟，公言其非禮。"③

《墓志銘》："會詔有司議章獻、章懿、章惠三后升祔之禮，令中書門下考詳其事，而禮官或援古不同，公乃酌群議而奏曰：'恭以章獻皇后母儀天下，章懿皇后誕育聖躬，宜如祥符升祔元德皇后故事，配食真宗廟室，以稱陛下追孝之意。章惠皇后於陛下有慈保之恩，義須別祠。伏請享奉慈廟如故。'"④

《長編》卷一五六："臣等不勝大願，請如禮官及學士等所議，奉章獻明肅皇太后、章懿皇太后升配真宗廟室，章獻明肅尊謚如故，章惠皇太后仍饗奉慈別廟，皆得禮之變，順祀無違者矣。"⑤

【按】《本傳》載事與《長編》同。《長編》卷一五六詳細記載了仁宗詔議升祔三后之禮後各方意見，可參看。此處所引節文乃七月壬寅紀事，原爲中書門下覆議奏上之詞，原文未具名，此時公爲宰相，當爲公所領奏。故《墓志銘》云"公乃酌群議而奏"。

十月，升祔二后。公攝太尉以奉神主。

《長編》："辛酉，祔章獻明肅皇后、章懿皇后神主於太廟，大赦。前一日，文德殿奉安寶册，帝服通天冠、絳紗袍，執圭，太常奏樂，

① 王安石《臨川先生文集》卷八七，第1518頁。
② 李燾《續資治通鑒長編》卷一五五，第3771頁。
③ 王安石《臨川先生文集》卷八七，第1518頁。
④ 王珪《華陽集》卷三七，第480頁。
⑤ 李燾《續資治通鑒長編》卷一五六，第3791頁。

百官宿朝堂。是日，有司薦享諸廟，日加寅，帝復詣正衙，宰臣行事官贊導冊寶至大慶殿廷，發冊出宣德門，攝太尉賈昌朝、陳執中並受寶冊升輅，陳儀衛，鳴鼓吹，赴奉慈廟上寶冊，告遷，二神主皆塗太字，大赦天下。"①

【按】《墓志銘》云行升祔禮之後："已而將下德音，內出密封，中外文武官皆遷官，諸軍皆特支。公獨匿其事，即奏以爲不可。雖同列莫與聞者。明日惟在京諸軍與特支。又詔二府特遷官，公又以爲不可，乃已。"②《神道碑》説同："公又獨奏罷之。繼而敕兩府官，公又不從，乃已。"③然《本傳》却云："昌朝與同列力疏，乃止。"④"獨奏"和"與同列力疏"相牴牾，看似必有一誤，實則皆誤。陳乞罷濫賞者乃吳育。《長編》卷一五七："初，議者請覃恩百官，且優賜軍士。參知政事吳育曰：'無事而啓僥倖，誰爲陛下建此議者，請治之。'已而帝語輔臣曰：'外人怨執政，宜防讙譁。'育曰：'此必建議者欲以動搖上聽，願毋慮。臣既以身許國。何憚此耶。'"⑤《墓志銘》《神道碑》乃撰者受喪家所托所爲，資料來源多爲家人提供之家傳，參酌國史等公家資料寫定，不無諛諂隱晦乃至舛誤之可能。公與吳育不偕，後竟因此雙雙罷政，積怨終身。此處誤吳育事爲昌朝之事，頗有攘功掠美之嫌，當以《長編》爲準。

仁宗獵於楊村，公請將此事宣付史館。

《長編》卷一五七："庚午，上御內東門，賜從官酒三行，奏鈞容樂。幸瓊林苑門，賜從官食。遂獵於楊村，燕幄殿，奏教坊樂，遣使以所獲獐兔馳薦太廟。既而召父老臨問，賜以飲食茶絹，及賜五方軍士銀絹有差。宰臣賈昌朝等言：'陛下暫幸近郊，順時畋獵，取鮮殺以登廟俎，所以昭孝德也。即高原以閱軍實，所以講武事也。問耆年而秩飫，所以養老也。勞田夫而賜惠，所以勸農也。乘輿一出，而四美皆具，伏望宣付史館。'從之。"⑥

---

① 李燾《續資治通鑑長編》卷一五七，第 3803 頁。
② 王珪《華陽集》卷三七，第 480 頁。
③ 王安石《臨川先生文集》卷八七，第 1518 頁。
④ 脱脱等《宋史》卷二八五，第 9618 頁。
⑤ 李燾《續資治通鑑長編》卷一五七，第 3803 頁。
⑥ 李燾《續資治通鑑長編》卷一五七，第 3804 頁。

乞罷所兼任樞密使。請樞密使兼群牧制置使。

《墓志銘》："陝西既罷兵，公遂還樞密使，因言近歲國馬耗而河西蕃部馬不至，請樞密使兼群牧制置使，如先朝舊制。從之。"①

《本傳》："元昊既款附，請宰相罷兼樞密使。"②

《長編》卷一五七："庚辰，罷宰臣兼樞密使。時賈昌朝、陳執中言：'軍民之任，自古則同，有唐則命樞臣專主兵務，五代始令輔相亦帶使名，至於國初，尚舊制。乾德以後，其職遂分，是謂兩司，對持大柄，實選才士，用講武經。向以關陝未寧，兵議須壹，復茲兼領，適合權宜。今西夏來庭，防邊有序，當還使印，庶協邦規，臣等願罷兼樞密使。'既降詔許之，又詔樞密院，凡軍國機要，依舊同商議施行。"③

仁宗慶曆六年（1046）丙戌　四十九歲

正月，請省試舉人不須盡寫問目。

《宋會要輯稿》選舉三之三〇："二十三日，御史中丞賈昌朝言：'省試，舉人策目已不謄錄，則今後入試，不須盡寫問目，庶令不輟翰墨之功，詳為條對。'奏可。"④

【按】《全宋文》卷四八一繫於三月二十三日，誤。本條之上乃正月紀事，後一條乃二月，則本條為昌朝正月二十三日上疏明矣。

三月，日食，對仁宗。

《長編》卷一五八："三月朔，上謂輔臣曰：'日食之咎，蓋天所以譴告人君，願罪歸朕躬，而無及臣庶也。凡民之疾苦，益思詢究而利安之。'宰臣賈昌朝對曰：'陛下發德音，足以應天弭變，臣等敢不夙夜悉心，上副恤民之意！'"⑤

七月，對仁宗不除授李珣事。

---

① 王珪《華陽集》卷三七，第480頁。
② 脫脫等《宋史》卷二八五，第9618頁。
③ 李燾《續資治通鑒長編》卷一五七，第3805頁。
④ 徐松《宋會要輯稿》選舉三之三〇，第4276頁。
⑤ 李燾《續資治通鑒長編》卷一五八，第3820頁。

《長編》卷一五九："壬寅，上謂宰臣曰：'前日除李用和子璋爲閤門副使，今次子珣求爲通事舍人，朕以諭之曰："朝廷爵賞，所與天下共也，儻戚里之家，兄弟遷補如己所欲，朕何以待諸勛舊乎。"'賈昌朝對曰：'母后之家，自昔固多蒙恩澤。今陛下能重惜爵賞，不肯輕授，非惟示天下以至公，抑亦保全外戚之福也。'"①

八月，受賜御書一幅。

《長編》卷一五九："（癸亥）賜宰臣賈昌朝等並從官御飛白書，人一幅。"②

爲禮儀使奉安太祖神御入太平興國寺。

《長編》卷一五九："乙亥，太平興國寺重修太祖神御開先殿成，上飛白書榜，迎天章閣神御奉安，命宰相賈昌朝爲禮儀使。"③

仁宗慶曆七年（1047）丁亥　五十歲

正月，遽從杜衍請辭，時議非之。

《長編》卷一六〇："戊子，尚書左丞、知兗州杜衍爲太子少師，致仕。衍年方七十，正旦日上表願還印綬。宰相賈昌朝素不喜衍，遽從其請。議者謂衍故宰相，一上表即得謝，且位三少，皆非故事。蓋昌朝抑之也。"④

三月，大旱。乞罷。除武勝軍節度使、檢校太傅、同中書門下平章事、判大名府，兼北京留守、河北安撫使。

《神道碑》："七年，上以旱避正殿，貶食自責，公稽首遜位，章六七入，乃除武勝軍節度使、檢校太傅、同中書門下平章事、判大名府，兼北京留守、河北安撫使。"⑤

《墓志銘》："七年春，大旱。公引漢災异冊免三公故事，願上丞相印，意甚確。遂拜武勝軍節度使、檢校太傅、同中書門下平章事、

---

① 李燾《續資治通鑒長編》卷一五九，第 3841 頁。
② 李燾《續資治通鑒長編》卷一五九，第 3844 頁。
③ 李燾《續資治通鑒長編》卷一五九，第 3845 頁。
④ 李燾《續資治通鑒長編》卷一六〇，第 3861 頁。
⑤ 王安石《臨川先生文集》卷八七，第 1518 頁。

判大名府、兼北京留守司事、河北安撫使。公既辭，賜燕國太夫人銀飾肩輿，士大夫以爲榮。"①

《長編》卷一六〇："乙未，工部侍郎、平章事賈昌朝罷爲武勝節度使、同平章事、判大名府，兼北京留守司、河北安撫使；樞密副使、右諫議大夫吳育爲給事中，歸班。昌朝與育數爭論帝前，論者多不直昌朝。時方閔雨，昌朝引漢災異冊免三公故事，上表乞罷，而御史中丞高若訥在經筵，帝問以旱故，若訥因言陰陽不和，責在宰相，《洪範》：'大臣不肅，則雨不時若。'帝用其言，即罷昌朝等，尋復命育知許州。"②

《聞見近錄》："慈聖光獻皇后養女范觀音，得幸仁宗，溫成患之。一歲大旱，仁宗祈雨甚切，至燃臂香以禱，宮人、內瑠皆右左燃之。祈雨之術備盡，天意弗答，上心憂懼。溫成養母賈氏，宮中謂之賈婆婆，威動六宮，時相認之以爲其姑，乃陰謂丞相，請出宮人以弭災變，上從之。溫成乃白上，非出所親厚者，莫能感天意，首出其養女以率六宮，范氏遂被出，而雨未應。上問臺官李柬之，曰：'惟冊免議未行耳。'是夕鎖院，賈氏營救不獲。時相從工部侍郎拜武鎮軍節度使、同中書門下平章事判北京，雨遂霪。"③

九月，奏請保州巡邊司事與知州同議。

《長編》卷一六一："癸酉，河北安撫使賈昌朝言，保州巡邊司事，自今令與知州同議，毋得專行，從之。"④

十月，奏請河北諸州軍宴會迎送從簡。

《宋會要輯稿》刑法二之二八至二九："十月九日，判北京賈昌朝言：'河北諸州軍及總管司等爭飾廚傳，以待使客，肴饌果實，皆求多品，以相誇尚。蓋承平日久，積習成風，稍加裁損，遂興謗議，爲守將者不得不然。近永靜軍收買公用羊麥，剩取數目，偶因發擿，遂

① 王珪《華陽集》卷三七，第480~481頁。
② 李燾《續資治通鑑長編》卷一六〇，第3865頁。
③ 王鞏撰、戴建國整理《聞見近錄》，《全宋筆記》第二編第六冊，鄭州：大象出版社，2006年，第13頁。
④ 李燾《續資治通鑑長編》卷一六一，第3885頁。

至彰露。其如諸處州縣，似此者多。衙前公人亡家破産、市肆商賈虧本失業者，不可勝數。欲乞應河北州軍有公使錢，除管領軍校接待信使不得輒有減刻外，其餘筵會迎送並從簡約，不得令衙前公人遠詣諸處求買珍異之物。所買諸般公用物色，並須依準市價，不得虧損百姓。'從之。"①

受詔舉薦京朝官一人換右職。

《長編》卷一六一："戊午，詔判大名府賈昌朝、判邠州程琳、知秦州梁適、知永興軍葉清臣、知渭州田況各舉京朝官一人換右職。"②

十一月，請募人進納修河物料。

《長編》卷一六一："十一月辛未朔，判大名府賈昌朝、河北轉運使皇甫泌等，乞募人於澶、貝、德、博、滄、大名、通利、永静八州軍進納修河物料，等第與恩澤，從之。詔開封府、河北、京東、京西轉運司遍行告諭。"③

《宋會要輯稿》職官五五之三五："十一月一日，判大名府賈昌朝、河北轉運使皇甫泌等言：'澶、貝、德、博、滄、大名、通利、永静八州軍闕少修河物料，乞許諸色人進納稈草，等第與恩澤……'詔令開封府、河北、京東、西轉運司遍行指揮。"④

貝州卒王則將反，其徒潘方净懷刃謁公，欲行謀刺。公覺，得反狀，亟發兵。

《墓志銘》："貝州妖卒王則叛。初，則約連河北、京東數州之兵，欲南斷浮橋，以據大名。事未及發，會有白衣遮公馬首，自言少遊跪泉山，能言國家休咎之事。公疑而詰之，乃得所挾書，實貝州叛逆也。其黨知事覺，於是嬰城自守。公命高陽關路總管王信、大名府路鈴轄郝質、真定府路鈴轄孟元將六部兵二萬趣城下，並遣穴城匠作車洞、距以攻賊。"⑤

---

① 徐松《宋會要輯稿》刑法二之二八至二九，第 6509～6510 頁。
② 李燾《續資治通鑒長編》卷一六一，第 3888 頁。
③ 李燾《續資治通鑒長編》卷一六一，第 3889 頁。
④ 徐松《宋會要輯稿》職官五五之三五，第 3616 頁。
⑤ 王珪《華陽集》卷三七，第 481 頁。

《長編》卷一六一："（戊戌）會黨人潘方净懷刃以書謁北京留守賈昌朝，事覺被執，不待期亟叛。……賈昌朝遣大名府鈐轄、内殿承制郝質將兵趨貝州。"①

十二月，奏報貝州反，自請搏賊。

《神道碑》："公既使部將王信、孟元、郝質馳兵操攻具往，且請自出搏賊，不許，終賊所以擒滅，功居多。"②

《墓志銘》："公亦屢請行，朝廷賴公成名在大名，不許。"③

仁宗慶曆八年（1048）戊子 五十一歲

閏正月，貝州亂平，移山南東道節度使、檢校太師，進封安國公。

《神道碑》："移鎮山南東道、檢校太師，賜爵安國公。公因請寬諸吏民爲賊所脅者，而捕河南、北妖人治殺之，無所漏。"④

《墓志銘》："及破賊，以功爲山南東道節度使、檢校太師，進封安國公。"⑤

《長編》卷一六二："乙卯，武勝節度使、檢校太傅、同平章事、判大名府兼北京留守司賈昌朝爲山南東道節度使、加檢校太師，進封安國公，以恩州平也。翰林侍讀學士楊偕言賊發昌朝部中，至出大臣乃能平，昌朝爲有罪，不當賞，弗聽。"⑥

八月，因六月河決商胡，公請復故道。不從。時歲饑，又疫，公力爲賑濟，所活甚眾。

《神道碑》："河決商胡，方署，公暴隄上，躬親指畫，出倉廩與被水百姓，舍其流弃，接以醫藥，所活九十餘萬口。"⑦

《墓志銘》："會歲饑，民大疫。公爲置病方給養之，全活九十餘萬。"⑧

---

① 李燾《續資治通鑑長編》卷一六一，第3891頁。
② 王安石《臨川先生文集》卷八七，第1518頁。
③ 王珪《華陽集》卷三七第481頁。
④ 王安石《臨川先生文集》卷八七，第1518頁。
⑤ 王珪《華陽集》卷三七，第481頁。
⑥ 李燾《續資治通鑑長編》卷一六二，第3908頁。
⑦ 王安石《臨川先生文集》卷八七，第1518頁。
⑧ 王珪《華陽集》卷三七，第481頁。

《長編》卷一六五："（辛巳）判大名府賈昌朝請下京東州軍葺黄河舊隄，引水東流，漸復故道，然後並塞橫壠、商胡二口，永爲大利。詔待制以上並臺諫官並詳定利害以聞。"①

【按】六月癸酉，"河決澶州商胡埽。"② 當時即已開始救災。自六月水起至八月昌朝上章求復故道，並繫於此。

十一月，受詔計置河北路糧草。

《長編》卷一六五："辛丑，詔判大名府賈昌朝兼計置河北一路糧草事，以本路水災，軍儲不足故也。"③

十二月，公上漯川、橫壠、商胡河圖。不從。

《墓志銘》："公嘗言河自橫壠之決，分流德、棣、恩、滄數州，而歲爲害滋甚……乃繪漯川、商胡爲一圖，復條其利害以聞。詔遣三司副使鄭驤行視其地。還言功大不可就。乃止。"④

《長編》一六五："庚辰，判大名府賈昌朝又言：'……謹繪漯川、橫壠、商胡三河爲一圖上進，惟陛下留省。'詔翰林侍讀學士郭勸，入內內侍省都知藍元用與河北、京東轉運使再行相度修復黄河故道利害以聞。"⑤

仁宗皇祐元年（1049）己丑　五十二歲

正月至二月，在判大名任上。

《墓志銘》："契丹募亡卒之勇伉者，得五百餘人，號'投來南軍'，驅以戰西羌。邊法，雖歸亦殊死。公乃檄邊郡，凡投還者，一切貸貰。後有還者，更與遷補。契丹聞之，遂除其軍不用。邊民之貧者，多避賦縣，以其地質敵人，因而寖爲敵所侵。公爲設法，聽旁户之有力者贖之，歲餘悉復其地。契丹使來，每道公境，必斂服自飭，且戒其徒御毋得有所犯。"⑥

① 李燾《續資治通鑑長編》卷一六五，第 3965 頁。
② 李燾《續資治通鑑長編》卷一六四，第 3953 頁。
③ 李燾《續資治通鑑長編》卷一六五，第 3974 頁。
④ 王珪《華陽集》卷三七，第 481 頁。
⑤ 李燾《續資治通鑑長編》卷一六五，第 3976～3978 頁。
⑥ 王珪《華陽集》卷三七，第 481 頁。

【按】契丹與西夏交戰，皇祐元年二月辛巳遣使來告。上二件《神道碑》《本傳》《長編》卷一六六記事同，且言貸賈亡卒，漸廉知契丹國事；聽人贖質敵人地，邊境由此不爭。諸書不繫月日，此等行政事務，本就遷延，非朝夕之事，故繫此。

三月，因與葉清臣有隙，徙判鄭州。

《神道碑》："皇祐元年，徙鄭州，從公求也。"①

《墓志銘》："皇祐元年，以燕國太夫人春秋高，願徙鄭州。"②

《長編》卷一六六："癸卯，徙判大名府、山南東道節度使、同平章事賈昌朝判鄭州，翰林學士、户部郎中、權三司使葉清臣爲翰林學士、知河陽。初河北轉運司失計軍儲，清臣自以汴漕米七十餘萬給之，又請發大名庫錢以佐邊糴，而昌朝格詔不從。清臣固爭，且疏其跋扈不臣，宰相欲兩中之，因有是命。"③

四月，過闕入覲，授祥源觀使，留京不遣。

《長編》卷一六六："新知鄭州賈昌朝過闕入覲。乙酉，授祥源觀使，留京師。"

六月，拜觀文殿大學士，判都省，朝會班中書、門下，視其儀物。

《墓志銘》："公不敢以將相留京師，屢請還節。除觀文殿大學士、尚書右僕射、判都省，再提舉編修《唐書》。"④

《長編》卷一六六："甲戌，山南東道節度使、同平章事、祥源觀使賈昌朝爲觀文殿大學士、判都省，朝會考中書、門下，視其儀物。觀文殿置大學士自此始。仍詔自今非嘗爲宰相毋得除。"⑤

九月，因太陰犯畢星，以所考歷代占十二事上之。

《墓志銘》："其年，日官言太陰犯畢距星，又掩其大星。公因言畢昴之間爲天街，其陰外國也，其陽中國也，顧其警必在季秋之分。

---

① 王安石《臨川先生文集》卷八七，第1519頁。
② 王珪《華陽集》卷三七，第481頁。
③ 李燾《續資治通鑑長編》卷一六六，第3995頁。
④ 王珪《華陽集》卷三七，第481～482頁。
⑤ 李燾《續資治通鑑長編》卷一六六，第4001頁。

因考歷代所占，凡十二事，上之。”

【按】《墓志銘》繫此事在救商胡決口水災事前，誤。李燾據《會要》，記此事在九月癸卯："詔河東、河北經略安撫使司，契丹舉兵討夏人，其邊要之地，選委將佐，嚴加備禦。時司天言太陰犯畢宿，主邊兵，趙分有憂故也。"①

十二月，赴講筵備顧問。

《長編》："（乙丑）是日，詔賈昌朝赴講筵備顧問，不講書。帝以昌朝前宰相，又舊講臣，特命之。"②

復爲山南東道節度使、同平章事、判鄭州。固辭恩詔四子遷官。

《墓志銘》："其冬，以右僕射復除山南東道節度使、檢校太師、兼侍中、判鄭州。凡六上章，乞罷僕射兼侍中。復拜同中書門下平章事，詔公四子皆遷官，固辭之。"③

《長編》卷一六七："壬申，觀文殿大學士、右僕射、判都省賈昌朝復爲山南東道節度使、同平章事、判鄭州。初，除兼侍中，昌朝固辭之。使相舊無中謝之賜，其賜自昌朝始。"④

仁宗皇祐二年（1050）庚寅　五十三歲

七月，母喪去位，懇辭起復，居家丁憂。

《神道碑》："二年，母燕國太夫人薨。命以故官，不起，賜書寵慰，從之。公事燕國以孝聞，上嘗賜銀飾肩輿，士大夫以爲榮。及薨，自鄭歸葬，扶舁蒼然，肩足皆胝，行路瞻望，悲哀嘆息。"⑤

《墓志銘》："明年，丁母憂。會大雨，奉喪徒行數百里。詔屢起之，公懇薪終喪。給以宰相俸之半，辭之。給以僕射俸，又辭之。於是賜黃金三百兩。"⑥

【按】宋代丁憂制度，父母喪要求心喪三年，實際持服二十七個月。

---

① 李燾《續資治通鑑長編》卷一六七，第4014頁。
② 李燾《續資治通鑑長編》卷一六七，第4025頁。
③ 王珪《華陽集》卷三七，第482頁。
④ 李燾《續資治通鑑長編》卷一六七，第4025頁。
⑤ 王安石《臨川先生文集》卷八七，第1519頁。
⑥ 王珪《華陽集》卷三七，第482頁。

以昌朝皇祐四年九月服初除，逆推之，燕國太夫人約卒於本月。

仁宗皇祐四年（1052）**壬辰　五十五歲**

九月，服初除，除故官。

　　《神道碑》："四年，除故官、侍講。"①

乙卯日，詔對邇英閣，講《乾》卦。請析四十二縣爲京畿。戊午，出判許州。

　　《墓志銘》："仁宗詔公邇英閣，問《易》之《乾》卦。既講陳之，又爲手奏曰：'夫乾者，天剛健之德，當天下久盛之時，柔不可以濟，然亢而過剛，又不能久。惟聖人外以剛健決事，內以謙恭應物，不敢自矜爲天下首，乃獲吉也。'帝面出手詔，以寵答之。仍以所陳卦義藏之史館。又言：'漢唐都雍，置輔郡以內翼京師。國朝都汴，而近京諸郡皆屬它道，制度不稱王畿。請析京東之曹州，京西之陳、許、滑、鄭州，並開封府總四十二縣，置爲京畿。'遂興行之。"②

　　《長編》卷一七三："山南東道節度使、平章事賈昌朝初除母喪，乙卯，召赴邇英閣講《乾》卦。帝曰：'將相侍講，天下盛事。'昌朝稽首謝，翼日手奏曰：'《乾》之上九稱"亢龍有悔"，悔者凶灾之萌，爻在亢極，必有凶灾。不即言凶而言悔者，以悔有可凶可吉之義；若修德則免悔而獲吉，故但言悔。"用九，見群龍無首，吉"者，聖人用剛健之德，乃可決萬務。當天下久盛，柔不可以濟，然亢而過剛，又不能久。惟聖人外以剛健決事，內以謙恭應物，不敢自矜爲天下首，乃獲吉也。'手詔褒答，仍以所陳卦義付史館。尋命昌朝判許州，將行，詔講讀官餞於資善堂。（判許州其日戊午今並書）"③

【按】請析四十二縣爲京畿奏，《全宋文》四八一稱據《長編》卷一七五及《宋史》卷二八五《賈昌朝傳》，繫在皇祐五年十二月，誤。李燾記五年十二月壬戌置京畿詔時，明言"初，賈昌朝建議"④云云，乃追述之辭。昌朝《本傳》記此奏在邇英閣説卦與出判許州之間，如《墓志銘》，

　　①　王安石《臨川先生文集》卷八七，第1519頁。
　　②　王珪《華陽集》卷三七，第482頁。
　　③　李燾《續資治通鑒長編》卷一七三，第4172頁。
　　④　李燾《續資治通鑒長編》卷一七五，第4242頁。

故應繫於此。

仁宗皇祐五年（1053）癸巳　五十六歲

閏七月，再判大名府，復爲河北安撫使。

《墓誌銘》："五年，徙判大名府，復爲河北安撫使。"①

《長編》卷一七五："癸酉，徙判許州賈昌朝判大名府。"②

仁宗至和元年（1054）甲午　五十七歲

三月，請退斥軍主都虞候等止差閑慢路分。

《長編》卷一七六："乙亥，判大名府賈昌朝言：'自來軍主都虞候並廂軍都指揮使，近年退斥者多差爲河北路部署、鈐轄。其人既無遷陟之望，惟務侵漁士卒，緩急必誤邊事。請自今止差閑慢路分。'從之。"③

七月，請市馬給戰士。

《長編》卷一七六："庚辰，判大名府賈昌朝，請以河北諸州軍戶絕錢並官死馬價錢，令逐處市馬給戰士，從之。"④

本年，朝廷議修河不決，公再請疏河故道，終不報。

《神道碑》："中書議塞商胡決，以公异論，故使建言者專其事，公猶爭不已。河果不可塞，建言者得罪，而澶、魏、濱、棣、德、博多水死，公乃請使撫巡賑救，人用歸息。"⑤

《墓誌銘》："時博士李仲昌建議開六塔河，而水怒溢，隄隘不能禁，敗民廬舍。公復請疏河故道，且言故道土沃饒，墮爲權右占耕。使者妄言功大不可就。於是又詔河北都轉運使董沔行視之，言可就。然朝廷終不報。"⑥

仁宗至和三年、嘉祐元年（1056）丙申　五十九歲

---

① 王珪《華陽集》卷三七，第482頁。
② 李燾《續資治通鑑長編》卷一七五，第4223頁。
③ 李燾《續資治通鑑長編》卷一七六，第4255~4256頁。
④ 李燾《續資治通鑑長編》卷一七六，第4268頁。
⑤ 王安石《臨川先生文集》卷八七，第1520頁。
⑥ 王珪《華陽集》卷三七，第482頁。

九月，進封許國公。兼侍中，再任大名。

《墓志銘》："嘉祐元年，進封許國公，未幾加兼侍中，再任大名。"①

《長編》卷一八四："乙巳，山南東道節度使、同平章事、判大名府賈昌朝爲侍中，留再任。"②

【按】諸書未載進位許國公月日，本年九月"辛卯，恭謝天地於大慶殿，大赦，改元。丁酉，加恩百官"③。進位當爲此次加恩所致。《長編》卷一八九載仁宗嘉祐四年三月己未詔僧徒度弟子事，提及"賈昌朝在北京，奏：'京師僧寺多招納亡賴遊民爲弟子，或藏匿亡命奸人。自今乞皆取鄉貫保任，方聽收納。'詔從之，京師僧尼大以爲患。"④ 不知日月，姑繫此。《全宋文》繫於嘉祐四年三月，誤，此時昌朝早已別遷。

十一月，爲樞密使。十二月，辭所兼侍中。

《神道碑》："嘉祐元年，進封許國公，又兼侍中，方避未聽，而以樞密使召，卒罷侍中，而以同中書門下平章事爲樞密使。"⑤

《墓志銘》："尋拜樞密使。辭侍中。"⑥

《長編》卷一八四："（十一月辛巳）山南東道節度使、兼侍中、判大名府賈昌朝爲樞密使。"⑦

《長編》卷一八四："（十二月）壬戌，樞密使賈昌朝辭兼侍中，從之。"⑧

仁宗嘉祐三年（1058）戊戌 六十一歲

六月，因宰相文彥博請罷，諫官陳旭等恐昌朝入代，力攻之。公罷爲鎮安軍節度使、右僕射，兼侍中，充景靈宮使。

《長編》卷一八七："（甲午）樞密使、山南東路節度使、同平章

---

① 王珪《華陽集》卷三七，第482頁。
② 李燾《續資治通鑒長編》卷一八四，第4448頁。
③ 李燾《續資治通鑒長編》卷一八四，第4447頁。
④ 李燾《續資治通鑒長編》卷一八九，第4558頁。
⑤ 王安石《臨川先生文集》卷八七，第1520頁。
⑥ 王珪《華陽集》卷三七，第482頁。
⑦ 李燾《續資治通鑒長編》卷一八四，第4452頁。
⑧ 李燾《續資治通鑒長編》卷一八四，第4461頁。

事賈昌朝，罷爲鎮東節度使、右僕射、兼侍中、景靈宮使。文彥博始求退，諫官陳旭等恐昌朝代之，乃疏昌朝交通女謁，建大第，別爲客位以待宦官。又宦官有矯制者，樞密院釋弗治。昌朝由此罷。然昌朝釋宦官矯制，後驗問無事實。初，溫成皇后乳母賈氏，宮中謂之賈婆婆，昌朝以姑事之。諫官劾昌朝交通女謁，指賈氏也。"[1]

【按】昌朝陰結賈婆婆，實有其事。舊題梅堯臣撰《碧雲騢》記云："賈昌朝娶陳堯咨女，女嘗逐母夫人入宮，遂識朱夫人。昌朝既貴，又因朱夫人而識賈夫人，謂之賈婆婆。昌朝在府，政事多内相關應，故主恩甚隆。昌朝與吳育論事，不平而出，因賈婆婆獲厚賜。然遭新相於上前言賈婆婆，上稍厭之。"[2] 蘇軾《東坡志林》卷三"賈婆婆薦昌朝"條亦載："溫成皇后乳母賈氏，宮中謂之賈婆婆。賈昌朝連結之，謂之姑姑。臺諫論其奸，吳春卿欲得其實而不可。近侍有進對者曰：'近日臺諫言事，虛實相半，如賈姑姑事，豈有是哉。'上默然久之，曰：'賈氏實曾薦昌朝。'非吾仁祖盛德，豈肯以實語臣下耶！"[3] 惟當時大臣結交中官、内廷以覘聖意、固名位乃一時風氣，吕夷簡引醫官陳巽；趙積納賄中官羅崇勛；鄭戩結中官黃元吉；就連持身英挺如文彥博者，亦攀援溫成張皇后之門，寔堪一嘆。

本年再判許州。

《墓誌銘》："三年，以鎮安軍節度使、右僕射、依前檢校太師、兼侍中爲景靈宮使。其年復出判許州。"[4]

仁宗嘉祐七年（1062）壬寅　六十五歲
以保平軍節度使、陝州大都督府長史移大名，兼安撫使。

《神道碑》："七年，以保平軍節陝州大都督府長史移大名，兼安撫。公凡三至魏及許、鄭，皆以寬惠爲治，人安樂之。它將相賜公使

①　李燾《續資治通鑑長編》卷一八七，第4512頁。
②　舊題梅堯臣撰，儲玲玲整理《碧雲騢》，《全宋筆記》第一編第五册，鄭州：大象出版社，2003年，第79頁。
③　蘇軾撰，孔凡禮整理《東坡志林》卷三，《全宋筆記》第一編第九册，鄭州：大象出版社，2003年，第75頁。
④　王珪《華陽集》卷三七，第482頁。

錢，多使牟利，公度所賜爲用，故在所尤不擾。"①

《墓志銘》："七年，以保平軍節度使、陝州大都督府長史復徙大名，爲本路安撫使。"②

仁宗嘉祐八年（1063）癸卯　六十六歲

四月，仁宗崩，英宗即位。公拜鳳翔節度使、左僕射、鳳翔尹，進封魏國公。

《神道碑》："今皇帝即位，改節度鳳翔，加左僕射、鳳翔尹，進封魏國。"③

《墓志銘》："英宗即位，拜鳳翔節度使、左僕射、鳳翔尹，進封魏國公。"④

【按】據《宋史》卷一三《英宗本紀》，四月"癸酉，大赦，賜百官爵一等，優賞諸軍，如乾興故事"⑤。昌朝遷官，當在此時。

英宗治平元年（1064）甲辰　六十七歲

求徙閑郡，辭鳳翔節度使兼侍中，不許。

《神道碑》："治平元年，求還使、侍中守許州，至六七，終不許。"⑥

《墓志銘》："治平元年，自言臣老矣，不任事，願得徙閑郡，且還鳳翔節度兼侍中。詔不許。"⑦

英宗治平二年（1065）乙巳　六十八歲

春，徙許州。時京西大疫，入覲，英宗詔暫留京勿發。

《神道碑》："二年，乃授許州，入見又辭，不許。使撫諭，須秋乃發。"⑧

《墓志銘》："明年春，復徙許州。及入覲，上以先帝大臣，益尊

① 王安石《臨川先生文集》卷八七，第 1520 頁。
② 王珪《華陽集》卷三七，第 482 頁。
③ 王安石《臨川先生文集》卷八七，第 1520 頁。
④ 王珪《華陽集》卷三七，第 482 頁。
⑤ 脱脱等《宋史》卷一三，第 254 頁。
⑥ 王安石《臨川先生文集》卷八七，第 1520 頁。
⑦ 王珪《華陽集》卷三七，第 482 頁。
⑧ 王安石《臨川先生文集》卷八七，第 1520 頁。

遇之。公亦從容言天下事甚眾。因固請還鳳翔節度兼侍中，卒不許。時京西大疫，特詔公候秋乃行。"①

六月，病重，力求解將相。以左僕射、觀文殿大學士判尚書都省。

《神道碑》："六月告疾。中人、太醫問視相屬，又力求解將相，乃以左僕射、觀文殿大學士，判尚書都省。"②

《墓志銘》："公既被病，召諸子曰：'勢且革矣，尚欲尸重祿耶？'於是復請。乃復以觀文殿大學士判尚書都省。"③

七月，公薨。贈司空兼侍中。八月，謚文元。

《神道碑》："七月戊寅薨。上親臨哭，發涕，為不視朝二日。賜龍腦、水銀以斂，制服，出司賓祭吊，別賜黃金給葬。贈司空兼侍中，謚曰文元。"④

《墓志銘》："治平二年七月戊寅，觀文殿大學士、尚書左僕射、魏國公薨於京師。始，公得疾甚，英宗命中貴人挾太醫晝夜調護，所以念之甚厚。及訃聞，是日休吏群司，乘輿趣臨其喪，為之泣下，乃詔輟視朝二日，贈司空兼侍中，其賻物加等。將斂，又賜龍腦、水銀以納其匱中。八月甲寅，上成服於苑中，於是其家條具功狀上於太常，謚曰文元。"⑤

《本傳》："卒，年六十八，謚曰文元。御書墓碑曰'大儒元老之碑'。所著《群經音辨》《通紀》《時令》《奏議》《文集》百二十二卷。"⑥

【按】《墓志銘》本段誤"觀文殿"為"觀公殿"，"魏國公"脫"國"字，應是手民疏誤，今逕改。

九月，初葬開封。

《神道碑》："以九月甲申，葬開封汴陽里晉公墓次。公年六十八，

---

① 王珪《華陽集》卷三七，第482~483頁。
② 王安石《臨川先生文集》卷八七，第1520頁。
③ 王珪《華陽集》卷三七，第483頁。
④ 王安石《臨川先生文集》卷八七，第1520~1521頁。
⑤ 王珪《華陽集》卷三七，第477頁。
⑥ 脫脫等《宋史》卷二八五，第9620頁。

散官開府儀同三司，勛上柱國，號推誠保德崇仁守正忠亮佐運翊戴功臣，邑戶萬五千，實封五千六百。公所著書，有《春秋要論》十卷、《群經音辨》十卷、《通紀》八十卷、《本朝時令》十二卷，又奏議、文集各三十卷。"①

神宗熙寧元年（1068）八月，改葬許州陽翟縣大儒鄉元老里。

《神道碑》："初卜葬公汴陽里，以水故，改卜。熙寧元年八月庚申，葬許州陽翟縣三峰鄉支流村。奉敕改鄉名曰大儒，村名曰元老里。"②

公初娶兵部郎中、集賢殿修撰王軫之女，封莒國夫人。再娶武信軍節度使陳堯咨之女，封魏國夫人。六子：章、圭、田、青、齊、炎。三女子：長適鎮安節度使、同中書門下平章事程琳（988—1056）之子程嗣弼（1027—1086），封壽安縣君；次適工部尚書、翰林學士承旨宋祁（998—1062）第五子宋惠國，封崇德縣君；次適太子太保、潁國公龐籍（988—1063）之子龐元英，封壽光縣君。

① 王安石《臨川先生文集》卷八七，第1521頁。
② 王安石《臨川先生文集》卷八七，第1522頁。

樓鑰的禪僧交遊與南宋禪林的地方化人際網絡

——以《徑山興聖萬壽禪寺記》的考察爲中心*

趙惠俊

復旦大學中文系

摘　要：樓鑰的禪僧交遊主要分爲以佛照德光爲中心的退居時期、以足庵智鑒爲中心的守喪待闕時期以及宦遊時期，完整呈現出南宋禪僧與士大夫交往互動的諸般樣態，以及强烈的地域性人際網絡構建意圖。南宋禪僧通常選擇政治地位與自我禪林地位相配的士大夫作爲交往對象，尤爲注重與地方長官、鄉里耆碩的往來互動，借此培育擴大本宗派在地方的影響力。他們的結交方式主要是文章相邀、詩文書畫同好以及姻親關係，使得士大夫不僅借此提升了藝文素養及思想深度，也産生了將禪林交際視作自我鄉里責任的自覺。與地方稍有不同，京城名寺的住持與中央政治聯繫密切，需要對重大政治事件做出因應。這使得士大夫的相關禪林書寫不僅記錄了禪林人事，還會與朝政時局相牽扯，承載着重要的政治史資訊。

關鍵詞：樓鑰　南宋禪僧　禪僧交遊　《徑山興聖萬壽禪寺記》
佛照德光

　　南宋禪宗的叢林制度與世俗政權有着緊密的聯繫，地方政府的舉薦安排主導着各級禪寺的住持選任，有的寺廟更直接由皇家敕差住持。高級别

---

* 本文爲國家社科基金一般項目"宋元禪宗文學研究"（16BZW059）階段性成果。

的禪寺不僅在寺產、度牒等方面享有相當之特權，還能給住持帶來極高的禪林聲譽，甚至說禪於大內的機遇。相關禪寺由此成爲當時的禪林中心，成爲高僧大德嚮往的住寺傳燈之所。寧宗嘉定年間，南宋朝廷發布了江南禪寺的官方等級名錄，以五山十刹制度規範已經實踐百餘年的禪林現象。南宋禪林高度黏合於世俗政治的現象，使得南宋士大夫與禪僧的交往更加頻繁，不僅深刻影響到了士大夫思想與文學的變化發展，還爲其帶來了一種新的人際網絡建構方式。

對南宋禪林的相關研究則顯得不足。就禪林與士大夫的交往互動而言，目前的討論主要集中在北宋，南宋的情況則有待開拓。本文擬以南宋中期名臣樓鑰的禪僧交遊作個案考察，借此窺探南宋禪林與士大夫交往互動的面貌。樓鑰於孝宗登基的隆興元年（1163）中舉，政治生命横跨孝宗、光宗、寧宗三朝，這是南宋禪林最爲活躍興盛的時期，不僅禪僧與政治互動頻繁，而且五山十刹制度尚未獲得官方認定，禪僧沒有徹底被政治與制度束縛，自主性相對較高，對士人的影響也更爲直接。樓鑰的政治生涯雖偶有起落，但總體上還是保持了上升的樣態，而且在嘉定二年（1209）至六年（1213）的生命最後時光中，更一直擔任參知政事，使得他的人生能够相對全面地呈現禪僧與不同身份士大夫交往的完整圖景。此外，樓鑰及其家族所居之地明州還是南宋重要的佛教中心，不僅蘭若相望、名德輩起，其地的阿育王寺與天童寺日後更名列五山，使得樓鑰在朝野兩種狀態下都能結識到當時的重要禪僧。因此，樓鑰的禪僧交遊足以成爲優秀的考察個案，不僅能讓我們全面了解南宋禪僧與士人交往互動的面貌、方式、心態等，亦可察見禪僧對於重大政治事件的選擇，對於南宋中期的禪宗史與政治史研究皆有較高的價值。

一、《徑山興聖萬壽禪寺記》：一次意外的禪林書寫

士大夫與禪林的交往主要見諸文集，詩歌酬唱之外，二者主要通過記、序、疏、贊、銘等文體溝通交往，包括禪寺記文、禪僧語録序言、住寺邀請疏文、禪僧寫真贊以及塔銘等。這些應用文字構成了士大夫禪林書寫的文本世界，從中可見豐富的禪僧交遊信息。樓鑰的禪林書寫並不多，與他反復自陳的“素非習佛者”相稱，但樓鑰的禪林書寫基本囊括了上述

文體，説明和禪僧交往已經成爲南宋士人無法避免的日常。

在樓鑰的禪林書寫中，《徑山興聖萬壽禪寺記》是一篇頗值關注的文字。慶元五年（1199）冬，臨安徑山寺遭遇了一場嚴重的火灾，全寺建築悉數被毁。然而在住持蒙庵元聰禪師的帶領下，寺院的重建工作在兩年之後的嘉泰元年（1201）便全部完成。爲了記此禪林大事，元聰特遣禪僧契日携帶詳載始末的書信拜訪樓鑰，請其撰寫記文。① 這番看似尋常的禪林書寫，其實包含不少意外元素。徑山寺位於臨安余杭徑山，在南宋時期的聲望最爲顯赫，禪寺等級高居五山之首。此時的樓鑰其實鮮有與如此重要的臨安禪寺互動的機會，他的禪林書寫主要圍繞明州當地寺院展開。不僅如此，早在慶元元年（1195），樓鑰便受到"慶元黨禁"的波及，退居明州鄉里，至本年依然没有被重新啓用，更加不具備爲五山之首的行在禪寺撰寫記文的身份。樓鑰在日後回憶此事的時候便指出："徑山之名甲於東南，一燔之後，欲興瓦礫爲寶坊，兩宫賜予，檀施山委，舊觀鼎新，又大過之，宜得玉堂金閨之英爲之登載，顧乃訪老朽於寂寞之濱，何耶？"② 可見禪林與世俗的交往互動需要以各自地位的匹配爲前提，臨安的高級禪寺之序記，當由當朝翰苑名臣撰寫。除了士大夫自身履歷必須過關，機緣也同樣必不可少，畢竟樓鑰在紹熙三年（1192）至五年（1194）出任中書舍人，享有大手筆之譽，是名副其實的玉堂之英，可是這段時間並没有五山住持請他寫序作記。而蒙庵元聰要到慶元三年（1197）方移住徑山③，與樓鑰在朝擔任中書舍人的時間没有重合。樓鑰與蒙庵元聰的這番錯過意味着在嘉泰元年之前，雙方並不曾謀面或相識，這成爲元聰之請最令人感到意外之處。④ 直到嘉定元年（1208），樓鑰重返行在的時候，才與這位高僧首次會面定交。當然，這個時候的樓鑰不僅重新出任吏部尚書，更簽書樞密院事，完全具備了與徑山住持交往互動的對等身份。也正是由此機緣，嘉定二年（1209）元聰圓寂之後，他的弟子請樓鑰爲其編集的元聰語録作序。

---

① 樓鑰撰，顧大朋點校《樓鑰集》卷五十四，《徑山興聖萬壽禪寺記》，杭州：浙江古籍出版社，2010 年，第 996~997 頁。

② 樓鑰撰，顧大朋點校《樓鑰集》卷五十，《聰老語録序》，第 948 頁。

③ 衛涇《後樂集》卷十八，《徑山蒙庵佛智禪師塔銘》，《景印文淵閣四庫全書》第 1169 册，上海：上海古籍出版社，1987 年，第 736 頁下。

④ 樓鑰撰，顧大朋點校《樓鑰集》卷五十，《聰老語録序》，第 947 頁。

　　無論後來如何，《徑山興聖萬壽禪寺記》所承載的意外始終值得深思，蒙庵元聰爲何會在樓鑰不具備寫作身份且二人並不相識的情況下邀請樓鑰作記？答案其實就在促成這篇記文的中間人物身上。在樓鑰接到元聰請記信函之初，他是拒絕寫作的，但他最終同意的原因，除了元聰的再三請求，便是這位中間人物起到了至爲關鍵的作用，樓鑰在記文中將此特爲記下："（元聰）求之再三，拙庵又助之請，遂囊括其語，爲之大書。"① 這位幫助蒙庵元聰說服樓鑰動筆的禪僧自號拙庵，即南宋中期著名禪僧佛照德光。他是大慧宗杲的法嗣，禪林地位相當高。德光歷住靈隱、阿育王、徑山三座五山禪寺，承繼了先師積極與當朝政治互動的傳統，與孝宗皇帝關係非常密切，亦頻繁交往名臣耆碩，進一步壯大了臨濟宗楊岐派的聲勢。他還經常出入大內爲孝宗說禪，孝宗在他的啓發下對禪理有所開悟，以至於後世的禪宗燈錄會將孝宗列在德光法嗣之下。此時的佛照德光年歲已高，早已不再擔任住持，於明州阿育王寺東庵閑居多年，他能夠幫助蒙庵元聰勸說樓鑰，顯然說明他與樓鑰有密切的交往。綜觀樓鑰的禪僧交遊，他在爲官之時從未結交過已經具備一定聲望的高僧，反倒是退居鄉里的時候與當時的顯赫禪僧過從甚密，再次說明禪僧與士大夫的交往是以身份相配爲前提的。此外，相較於出仕時期，退居鄉里才是士大夫更爲重要的佛禪交往時空。因此，爲了更好地理解《徑山興聖萬壽禪寺記》的意外寫作緣起，首先需要對樓鑰圍繞佛照德光展開的禪僧交遊情況詳作考察。

二、佛照德光與樓鑰退居明州時期的
臨濟宗楊岐派禪僧的交遊

　　佛照德光（1121—1203），臨江軍新喻人。高宗紹興十一年（1141），二十一歲的德光望見流放途中的大慧宗杲，私心仰慕，從而相繼拜謁應庵曇華、月庵善果等臨濟宗楊岐派禪僧，但皆未自肯。紹興二十六年（1156），大慧宗杲北還，住明州阿育王寺，德光當即往附，遂獲大徹。後宗杲歸老徑山，德光隨行，侍奉益虔，直至宗杲圓寂後方始分座。淳熙三年（1176），孝宗敕差德光住持靈隱寺，其間屢次入大內說法。至淳熙七

---

① 樓鑰撰，顧大朋點校《樓鑰集》卷五十四，《徑山興聖萬壽禪寺記》，第996～997頁。

年（1180）夏，孝宗用仁宗待大覺懷璉故事，改差德光住持阿育王寺。至光宗紹熙四年（1193）時，已退位爲太上皇的孝宗期願與德光時時相見，遂改住徑山。慶元元年（1195），孝宗升祔禮成，德光獲准歸老阿育王寺，退居寺之東庵，直至嘉泰三年（1203）示寂①。

綜觀樓鑰的仕宦履歷，與佛照德光行迹重合處其實不少。淳熙三年德光初住靈隱，樓鑰正在京差遣，供職於詳定一司敕令所。淳熙五年，樓鑰即因龔茂良罷政事件外任添差台州通判，至七年秋方秩滿歸朝②，與德光住持靈隱的重合時間最多兩載。再加之樓鑰此時剛獲改官，甫才結束十三年的選海浮沉，自然無法獲得與靈隱寺住持交往的機會，從而二人於此時未獲交遊。

淳熙七年德光改住阿育王寺之時，樓鑰並不在明州，但是德光的住持時間長達十三年，還是與樓鑰有着較長的明州重合期。淳熙九年（1182）末，樓鑰之父樓璩去世，樓鑰旋與仲兄樓錫護喪歸里。③ 至淳熙十二年（1185）服除後，雖授溫州知州，但猶待闕鄉中④，直至十四年七月方得成行。⑤ 然而在這守喪待闕的五年間，也不太見到樓鑰與德光的明顯交往痕迹。《攻媿集》中與阿育王寺關聯互動的作品唯有《登育王望海亭》一詩，觀詩中“蓬萊去人似不遠，指點水上三山青”⑥ 之句，與范成大《育王望海亭》“海雲晻靄日蘢葱，案指光中萬象空。想見蓬萊西望眼，也應知我立長風”⑦ 諸句相通，似爲同時應酬或遙相呼應之作。若果真如此，這一時期的樓鑰應已與德光有所往來。相比於這番縹緲的猜測，德光此時與范成大的交遊則要明確得多。就在德光移住阿育王寺的淳熙七年，范成大起知明州，明年三月改知建康。在前往建康之前，范成大特爲登臨阿育王山，觀覽勝景，手書詩歌四首相贈德光，其中就包括上引《育王望海

① 周必大撰，王蓉貴、白井順點校《周必大全集》，《廬陵周益國文忠公集》卷八〇，《平園續稿》卷四〇，《圜鑑塔銘》，成都：四川大學出版社，2017年，第729~730頁。

② 袁燮《絜齋集》卷十一《資政殿大學士贈少師樓公行狀》，《景印文淵閣四庫全書》第1157冊，上海：上海古籍出版社，1987年，第137頁。

③ 樓鑰撰，顧大朋點校《樓鑰集》卷五十七，《長汀庵記》，第1023頁。

④ 樓鑰撰，顧大朋點校《樓鑰集》卷一百十一，《安光遠墓志銘》，第1921頁。

⑤ 樓鑰撰，顧大朋點校《樓鑰集》卷八十三，《工部加贈焚黃祝文》（其二），第1435頁。

⑥ 樓鑰撰，顧大朋點校《樓鑰集》卷一，《登育王望海亭》，第3頁。

⑦ 范成大著，富壽蓀標校《范石湖集》卷二十一，上海：上海古籍出版社，2006年，第310頁。

亭》一詩。德光將范成大的三詩手迹刻於碑石，立在寺前，供南北僧客觀覽。與端明殿學士、明州知州范成大相比，樓鑰在遭父喪前僅任宗正丞，官職級別與范成大相去甚遠，於是他和范成大在明州與德光一隱一顯的交往痕迹有力表明官階資歷是士大夫得以結識當地重要禪僧的必要基礎，而從禪僧的角度來說，地方行政長官則是他們首要的交往對象。

德光改住徑山時，適逢樓鑰升任中書舍人，二人不僅共處臨安，而且樓鑰的政治身份也與德光匹配。可是他們在這一時期的交往痕迹依然難以尋覓，這或許與當時的政治情狀有關。淳熙四年，光宗與太上皇孝宗的關係已經惡化，精神失常的光宗拒絕過宮請安已成爲朝野共知的政治危機，爲此宰執侍從頻繁向光宗苦諫，希望能够獲得轉圜。在這種情勢下，佛照德光移住徑山就顯得非常微妙。上文已經提到，德光深受孝宗信任，住持徑山之命完全出於孝宗的個人心願，很可能就與過宮風波有所關聯。以純孝侍奉高宗而聞名的孝宗，在面對自己親生兒子拒絕見面問安的時候，想必會感到非常落寞淒涼，從而將德光召還身邊，時時相見，不啻爲一種排解疏導的辦法，於是乎德光也就不會與疲於穩定光宗的外朝大臣有多少往來了。

到了慶元元年德光與樓鑰雙雙退居明州之時，情形已較之前發生了明顯的變化。此時樓鑰是以顯謨閣直學士、吏部尚書的身份退居鄉里[1]，完全達到了地方耆碩的標準，以他爲中心的地方士人交際應酬在他這次退居中頻繁開展，與佛照德光的交往互動痕迹也終於明晰起來。除了《徑山興聖萬壽禪寺記》，《次仲舅韻寄拙庵》一詩是更爲重要的交遊綫索[2]，説明德光同時與樓鑰仲舅汪大猷往來密切。這一方面源於德光與汪大猷年紀相近，可能早有交往，另一方面也與汪大猷以敷文閣直學士、吏部尚書致仕的身份有關。當時汪大猷與樓鑰這對甥舅同時以尚書之位退居鄉里，旋即成爲明州當地乃至整個江南士林的佳話，時人每每以二尚書並提，周必大即有詩題云"朱叔止通判屢示詩詞綽有家法輒次年字韻一篇兼簡汪仲嘉敷

① 袁燮《絜齋集》卷十一，《資政殿大學士贈少師樓公行狀》，《景印文淵閣四庫全書》第1157册，第146頁上。

② 樓鑰撰，顧大朋點校《樓鑰集》卷六十五，《次仲舅韻寄拙庵》，第1162頁。

學樓大防顯學二尚書"[1]，足見二者在明州地方人際網絡間的中心地位。此時方才顯露的佛照德光與樓鑰之交往痕迹，即可說明除地方長官之外，鄉里耆碩或地方名士也是禪林會主動結識的士人群體。禪僧的這種行爲也強烈影響了士大夫的退居生活，當士人以一定的官位退居鄉里，不論其嗜佛與否，都必須妥善處理與當地高僧的關係，並積極主動地與他們交流互動，以此履行身爲鄉里耆碩的地方社會義務。

除了與佛照德光的關係變得甚爲親密，樓鑰的禪僧交遊在慶元元年退居明州後還出現了數量大幅增加、僧人的地位明顯提升的鮮明變化。這依然是深受佛照德光的影響，因爲樓鑰此時主要交往的禪僧基本從屬於臨濟宗楊岐派，而且大多就是佛照德光的法嗣。最典型者莫過於秀巖師瑞，這位禪師是九江人，受佛照德光點化開悟，德光在師瑞出住舒州興化寺時，送以偈曰："全提向上機，從教佛祖浪頭低。如今已是難藏掩，三脚驢兒解弄蹄。"以楊岐方會的"三脚驢"公案認可師瑞之法，足見德光對其的器重。紹熙四年，師瑞因德光由阿育王改住徑山，被旨補育王之闕，也是出於德光的舉薦。德光後來退居育王東庵，其實有種將自己晚年托付於師瑞的意味。嘉泰二年（1202），師瑞住育王已達九載，他也告老請辭，然猶未離開明州，而是退居育王西庵。[2] 於是乎師瑞主要是以阿育王寺住持的身份與鄉里耆碩樓鑰交往，二人的往來也由此更爲深入，樓鑰會時時向他詢問江州五老、香爐諸峰的林泉景致，以彌補少年侍父南昌時未能登覽的遺憾。嘉泰三年，德光圓寂，師瑞遂生歸鄉之情，想回到他最初落髮的地方江州普照院。臨行前，他特請樓鑰爲素無碑志的普照院寫記，樓鑰欣然提筆，在文末還抒發了一段不知何日能與師再見的慨嘆，拳拳之情躍然紙上。[3] 讓樓鑰沒想到的是，大約十年之後，師瑞又回到了育王西庵，直至嘉定十六年（1223）圓寂。[4] 可是開禧三年（1207）末，樓鑰受召還京，到了嘉定六年春才獲准致仕歸鄉，但回到明州不久，便溘然長逝，未能與師瑞重逢。

① 周必大撰，王蓉貴、白井順點校《周必大全集》，《盧陵周益國文忠公集》卷四十二，《平園續稿》卷二，第396頁。

② 羅濬《寶慶四明志》卷九，《僧師瑞傳》，《宋元方志叢刊》第五冊，北京：中華書局，1990年，第5113頁下。

③ 樓鑰撰，顧大朋點校《樓鑰集》卷五十四，《江州普照院記》，第998～999頁。

④ 羅濬《寶慶四明志》卷九，《僧師瑞傳》，第5113頁下。

　　嘉泰二年秀岩師瑞告老之後，被命補育王闕的退谷義雲禪師依然是佛照德光的法嗣。退谷義雲（1149—1206），福州人，於德光住靈隱時參決大事，歷住台州光孝、鎮江甘露、平江虎丘，育王之後又住臨安净慈，開禧二年（1206）五月示寂①，也是臨濟宗楊岐派的一位重要僧人。樓鑰並没有留下與他往來的痕迹，但是邀請義雲住持阿育王寺的疏文却是由樓鑰所撰。② 鑒於此時佛照德光與秀岩師瑞皆尚在世，這篇應用公文很可能是受這兩位高僧所托而寫，樓鑰也由此以鄉里耆碩身份結識了第三位阿育王寺住持。此外，《攻媿集》中還有一篇爲息庵達觀禪師撰寫的邀住疏文《靈隱觀老奉敕住天童疏》。③ 息庵達觀（1138—1212），婺州義烏人，嗣法於水庵師一禪師，儘管不同於佛照德光的大慧一脉，但二者的法系皆出於圓悟克勤，也是臨濟宗楊岐派在南宋得以大昌的中堅力量。達觀在德光退居育王東庵時曾來明州參請，與首座用覺圓往來辯論，不落機鋒，然終因一語不契而去。後住靈隱寺，開禧二年請用大覺懷璉故事告老，遂改住明州天童寺。④ 此時德光已逝，師瑞西歸，從而樓鑰的這篇疏文更應是受明州地方政府或鄉里僧眾之托，可見此類公文寫作已成鄉里耆碩的重要職責。觀邀住疏文的結構布局與駢句行文皆與制誥相近，樓鑰以鄉里耆碩的身份與優秀的文筆大大提升了息庵達觀此番改住所獲之禮遇。不過息庵達觀終究與佛照德光一系有所矛盾，與秀岩師瑞情谊深重的樓鑰並没有拒絶此次的疏文寫作，可見士大夫在面對禪林交往時，更多地秉持公務應酬的心態，不太會將自我牽扯進禪林世界的内部糾紛。

　　除了上述高僧大德，樓鑰慶元之後還結識了一位日本僧人俊芿。俊芿並不是禪僧，而是天台宗僧人北峰宗印的法嗣。但他來華問道並不拘禪律台净之别，曾於慶元、嘉泰間從明州如庵師宏律師習律，亦短暫赴徑山向蒙庵元聰問禪。俊芿駐足明州期間，曾持前代著名律師道宣及元照的寫真求樓鑰題贊，樓鑰欣然應允，並特爲撰寫跋語以識此事。樓鑰在跋語中將俊芿視作律宗之僧，或是受到道宣、元照二位律宗大師身份的影響，抑或

---

① 馬亞中、涂小馬《渭南文集校注》卷四十，《退谷雲禪師塔銘》，杭州：浙江古籍出版社，2015 年，第 217～218 頁。
② 樓鑰撰，顧大朋點校《樓鑰集》卷八十二，《雲老住育王疏》，第 1418～1419 頁。
③ 樓鑰撰，顧大朋點校《樓鑰集》卷八十二，《靈隱觀老奉敕住天童疏》，第 1419 頁。
④ 居簡撰，紀雪娟點校《北礀文集：校勘本》卷十，《天童山息庵禪師塔銘》，重慶：西南師範大學出版社，2016 年，第 367～368 頁。

是他知曉俊芿正依如庵了宏習律，故有此一説。① 不過促成樓鑰與俊芿相識的人物還是一位禪僧，據日僧虎觀師煉所撰《元亨釋書》，俊芿先結交了禪師朴翁義銛，義銛先述《不可刹那無此君》相贈，又復寫道宣、元照二師像，並請樓鑰述贊。義銛還明確告訴俊芿，之所以請樓鑰爲贊，就因爲他是當代文宗，明確表達出禪林會主動利用士人之文名的交往心態。②朴翁義銛亦嗣法於佛照德光，俊芿在明州亦可能與佛照德光、秀岩師瑞等有所往來。毫無疑問，朴翁義銛與樓鑰有着深厚的交誼，他善爲詩，後來還俗，恢復了俗家名姓葛天民，常與姜夔、趙師秀等江湖士人唱和，這是他最爲後人熟知的形象。於是乎詩僧才是士大夫退居時最不可或缺的禪僧交遊對象，這些禪僧可能地位不高，却能通過詩歌藝文獲得士大夫的主動相交。義銛之外，北磵居簡與橘洲寶曇也是與樓鑰過從甚密的詩僧。居簡亦嗣法德光，而寶曇的法系雖撲朔迷離，但主流的兩種説法華藏安民與大慧宗杲皆是圓悟克勤的高足③，還是楊岐宗的正派嫡傳。從而無論士大夫再怎麼無心涉足禪林宗派之爭，他的禪林人際網絡終究會或多或少地受到影響。

三、足庵智鑒與樓鑰守喪待闕期間的曹洞宗禪僧的交遊

上文已言，樓鑰淳熙九年（1182）至十四年（1187）守喪待闕時的政治地位較低，不足以像慶元之後那樣廣泛結識當世大德。然而這並不意味着他此時就没有禪僧交遊，他主要與身份不那麼高的禪僧相識相交，賓主關係相對平等單純，也更爲相契。從一定意義上來説，這段時期的禪林交往對樓鑰的地方人際網絡及藝文雅趣的發展起到了更爲深刻的影響。

樓鑰多次明確表示，與他交往最爲深厚的禪僧是足庵智鑒，二人在樓鑰守孝待闕期間頻繁往來。足庵智鑒（1105—1192），滁州全椒人，俗姓吳。初依曹洞宗真歇清了禪師，服持甚謹，然始終未獲超徹。遂於紹興二年（1132）遁於四明山中默參，於次年正月十四夜，深定中豁然開悟。下

---

① 樓鑰撰，顧大朋點校《樓鑰集》卷六十五，《南山律師贊》《靈芝律師贊》，第1156頁。
② 虎觀師煉《元亨釋書》卷十三，日本貞治三年（1364）活字刊本。
③ 詳見朱剛、陳珏《宋代禪僧詩輯考》，上海：復旦大學出版社，2012年，第672頁。

山後與清了法嗣大休宗珏往來機鋒，心甚嘆服，遂自認嗣法於斯。紹興二十四年（1154），首開法席於明州栖真寺，其後歷住定水、廣慧、香山、報恩等寺，足迹不出明州一地。淳熙十一年（1184），以八十高齡住雪竇，直至紹熙三年（1192）示寂。① 從智鑒一生行迹來看，他主要活動的地區是明州，所住禪寺等級並不高，禪林地位相對較低，聲名流傳也僅以明州爲限。樓鑰比智鑒年幼三十二歲，二人却情誼深厚。淳熙十一年，智鑒移住雪竇，帶領僧眾開鑿了一方名爲錦鏡的水池，完成了前郡守莫將在紹興十四年（1144）作出的規劃。智鑒特請樓鑰撰寫記文，以將此勝事告知來者。② 可以想見，在樓鑰當日官位不高且文名未顯的時候，智鑒猶能請樓鑰撰記，除了二人親密的私交以及樓氏家族在明州地區的影響力外，也與智鑒高度認可樓鑰的文筆有關。實際上智鑒本就具備較高的文學鑒識能力，與明州士人的文學互動也相當頻繁，錦鏡之池名便是由著名詩人張良臣所取。張良臣是樓鑰的同年進士，但宦迹不顯，中舉後旋歸四明，日從魏杞、史浩等耆碩國老遊，復與諸禪僧往來吟詠。③ 張良臣之詩尤長於唐人絶句，師法杜牧、李商隱，而欲洗落王安石、黃庭堅以來之怪奇之變。與其吟哦諷詠的禪僧也深受其影響，四明禪僧之詩由蔬筍苦吟稍變爲簡古淡泊，智鑒亦在其列。④ 觀樓鑰除了撰寫《雪竇山錦鏡記》一文外，尚留存《資聖寺》《錦鏡》《妙峰亭》《隱潭》等題詠雪竇山資聖禪寺之詩，當是與智鑒詩歌往來之作。⑤ 從而藝文同好也就是二者交情甚篤的重要原因。

經由足庵智鑒的關係，樓鑰出任中書舍人之前主要交往的禪僧便是曹洞宗法系僧人。由於其時楊岐宗大盛，故而洞下心傳只能獲得地方性影響，智鑒便是典型之例，其所師承的大休宗珏同樣也是如此。儘管樓鑰稱其幼時就聽聞大覺小珏之名，然而無論是大覺之宏智正覺，還是小珏之大休宗珏，影響力皆僅限於四明一隅。大休宗珏因靖康難起而避地補陀巖之

① 樓鑰撰，顧大朋點校《樓鑰集》卷一百十六，《雪竇足庵禪師塔銘》，第 2017～2019 頁。
② 樓鑰撰，顧大朋點校《樓鑰集》卷五十四，《雪竇山錦鏡記》，第 988～989 頁。
③ 周必大《廬陵益國文忠公集》卷五四，《平園續稿》卷一四，《張良臣雪窗集序》，第 510 頁。
④ 袁桷《延祐四明志》卷五，《張良臣傳》，臺北：成文出版社，1983 年，第 347～348 頁。
⑤ 樓鑰撰，顧大朋點校《樓鑰集》卷七，《資聖寺》《錦鏡》《妙峰亭》《隱潭》，第 166 頁、168 頁。

後，便未出明州，歷住廷壽、岳林、香山、雪竇、天童諸寺，法席多在中小禪寺間。此外，圓寂於紹興三十二年（1162）的他，要到三十年後足庵智鑒以臨終遺願托付樓鑰，方獲塔銘之辭①，更能見出其影響力之有限。而智鑒此舉，乃是利用自我人際網絡，推動法脉宗派在地方深入流傳，表現出禪僧與士大夫交往互動的功利一面。類似的行爲亦見於其他明州曹洞宗禪僧。瑞岩寺住持如璧禪師之所以成功請得樓鑰爲石窗法恭禪師撰寫塔銘，就是因爲法恭的從姑嫁給了樓鑰的叔祖。儘管這層關係看似非常疏遠，却足以讓樓鑰少時即與法恭遊②，使得這位宏智正覺的法嗣獲得了來自樓氏家族的宣傳，延續了正覺以三十年天童住持之資在明州地區經營出的影響力。樓鑰更在塔銘中强調曹洞宗至芙蓉道楷而大振，一再傳至宏智正覺，尤光明俊偉，而瑞岩法恭得正覺正傳，卓立杰出，確然自信。③雖是出於姻親而寫之諛詞，却有力地進一步推動了正覺—法恭一系在四明地區的深植。

在樓鑰這一時期圍繞足庵智鑒的禪僧交遊中，名叫老牛智融的僧人最爲特別。智融的家族世居京師，本人以醫入仕，南渡後官至成和郎。然在五十歲時弃官謝妻子，祝髮於靈隱寺。後遍遊諸方，最終駐足於雪竇，尤與智鑒契合無間。智融於禪學似無甚心得，却以善畫聞名，尤以畫牛爲好，是以自號老牛。④禪林頗習以牛設喻説禪，則智融自有借畫言禪之意。樓鑰於淳熙七年、八年間始聞智融時，即是先聞其畫名，並在觀畫之後稱許其爲有道之士。後來樓鑰經由智鑒終與智融謀面定交，往來的媒介亦是畫作。樓鑰曾以長句催智融作畫，智融感於此詩寓理趣於諧謔，當即提筆作歲寒三友相贈⑤，更見書畫藝文在禪僧與士大夫交往互動間的重要作用。紹熙二年（1191），足庵智鑒示寂，侍者道元來臨安請樓鑰撰銘，智融亦修書勸助此事，與智鑒以宗珏塔銘相托風神一致。不過智融還是用了自己的方式，他讓道元一並捎來了自己所畫之《彌勒圖》，同時又遣他人寄來《歸牛圖》一軸，以充潤筆之費。道元有鑒於此，也將自己所藏的

① 樓鑰撰，顧大朋點校《樓鑰集》卷一百十六，《天童大休禪師塔銘》，第 2012~2014 頁。
② 樓鑰撰，顧大朋點校《樓鑰集》卷一百十六，《瑞岩石牕禪師塔銘》，第 2015 頁。
③ 樓鑰撰，顧大朋點校《樓鑰集》卷一百十六，《瑞岩石牕禪師塔銘》，第 2016 頁。
④ 樓鑰撰，顧大朋點校《樓鑰集》卷六十六，《書老牛智融事》，第 1173~1174 頁。
⑤ 樓鑰撰，顧大朋點校《樓鑰集》卷二，《催老融墨戲》，第 37 頁；卷六十六，《書老牛智融事》，第 1173 頁。

兩軸智融畫作《牛溪烟雨》送給了樓鑰。① 可見禪僧在與士大夫的交往中
也會投其所好，不僅爲自我群體的發展提供便利，也對士大夫藝文雅趣的
發展起到了積極作用。不過智融的畫作影響力依然有限，樓鑰之外，同時
人寓目品題過智融畫作的只有四明禪僧北磵居簡②、橘洲寶曇③，浙東當
地文士孫介④，後人寓目者則有明州籍高僧虛堂智愚⑤、四明文人舒岳祥
等⑥，說明智融及其畫作主要在以明州爲中心的地區流傳，進一步表現出
禪林世界强烈的地方化特徵。

四、南宋禪林地方化人際網絡對樓鑰宦遊期間
禪僧交遊的影響

除了兩次長時間的鄉居，樓鑰在宦遊期間也和不少禪僧交遊，深受南
宋禪林地方化人際網絡的影響。《攻媿集》中有一首瞎堂慧遠寫真贊，開
篇云："少識師於柯山之庵，晚見師於靈隱之南。"⑦ 可知樓鑰很早就與高
僧瞎堂慧遠結識。瞎堂慧遠（1103—1176），眉山人，年十三隨其兄從釋
氏，嗣法於圓悟克勤。圓悟克勤去世後出蜀東來，歷住龍蟠壽聖、琅琊開
化、婺州普濟、衢州光孝、天台護國、平江虎丘等寺。乾道六年（1170）
開堂靈隱，賜號佛海禪師，直至淳熙三年（1176）示寂。⑧ 慧遠移住衢州

---

① 樓鑰撰，顧大朋點校《樓鑰集》卷二，《題老融畫牛溪烟雨》，第 53 頁；卷七，《題老融
歸牛圖》，第 181 頁；卷六十五，《題老融畫彌勒》，第 1161 頁；卷六十六，《書老牛智融事》，第
1174 頁。

② 居簡撰，紀雪娟點校《北磵文集：校勘本》卷七，《跋雪竇老融牛軸》《老融散聖畫軸》，
第 206 頁、第 220 頁；《北磵詩集》卷五，《老融牛》《老融放耕圖皇甫都護雁圖》，《宋集珍本叢
刊》第 71 册，北京：線裝書局，2004 年，第 294 頁上、第 295 頁上。

③ 寶曇《橘洲文集》卷三，《題老融鬥牛圖》，《續修四庫全書》，上海：上海古籍出版社，
2002 年，第 76 頁下。

④ 孫應時《燭湖集》附編卷上，《答僧道融惠老融水墨一紙》，《景印文淵閣四庫全書》第
1166 册，上海：上海古籍出版社，1987 年，第 765 頁下。

⑤ 妙源編《虛堂和尚語録》，見《大正新修大藏經》第四十七卷《諸宗部四》，臺北：佛陀
教育基金會出版部，1990 年，第 1040 頁。

⑥ 舒岳祥《閬風集》卷二，《老融墨戲詞》，《景印文淵閣四庫全書》第 1187 册，上海：上
海古籍出版社，1987 年，第 342 頁下。

⑦ 樓鑰撰，顧大朋點校《樓鑰集》卷六十五，《瞎堂遠老贊》，第 1159 頁。

⑧ 周必大撰，王蓉貴、白井順點校《周必大全集》，《廬陵周益國文忠公集》卷四〇，《省
齋文稿》卷四〇，《靈隱佛海禪師遠公塔銘》，第 374～375 頁。

光孝寺時間在紹興二十一年（1151）①，而樓鑰於次年隨侍其父樓璩任西安監鎮來到三衢②，則在十六歲之時便與瞎堂慧遠見面。而他在靈隱重見慧遠，只能是淳熙元年（1174）至三年供職詳定一司敕令所期間。由於樓鑰除了這首暮年所撰的寫真贊之外，並無其他與慧遠交往互動的證明，可以推測他與慧遠的兩次見面更可能是隨行遠觀，而無正式交流。

慧遠之後，樓鑰於添差台州通判任上曾與谷庵景蒙禪師相識。時值淳熙五年秋，谷庵景蒙被旨住台州瑞岩寺，樓鑰爲其撰寫了邀住疏文。③ 景蒙的這次移住得到了再次出任宰相的史浩的推薦。史浩早在紹興年間分教永嘉之時，曾與臨濟宗黃龍派禪僧心聞曇賁相交甚篤。待其罷相里居，曾偶夢曇賁，見其旁有僧名景蒙者。史浩醒後以此夢求問於當時的天童寺住持慈航了樸，驚知天童首座即法號景蒙，招之相談，則恍如夢中所見，其更恰好嗣法於曇賁，遂定下深交。④ 史浩不僅推薦景蒙住持台州瑞岩寺，還於淳熙十四年景蒙圓寂後修書請樓鑰爲其撰銘⑤，則樓鑰與景蒙的交往雖有台州爲官之因緣，但更多的還是有賴鄉里人際網絡之助。

類似的情況也見於與雪庵從瑾禪師的交往上。乾道七年（1171），時知溫州的曾逮得旨重建溫州能仁寺，他推薦雪庵從瑾擔任住持。⑥ 時樓鑰正在溫州教授任上，經常代曾逮撰寫四六公文的他也因此結識從瑾。然而同是心聞曇賁之嗣的從瑾，還是要通過史浩的關係才能與樓鑰發生更爲密切的互動，得以在改住天童寺之時獲得樓鑰撰寫的邀住疏文。⑦ 淳熙十六年（1189）後，從瑾嗣法虛庵懷敞住持天童寺，賴其徒日本僧人千光榮西之助，於慶元年間重建天童山千佛閣，並請奉祠東歸的樓鑰爲記。但樓鑰與他的互動仍然依靠地方人際網絡，樓鑰在記文中不僅提到了從瑾，更將這篇記文的意義定性爲"表吾鄉之勝"⑧，全然將此文的意義定性於承擔

① 正受撰，秦瑜點校《嘉泰普燈録》卷二十三，上海：上海古籍出版社，2014年，第623頁，

② 樓鑰撰，顧大朋點校《樓鑰集》卷七十五，《劉資政游縣學留題》，第1342頁。

③ 樓鑰撰，顧大朋點校《樓鑰集》卷八十二，《智門蒙老住台州瑞岩疏》，第1416頁。

④ 樓鑰撰，顧大朋點校《樓鑰集》卷一百十六，《瑞岩谷庵禪師塔銘》，第2020～2021頁。

⑤ 樓鑰撰，顧大朋點校《樓鑰集》卷一百十六，《瑞岩谷庵禪師塔銘》，第2022頁。

⑥ 曾逮《詔復能仁寺記》，見《全宋文》（第二二三册），上海：上海辭書出版社；合肥：安徽教育出版社，2006年，第347頁。

⑦ 樓鑰撰，顧大朋點校《樓鑰集》卷八十二，《雪庵瑾老住天童疏》，第1417頁。

⑧ 樓鑰撰，顧大朋點校《樓鑰集》卷五十四，《天童山千佛閣記》，第993頁。

鄉邦建設之責任。

更爲典型的禪林地方化人際網絡的例子則見於樓鑰爲塗毒智策禪師撰寫塔銘一事。紹熙三年，徑山寺住持塗毒智策圓寂，門人宗惠爲其料理後事，並請樓鑰爲之撰銘。塗毒智策是臨濟宗黃龍派的高僧，住徑山的時間在淳熙十五年至紹熙三年，而樓鑰淳熙十六年即因温州知州任滿而歸朝，並於紹熙三年入列侍從，獲得大手筆之文名。儘管二人同在臨安時間較長，但樓鑰在面對宗惠之請時竟然驚愕地表示他甚至連智策的面也没有見過。宗惠並没有因此放弃求銘的努力，直到樓鑰慶元元年奉祠東歸後，猶時時貽書以請。最終樓鑰還是念在宗惠與自己是同鄉，方才提筆爲銘①，足見禪僧與士大夫交往中的首重元素還是鄉邦情誼。類似心態也見於智策自己的交遊。儘管他在住持徑山的時候不常和名士賢達來往，但在住持紹興等慈寺及大能仁寺之時，與退居山陰鏡湖的陸游往來寖厚，以至於圓寂之日，陸游爲詩以哭，遥致傷痛之意。② 這不僅可以看出禪僧是主動求友的一方，還能推斷出他們在地方時的主動性遠比在京時强烈，只要所住之地存在退居的重臣名士，他們多不會錯過與其往來。如此看來，儘管南宋時期禪林與政治的聯繫日益緊密，但大多數禪僧還是更爲看重地方性的培養。當然，占據一時要津的禪門宗派還是會有相對强烈的京城政治交遊意識。樓鑰在淳熙八年前後曾上徑山覽勝，爲徑山寺住持別峰寶印賦《遊徑山》一詩，是僅見的早期獲交高僧的案例。③ 別峰寶印乃華藏安民法嗣，華藏安民則與大慧宗杲同出圓悟克勤，故而淳熙七年住持徑山的他④亦是推動楊岐派在南宋中期大盛的重要僧人。結合樓鑰此時新獲轉對資格，在孝宗面前論士大夫風俗事⑤，則楊岐派僧人很可能是將樓鑰視作將要崛起的政壇新秀，從而先行與之結交互動，以備日後往來之便。

---

① 樓鑰撰，顧大朋點校《樓鑰集》卷一百十六，《徑山塗毒禪師塔銘》，第 2012 頁。
② 熙仲《歷朝釋氏資鑒》卷十一，《卍續藏經》第 132 册，臺北：新文豐出版公司，1993年，第 234 頁下。
③ 樓鑰撰，顧大朋點校《樓鑰集》卷七，《遊徑山》，第 164 頁；卷五十四，《徑山興聖萬壽禪寺記》，第 997 頁。
④ 馬亞中、涂小馬《渭南文集校注》卷四十，《別峰禪師塔銘》，第 207 頁。
⑤ 汪聖鐸點校《宋史全文》卷二十七上，北京：中華書局，2016 年，第 2272 頁。

五、禪林盛事與世俗政治的交融：
《徑山興聖萬壽禪寺記》的寫作緣起

上文通過梳理樓鑰不同時期的禪僧交遊，探究了禪僧與士大夫交往互動的重要特徵。結合這些信息，《徑山興聖萬壽禪寺記》的寫作也就可以獲得一定的緣起解釋，其間交織着禪林宗派格局、地方人際網絡以及當朝政治事件等多重機緣。

核心人物佛照德光不僅通過地方人際網絡勸服樓鑰寫作，還憑借自己的禪林聲望使得蒙庵元聰本就必須在四明地區考慮撰記人選。樓鑰在記文中提到："佛照德光自徑山乞歸，依師瑞居育王，更唱迭和，相爲引重，衲子雲集。"① 陸游也有過類似的記載："會育王虛席，朝命師（退谷義雲）補其處。時佛照方居東庵，父子相從，發明臨濟正宗，學者雲集。"② 可見佛照德光在阿育王寺東庵的退居引發了眾多禪僧前來歸附請法，使得四明地區在禪林間的地位大爲提升，直至德光圓寂，一直是當時的禪林聖地。禪林文獻對此有更爲詳細的記載，道燦在《徑山無准禪師行狀》中云："久之，遊四明，依育王瑞秀岩。時佛照禪師居東庵，印空叟分座，法席人物之盛，爲東南第一。如覺無象、康太平、淵清叟、琰浙翁、權孤雲、嵩少林輩皆在焉。"③ 其間提到的諸位禪僧皆是佛照德光的法嗣，而且他們中的大多數在日後得住五山，如空叟宗印、孤雲權相繼住持阿育王寺，浙翁如琰、少林妙嵩則曾出住徑山寺，皆於禪林獨當一面，延續楊岐、大慧之盛。這些禪僧的禪林聲望主要是在隨侍佛照德光於育王東庵之時培育起來的，佛照德光實際上通過身邊的嗣法弟子營建了一個禪僧團體，不僅加深了其法脈在四明地區的流傳，更成爲禪林世界中不可忽視的重要勢力。如此一來，蒙庵元聰突然邀請樓鑰爲重建之徑山寺撰寫記文，還能取得禪林領袖的認可，鞏固徑山寺的地位，在未來引領楊岐派的持續發展。蒙庵元聰本人的問禪經歷呈現出鮮明的包容楊岐諸家之意，他嗣法

---

① 樓鑰撰，顧大朋點校《樓鑰集》卷五十四，《江州普照院記》，第998頁。
② 馬亞中、涂小馬《渭南文集校注》卷四十，《退谷雲禪師塔銘》，第218頁。
③ 黃錦君《道燦全集校注》，《無文印》卷四，《徑山無准禪師行狀》，成都：巴蜀書社，2014年，第157~158頁。

於晦庵慧光禪師，這並不屬於當時盛隆的圓悟克勤一系，而是出於與圓悟克勤同嗣五祖法演的佛眼清遠。元聰徹悟之後一直隨侍慧光，在慧光圓寂後依然拒絕出住，選擇廣泛拜訪楊岐名僧，其間不僅有大慧宗杲法嗣誰庵了演、瞎堂慧遠，亦有虎丘紹隆下二世密庵咸杰、育王端育法嗣水庵師一等圓悟克勤系禪僧，還包括開福道寧下二世復庵可封。當然，佛照德光也在其拜訪之列。① 就禪學修養與人際網絡而言，元聰可謂集五祖法演法脈之大成，隱隱具備了領袖楊岐的基礎。如若再獲得聚於明州的佛照德光法系團體的認可與交誼，那麼與寧宗關係密切，又於慶元三年敕住徑山的他，完全可以接繼大慧宗杲與佛照德光，成爲寧宗朝的一代禪林領袖。

　　除了禪林自身的分派與主盟，政治的動蕩也有重要影響。大多數情況下，南宋禪林的核心空間是臨安，與帝王及重臣密切互動的徑山、靈隱、净慈三寺住持才是一代禪林領袖。當一時領袖由於種種原因退居地方後，京城自會有新的禪僧接續其責，如佛照德光這樣雖退居地方却猶能領袖禪林十年的現象相當罕見。這主要緣於慶元元年到嘉泰三年這十年完全處於“慶元黨禁”之中，朝堂政柄被韓侂胄獨攬，位居要津者多是向韓氏溜鬚拍馬之輩，絕大多數深獲士林清譽的士大夫則退居地方，既包括道學型士人，也存在大量的與道學無甚聯繫的館閣翰苑之士。這樣一來，在京禪僧很難像之前那樣結交到大量的顯宦名流，從而也就無法借助他們傳播與鞏固自我聲望，反倒是住持地方的禪僧能交往到更多的盛名之士。除此之外，這十年間的當朝給舍其實也不被士林認可爲玉堂金閨之英，難獲大手筆之譽，京城禪院欲借塵世妙筆一助名望的話，只能更多地尋覓退居地方的舊日詞臣或名宦。除此之外，蒙庵元聰與士大夫交遊的經歷也深刻影響着他在慶元黨禁中的因應。元聰對於自己的住持生涯有很強的規劃，他經常拒絕地方官員的邀住之請，連一時之名流俊彦如留正、尤袤、丘崈等都曾失敗。但是趙汝愚在紹熙三年入京任吏部尚書之際，以隱静寺招其入住，便獲得了元聰的欣然從命。② 這或許與二者同爲福建人有關，但至少可以説明他與趙汝愚保持了相對親密的私交。發動慶元黨禁並將趙汝愚貶死嶺南的韓侂胄及其黨羽自然不會獲得來自蒙庵元聰的青睞。在慶元元年

① 衛涇《後樂集》卷十八，《徑山蒙庵佛智禪師塔銘》，第 736 頁上。
② 衛涇《後樂集》卷十八，《徑山蒙庵佛智禪師塔銘》，第 736 頁下。

的時候，元聰還應允了福州知州詹體仁的雪峰寺住持之請。觀詹體仁占籍福建浦城，亦於黨禁開始時遭劾退居，則元聰偏好交往同鄉士人並親近慶元黨禁間遭貶士大夫的人際網絡特徵也就更爲明顯了。

　　因此，當蒙庵元聰於嘉泰二年完成徑山寺的重建工程後，他完全不會請當朝翰苑之臣爲其撰寫記文。然而其時距慶元元年黨禁之始已近十年，當初被逐出京城的道學大家或翰苑名臣大多已經不在人世，樓鑰是僅存的幾位紹熙重臣之一。再加之明州又在佛照德光的影響下成爲當時的禪林中心，於是無論在禪林還是士林，樓鑰都擁有極爲便利的人脉，其實是最佳的作記人選。這篇南宋士大夫的禪林書寫文字也就彙集了多方元素於一身，不僅相對全面地承載了南宋禪林與士大夫在交往互動中的種種特徵，也很好地展示了付諸實踐時的相應樣態。

詩書不墜：元初西秦張氏家族與江南文壇[*]

石勖言

河北師範大學文學院

摘　要：西秦張氏爲南宋著名文學家族，宋元易代之際一度陷入困頓，但仍在相當一段時期內出現了一批有成就的文人。一方面，依托於祖傳園林產業，張氏家族開展宴游集會，顯示出元初士人生活與精神場域的內轉傾向，表現出向家庭、內聖之學以及文藝回歸的特徵。另一方面，以家族背景及文學活動爲媒介，張氏族人綰結起與士大夫的社會關係網，堅守了自身的文壇地位。以張氏爲代表的元初故家的存在，既爲士人階層維繫了文化歸屬感，又在文壇失重的時代部分地承擔了維持文學社會運轉的功能。

關鍵詞：西秦張氏　張模　張炎　元代文學　故家

十三世紀後期的宋元易代是對江南社會造成深重影響的大事件，南宋精英階層的世家大族遭受了經濟與文化的雙重打擊。然而，經歷風雨飄搖之後，一部分故家頑强地綿續生息，在新朝仍有新的發展，以文學知名的杭州西秦張氏家族是其中一個典型案例。西秦張氏肇始於南宋中興四將之一的張俊，在南宋一代由武轉文，富貴豪侈，作者輩出，尤於張鎡時達到鼎盛。入元後，張氏文脉不絶，見於記載的便有詞人張炎、詩人張模以及張桂、張淦、張國器、張焴、張烈、張坰、張垚等人，在江浙文壇上仍是

　　* 本文爲河北師範大學人文社會科學基金項目"元代江浙文學群體生態研究"（S20B005）階段性成果。

不可忽視的一個群體。學界對於張氏家族已給予相當關注，但主要偏重於南宋時段，且多爲對張鎡、張炎等個別人物的專題研究。① 至於张氏家族在元代前期的生存境遇與傳承情況，尚有諸多細節值得探討。借由對張氏家庭文學生活的討論，我們也可進一步認識元代前期文學史的一些重要問題，如南宋舊勢力是如何逐步融入元代文學世界的？作爲一個階層的"故家大族"存在於元初江南文壇內，又具有怎樣的社會意義？關於元代地域文學格局的宏觀性研究，近年來學界創獲不斷，討論涉及南北各地文人群體的交融、平衡、遷移、風氣轉換等諸多議題②，本文則試圖從家族這一具體而微的視角切入，來爲以上宏觀論述填充些許材料。

一、世變下的家族遭遇

世家大族乃依附於特定的政權體制而存在、繁興。儘管元朝滅宋戰爭給江南地區帶來的直接破壞並不太嚴重，原有經濟格局、社會秩序大體得以維持，但政治格局的傾覆使簪纓閥閱淪爲庶民，故家大族的運轉遂隨之面臨困境。③ 正如杭州人鄧文原所說："余嘗俯仰二十年間，豪家右族，或泣王孫，或降皂隸。"④ 西秦張氏也同樣遭受了重大的打擊，其中張濡（張炎祖父）因鎮守獨松關時誤斬元朝行人，國亡後被處以磔刑，家貲抄没，最爲慘重，其他宗支也明顯衰落。⑤ 在張氏諸人的傳記資料中，往往可見關於敗落的表述。例如時人描述張炎："垂及强仕，喪其行資，則既

---

① 學界對張鎡、張炎等的專人研究較多，基於家族文學視角的有代表性的研究則有張劍、呂肖奐、周揚波《宋代家族與文學研究》第八章"文學流派篇：西秦張氏與格律詞派"，北京：中國社會科學出版社，2009 年，第 220～228 頁；張明强《宋代成紀張氏家庭與文學研究》，廣西大學碩士學位論文，2011 年，第 11～28 頁。

② 較新的成果可參見邱江寧《元代文人群體的地理分布與文學格局》，北京：中華書局，2021 年。

③ 總體性的研究可參見劉曉《元朝的家庭、家族與社會》第二章第一節"元代家族的地域分布特點及其成因"，中國社會科學院博士學位論文，1998 年，第 14～18 頁。

④ 鄧文原《故宋登仕郎李君墓志銘》，羅琴整理《鄧文原集》，杭州：浙江人民美術出版社，2016 年，第 22～25 頁。

⑤ 王善軍《驟貴者必暴富：南宋武將家族的經濟勢力：成紀張氏個案考察》，《南國學術》2018 年第 4 期，第 591～609 頁。

牢落偃蹇。"① "社稷變置，凌烟廢墮，落魄縱飲。"② 張桂則 "久謝場屋" 而 "嘆其白首滯留之不遇"③。張模則 "間關多難，度無所展用，始肆意於詩。間之山水窮絶處，吟哦忘日夕，詩浸有聲，而家事落矣。"④

家族成員的不幸各有不同。張炎爲張濡的直系孫輩，由於家産被籍没，在族人中尤爲落魄，後半生飄零四方。張模一房則在宋末已有衰落的迹象，其行狀寫道："翊郎蓄學弗售，而先生不事産業基址，日益以貧。"⑤ 翊郎即張模之父張洤，未曾出仕，僅有一個九品的武階。而張模對治生也不感興趣，家庭經濟每况愈下。易代之後，他在《贈侄孫垚》中形容生活的困窘："我昔陋巷居，親友迹幾斷。晨興甑有塵，夕寐衣掩骭。"⑥ 世變之際，各宗支自顧不暇，使張模面臨孤立無援的境地。張炎對此也有深切的體會，他曾對戴表元説："吾之來，本投所賢，賢者貧。依所知，知者死。雖少有遇，而無以寧吾居，吾不得已違之，吾豈樂爲此哉？"説完露出了十分沮喪的神色。⑦ 張炎、張模兩人當時在詞壇、詩壇各自擁有很高的名望，尚且難以從家族中受到援助蔭庇⑧，可推知其時張氏一族遭遇的整體境况何如了。

爲了擺脱艱困狀况，族人百般尋求治生之法，其中一條主要的出路是做教師。教師是元初許多士人的治生選擇，與張氏一族來往的著名文士中，同時也在杭州一帶教學的就有鄧文原、白珽、陳康祖、牟應龍、戴表元等人，張氏子孫亦莫能外。張模先是在自己的學古齋中教授學徒，來者

---

① 戴表元《送張叔夏西遊序》，李軍、辛夢霞校點《戴表元集》，長春：吉林文史出版社，2008 年，第 179 頁。

② 舒岳祥《贈玉田序》，張炎著、吳則虞校輯《山中白雲詞》，北京：中華書局，1983 年，第 165 頁。

③ 牟巘《張竹山文稿序》，《陵陽集》卷一三，《叢書集成續編》影印吳興叢書本，臺北：新文豐出版公司，1988 年，第 691 頁。

④ 牟巘《張仲實詩稿序》，《陵陽集》卷一二，第 681 頁。

⑤ 王沂《張君仲實行述》，《伊濱集》卷二四，《景印文淵閣四庫全書》第 1208 册，臺北：臺灣商務印書館，1986 年，第 593 頁。

⑥ 楊鐮主編《全元詩》第 19 册，北京：中華書局，2013 年，第 352 頁。

⑦ 戴表元《送張叔夏西遊序》，《戴表元集》，第 179 頁。

⑧ 研究者還注意到張炎與張模兩叔侄間也没有相互往來的記載，楊海明認爲乃張模有所避嫌之故，邱鳴皋、孫虹持不同意見。參見孫虹、胡慧聰《張炎與袁易交遊詞編年考述——兼論遊吳時交往的學官群體》一文的總結，《詞學》第三十五輯，上海：華東師範大學出版社，2016 年，第 87~88 頁。

頗多，爲了容納更多的學生，後來不得不另辟一所便齋。① 由於士人在擇師時也需考慮門第的社會心理②，其門下學生也以公卿子弟爲主。張楑在自家宅中開軒授徒，相較於白珽等友人那樣的客寓教館，條件與地位都好得多。除了私家教師，士人還可能充當各級儒學的教官。不少元初江南士人都曾經歷過由塾師到學官的過程，部分人由此進入仕途。教官職等低微，前途狹窄，所授不過呫嗶之學，士人接受教官之職是爲了取得薪俸養家餬口，實際上與私家教師並無本質差別。如學官史德甫説："官於學者，大將以行其道，而今莫之行也；次將以行其志，而又莫之行也。吾有先人敝廬一區，有負郭田二頃，則不爲是行矣。"③ 張楑後來即出任杭州、江陰、宜興、平江等地學官，"轉徙郡文學二十餘年"。他曾借用謝靈運的詩句自嘲道："力耕弱不任，干禄窮所迫。"④ 這類牢騷在元初江南學官群體中相當普遍，但舍此之外，實在缺少更理想的謀生方式，因此後來張楑的族侄張烈也成了學正⑤，族孫張垚則出任宜興州教授。在授徒以外，張氏子孫也以其他手段謀生，如張炎在流落生涯中一邊依賴周濟，一邊賣卜。在鄞縣賣卜時，與袁桷等人交遊，後來欲西歸時，似乎連川資也湊不齊，不得不由袁桷出面爲他募化。⑥

世變之際，不少家族都因動亂等原因而顛覆。與張氏交遊的周密便失去了湖州故居，後半生投靠杭州楊氏妻族生活。方回在贈張楑的詩中也寫道："酒朋詩友遍人寰，大半雕零喪亂間。"⑦ 相對來説，和那些徹底衰敗的世族相比，西秦張氏家族艱難地捱過了動蕩年月，頑强地延續了下來，後來歸然成爲杭州城裏僅存的人物齊整的故家。戴表元《喬木亭記》云：

① 牟巘《君子軒記》，《陵陽集》卷九，第 662 頁。

② 見任士林《張仲實教授宜興叙》，李修生主編《全元文》第 18 冊，南京：江蘇古籍出版社，1998－2005 年，第 342 頁。當時，牟巘爲諸孫延聘請塾師史德載時，便有意强調其"而況門閥高，指不屈第二"（《陵陽集》卷二《次史德載韻示諸孫》），也是同樣社會習慣的表現。

③ 陸文圭《送史德甫序》，《牆東類稿》卷五，元人文集珍本叢刊影印常州先哲遺書本，臺北：新文豐出版公司，1985 年，第 541 頁。

④ 張楑《贈湯師言》，《全元詩》第 19 冊，第 351 頁。

⑤ 戴表元《張景忠學正之平江》，《戴表元集》，第 465 頁。

⑥ 袁桷《張玉田歸杭疏》，楊亮校注《袁桷集校注》，北京：中華書局，2012 年，第 1766 頁。

⑦ 方回《寓杭久無詩，長至後偶賦懷歸五首，呈仁近仲實》，《桐江續集》卷十二，《景印文淵閣四庫全書》第 1193 冊，臺北：臺灣商務印書館，1986 年，第 357 頁。

余兒童遊杭，見清河之張方盛。往來軒從，騶蓋填擁，歲時會合，鳴鐘疊鼓，笙絲磬築相燕樂。飛樓迭榭，東西跨構，累累然無閒壤。豈惟清河，雖它貴族，蓋莫不然。如此不數十年，重來杭，睹宮室衣冠，皆非舊物。他族亦皆湮微播徙殆盡，而惟清河之張猶存。[①]

牟巘《題西秦張氏世譜後》云：

近歲名門華閥，凋落居多，惟張氏克持其世，詩書不墜。[②]

袁桷《書張仲實家譜後》云：

自渡江來，承賜者亡幾，其所立廟，率毀於火，或撤去不復立，而獨張忠烈王故廟易代猶無恙。方承平時，張氏族號最盛，散處都邑。其房院稱號，各以數目爲別。歲時烝嘗，男女長幼，悉列廟下，而復擇宗子以主祀。傳於今，其法蓋未墜也。[③]

碩果僅存的張氏家族在元人看來很有文化意義，宛如宋朝遺澤不絕的象徵。而對家族內部人員來說，個中滋味則更加複雜。張炎的《思佳客·題周草窗武林舊事》下半闋云：

今古事，古今嗟。西湖流水響琵琶，銅駝烟雨栖芳草，休向江南問故家。

與"休問"相對的事實是，張炎與周密都是"江南故家"的後裔，這裏"問"的對象其實就包含自己。周密在《武林舊事》序言中說："追想昔遊，殆如夢寐，而感慨系之矣。歲時檀欒，酒酣耳熱，時爲小兒女戲道一二，未必不反以爲誇言欺我也……懼終於不暇紀載，因摭大概，雜然書之。"[④] 故家子孫深深焦慮於下一代人淡忘他們曾擁有的繁華春夢，因此會感到保存記憶、訪問遺老的緊迫性，他們自己就是歷史的見證者，他們渴望被詢問。

---

① 戴表元《喬木亭記》，《戴表元集》，第 16～17 頁。
② 牟巘《題西秦張氏世譜後》，《陵陽集》卷十六，第 711 頁。
③ 袁桷《書張仲實家譜後》，《袁桷集校注》，第 2096 頁。
④ 周密著，李小龍、趙銳評注《武林舊事》，北京：中華書局，2007 年，第 1 頁。

二、回嚮內部世界：家族、園林、學術、文藝

張氏家族最爲人稱道的家史，是其園林遊宴的富貴風流。成書於端平二年（1235）的《都城紀事》的《園苑》一門列舉了臨安的庭園建築一共46處，大部分是御園、寺觀園苑，私家園苑中，張府和楊府各有 5 處，是杭州城內擁有園林地產最多的兩大家族。[①] 到了宋末，據《武林舊事·湖山勝概》記載，張府仍有眞珠園、迎光樓等產業。[②] 南宋時期，特別是張鎡一代，張氏園林宴遊極盛，席上嘉賓包括陸游、楊萬里、姜夔、孫季信等知名文士，其排場載於《齊東野語》《武林舊事》等書者班班可考。而到世變之際，張氏家族的產業遭遇重創。由於文獻無徵，其具體經過難以還原，但可知的基本事實是，張炎一支的家產被抄沒，張模也一度幾乎失去居所。張炎《臺城路·歸杭》即寫到園林殘破的景象：

> 閉門休嘆故苑。杖藜遊冶處，蕭艾都遍。[③]

據楊海明先生考訂，張炎一支大約繼承的是張鎡的南湖府第，而張模一支住在清河坊舊第。[④] 從元初到元中期，先後有龔開、楊載、鄭元祐三位詩人寫過題爲《古牆行》的同題作品，歌詠張府舊第。最早的龔詩已不存，唯見鄭元祐《古牆行》序提及：

> 向年淮陰龔聖予與菊存交厚，見王府環牆猶堅完，知其版築時取土於南山，其用意遠矣。爲賦《古牆行》，其詞於王多所褒美。[⑤]

其中"菊存"即張模。龔開在元初長期客寓杭州，他見到的張府還保

---

① 耐得翁《都城紀勝·園苑》，上海師範大學古籍整理研究所《全宋筆記》第八編第五册，鄭州：大象出版社，2017 年，第 16~17 頁。按，另有環碧園一處，《都城紀勝》未標業主，然據《武林舊事》可知此園當時已歸楊氏，故楊氏園林應爲六處。

② 周密《武林舊事》，第 125、140 頁。王善軍先生整理了張氏家族在整個江南地區的產業情況，見《驟貴者必暴富：南宋武將家族的經濟勢力：成紀張氏個案考察》，《南國學術》2018年第 4 期，第 591~609 頁。

③ 張炎《山中白雲詞》，第 151 頁。

④ 楊海明《唐宋詞風格論·張炎詞研究》，鎮江：江蘇大學出版社，2010 年，第 192~193頁。

⑤ 鄭元祐《古牆行》，徐永明校點《鄭元祐集》，杭州：浙江大學出版社，2010 年，第 26頁。

留着相對完好的牆垣。而到了楊載《古牆行》，則描寫了牆內的殘破景象：

> 建炎白馬南渡時，循王以身佩安危。疏恩治第壯與衛，縮板裁幹
> 繇偏裨。下鍤江城但沙鹵，往夷赤山取焦土。帳前親兵力如虎，一日
> 連雲興百堵。引錐試之鐵石堅，長城在此勢屹然。上功幕府分金錢，
> 讙聲如雷動地傳。爾來瞬息逾百年，高崖爲谷驚推遷。華堂寂寞散文
> 礎，喬木慘淡栖寒烟。我入荒園訪遺古，所見惟存丈尋許。廢壞終嗟
> 麋鹿遊，飄零不記商羊舞，主孫欲言泪如雨。爲言王孫毋自苦，子孫
> 再世驤門户。英公尚及觀房杜，如君百不一二數。人生富貴當自取。
> 況有長才文甚武。公侯之後必復初，好把家聲繼其祖。①

龔開卒於大德十一年，楊載是龔開的晚輩，但大德年間已嶄露頭角，並且也與張模結交，詩中贈言的對象很可能就是張模。兩人的同題詩作雖不能必言是同時所爲，大約也相去不遠。龔開所見到的王府環牆猶堅完，楊載見到的却是荒園，這應該不是因爲張宅在這幾年間迅速衰敗，而是因爲兩人所詠的側面不同。而鄭元祐曾時隔五十年兩度造訪張府，留下了歷史性的記録，茲再引其《古牆行》序：

> 某童時侍先人到杭，訪諸故家。其數至，則循王府也。府在省西
> 天井巷，其北則油車巷也。宋諸王子孫居之者如蜂房，其家粗完，則
> 月潤先生也。先生諱栱，與菊存先生兄弟行。先人言論孤峭，尊俎間
> 每謂循王功名去韓、岳遠甚，特與高宗意合，故享富貴壽考耳。其昆
> 季每聞先人抗論，往往引去。今幾五十年，杭故家掃地盡矣，而循王
> 府亦爲江浙省官署。②

文中所謂"諸王子孫"當亦包括循王子孫在内，清河坊當時應該仍是比族聚居，不少故家子弟的居處條件十分逼仄。如鄭元祐所言，張氏家族徹底没落於元朝中期，其産業在入元幾十年後終於不保。張府之逐漸滅没並非孤例，在元朝前期，杭州許多私家園苑都被陸續售予佛寺道觀等機構，例如開元宮曾購買駙馬楊氏園苑，福神觀購買黃山橋楊氏故園，龍翔

---

① 楊載《古牆行》，《翰林楊仲弘詩集》卷五，《四部叢刊》影印嘉靖刻本，上海：商務印書館，1929 年。
② 鄭元祐《古牆行》，《鄭元祐集》，第 26 頁。

宮購楊和王府宅基①，等等。有一位南來的北方低級官員在杭州購買了兩所宅院，"一故韓府，一故楊府"②。行省爲桑哥等人立德政碑，竟從楊和王墳園中征用坐石。③ 凡此種種，皆可見故家實力之凋零，至元代中後期，他們漸漸在歷史上銷聲匿迹。

但是，衰落的趨勢並不是直綫式的。江南局面穩定以後，世家子弟也曾努力恢復生業，情形一度有振興的迹象，這一迹象發生在至元末至大德年間。僅大德二年（1298）一年中，有記載的張氏家族在園林裏舉辦的宴遊就有三次，分別稱作牡丹燕席、學古齋唱和、張園玩月，東道主分別是張國器和張模。④ 戴表元《牡丹燕席詩序》云：

> 大德戊戌春，功父諸孫之賢而文者國器甫復尋墜典，自天目山致名本牡丹百餘歸第中，以三月九日大享客。瓶罍設張，屏筵絢輝，衣冠之華，詼諧之歡，咸曰："自多事以來，所未易有是樂也，不可以無述。"⑤

之所以稱爲"復尋墜典"，是因爲張鎡在世時曾舉辦豪奢的牡丹會。⑥ 從戴表元所記的排場可見，張國器一房此時具有相當的財力，賓主們咸稱這等規模的遊宴是世變以後二十年來所未有。另一條可以比對的材料是，次年（1299）春在牟巘夫人的壽誕上，戴表元再次寫道："咸以爲是事兵革以來，衣冠閥閱之所無有。"⑦ 可以推測，經過二十年的休養，故家的經濟得到了一定程度的恢復，足以重拾舊日的榮光。張模的園林，照戴表元的描寫是："湖溝隨市轉，亭樹與城齊。杯酒方花下，扁舟又水西。"⑧

---

① 任士林《杭州路開元宮碑銘》，《全元文》第 18 册，第 442 頁。鄧文原《杭州福神觀記》，《鄧文原集》，第 236～238 頁。楊維楨《杭州龍翔宮重建碑》，《全元文》第 42 册，第 36～38 頁。

② 方回《皇甫巨川父年八十八母年八十四詩序》，《桐江續集》卷三三，第 680 頁。

③ 陶宗儀《南村輟耕録》，北京：中華書局，1959 年，第 278 頁。

④ 其中《張氏學古齋唱和詩序》一篇文中未署年月，但參與者與張園玩月、城東倡和者爲同一批人，據此可推斷爲大德二年。參崔倩《宋元之際臨安文人倡和活動研究》，浙江大學碩士學位論文，2009 年，第 112～115 頁。

⑤ 戴表元《牡丹燕席詩序》，《戴表元集》，第 136～137 頁。

⑥ 周密著、張茂鵬點校《齊東野語》卷二十《張功甫豪侈》，北京：中華書局，1983 年，第 374 頁。

⑦ 戴表元《陵陽牟氏壽席詩序》，《戴表元集》，第 140 頁。

⑧ 戴表元《蘇伯清席中領張仲賓所寄二詩兼聞陳無逸已從湘南官滿歸養喜而有答仍次來韻》，《戴表元集》，第 427 頁。

顯得非常適意。

　　園林屬於私人領域，故庭園文學向來帶有私密、獨立之色彩。而元代初期，江南士大夫家族與朝堂政治的關聯被迫切斷，他們經世致用的空間被大大壓縮，於是家族園林便不再僅僅充當退朝之餘憩息身心的"中隱"之所，反而成爲族人主要的活動空間。世族子弟在向家庭回歸的路上伴隨着苦悶的哀嗟，戴表元的《喬木亭記》就爲張槃畫了一幅這樣的寫真：

　　　　余嘗登所謂喬木亭而喜之，風烟蔽遮，林樾清凑。美乎哉！其可以庶幾古之故國喬木者乎？主人對余而嘆曰："嗟乎！吾喬木乎？是亭者，幾不爲吾有，吾幸而復得之。吾生於忠烈之家，自吾之先，未嘗無尺寸之禄。當其時，出而逸遊，入而恬居，耳目之於靡曼妖冶，心體之於芬華安燕，固未嘗知有喬木之樂也。自吾食貧，不免於寒暑飢渴之患。吾之處世不待倦而休，涉事不待困而悔，日夜謀所以居吾躬者百方，欲復疇昔之仿佛不可得，時時無以寄吾足，騁吾心。則瞰好風景佳時，取古聖賢之遺言，就喬木之傍而諷之。其初不過物與意會，久而覺其境之可以舒吾憂也。爲之徘徊，爲之偃息，爲之流連，不忍舍去。故倦則倚喬木而憩，悶則扣喬木而歌，沐則晞髮於喬木之風，卧則曲肱於喬木之陰。行止坐卧，起居動靜，無一事不與喬木相爾汝。蓋吾昔也，無求於喬木，而今者，知喬木之不可一日與吾疏也。吾是以必復而有之。"①

　　這是一篇由隱喻組成的文章。"喬木"的符號指向是不言而喻的。"望豐屋知名家，觀喬木知舊都"，張槃這一園林景觀同時涵攝了世家與故國的象徵。當故國飄零，喬木的價值才凸顯出來，令人纏綿眷戀。通過"喬木亭"這一巧妙的構造，張槃把天下移植到家庭之中。此處的喬木與其説是指南宋政權，不如説更重要地指文化上的故國。"行止坐卧，起居動靜，無一事不與喬木相爾汝"，無形中挪用了理學話語裏對於"道"的"顛沛必於是，造次必於是"的言説。張槃確實在理學家的用舍行藏、處窮樂道那裏獲得了精神資源，而另一方面，龐大而綿延的張氏家族，更加實實在在地給予了子孫以歸屬感，家族在這裏既是實體也是符號。

————————————

　　①　戴表元《喬木亭記》，《戴表元集》，第16～17頁。

元代江南士人普遍對宋朝故家寄寓着很多懷舊情緒①，從某種意義上説，正因爲張氏家族在元代失去了貴族地位（幾乎無人獲得官爵），相比於投降元朝得官的吕（文焕）、王（積翁）等故宋文武官員家族，以及乘勢興起的朱（清）氏、張（瑄）氏、瞿（霆發）氏等新朝貴族，它才更成爲前朝的象徵。方回、鮮于樞曾造訪張鎔、張鎬昆弟的園池，有詩云："園林花木初容見，家世衣冠便可知……孝友門闌佳子弟，承平人物舊湖山。"② 詩人於此捕捉到一個天然的主客體平行結構：人物是前朝的遺民，園林也是故國山水的遺存，兩者相互呼應又相互印證。既然故國可以凝存於家庭園林之中，這一象徵性的思維方式也就暗伏了故家子弟在精神上"回到家族"的可能，他們的文化生活和精神世界發生着朝向私人領域、朝向内心的轉折。

在文人對家族園林的描述中，他們常常强調園林與世隔絶的特性，常見手法是用聲音來體現。戴表元寫張楧的學古齋云："三吴之州，莫大於杭……通衢廣陌，行如附車輪而與之上下，坐如聞江潮澎湃之聲。竊意雖有董仲舒、揚子雲，難於攻苦寂寞，而守其淵深之思焉。州域之西南，余友人西秦張仲實居之。入其門，庭除静修，草樹深鬱，儼然山人處士之宅。"③ 張楧的另一處居所君子軒也是如此："圃在杭廛闤闠中，略無囂聲，深垣窈徑，芳林遠榭，居然令人有山谷意。"④ 家族庭園宛如自由王國，爲士人提供了文化生活的良好空間，而士人文化生活的主要内容便是學術與文藝。

這一時期，世家子弟在家庭内部所講習的學問缺乏經世致用的可能性，故而特别傾向於發揮儒學中内聖的一面。牟巘《學古齋箴》述張楧云：

> 仲實方念自弛，使函溉埽，老屋數椽，環以華竹，日挾二子開卷其間，唔咿聲徹户外，鏘如鸞鵠，學子欣然乃皆來集如其初。講肄之

① 參見申萬里《理想、尊嚴與生存掙扎：元代江南士人與社會綜合研究》第一章第二節"同情與憤怒：元代江南士人對先賢後裔的關注和對社會現實的批評"，北京：中華書局，2012年，第28～38頁。

② 方回《同伯幾過張子范子周兄弟園池（鎔、鎬）》，《桐江續集》卷一四，第385頁。張鎔、張鎬昆弟名字從金，可能是西秦張氏族人，與張鎡同輩。

③ 戴表元《學古齋記》，《戴表元集》，第31～32頁。

④ 戴表元《八月十六日張園玩月詩序》，《戴表元集》，第137頁。

暇，俯仰千載，嘯歌一室，自樂其樂……夫世有古今，學無古今，一人己之分，霄壤懸絕，此乃聖師吃緊爲人語。然施之教學之室，則幾若教人者之爲爲人，而爲己者之私爲己，予疑焉。仲實曰："今將使教者以爲己之心爲人，學者以爲人之心爲己，若何？"余曰然。①

牟巘在這裏和張模打趣，但是足可看出當時士人對於"爲己之心"的重視。張模以詩文知名，但其實志向並不止於此，牟巘常因世人僅知其詩不知其學而引以爲憾。我們今天只知道張模做過《尚書》的講義，尊朱子，似乎未成家。② 但可知其學習勤苦，與鄧文原朝夕相勖以義理之學有十年之久，以此自足。鄧文原第一次出仕時，張模本來也有機會出仕，但他以雙親在堂且自己不是矯名之人爲理由而謝絕。③ 其不求聞達，不願委身於卑職，寧可在聖經賢傳中獲取內心的安頓，背後也有着家風的勉勵，他在詩中坦言振興家族的志氣：

> 蕭條讀書屋，寒宵燭爲伴。探道猶涉海，鯨波洶天半。稍遠神遂疲，既久習乃慣。歲月不復計，忽爾舟抵岸。颯颯風聲悲，凜凜霜華粲。所期喬木陰，崢嶸拂霄漢。④

學術以外，家族內的詩文活動也很活躍。元初人往往觀察到世變之後許多士人始得用意於詩的現象，張氏子弟也是典型的例子。故家大族擁有的園林宅院提供了理想的寫作環境，並且故家子弟因閥閱顯赫而交遊廣泛，賓從雜遝，得以頻繁舉辦文人聚會。庭園的半封閉環境適宜於幽微、閑適、纖巧詩境的結成，又適宜於親切情緒的直陳發抒。在張氏園林文人既可以縱情地悲感，也可以放肆地狂歡。如方回在張宅的一次宴會上寫道：

> 兵甲更多難，桑榆迫暮年。孰能容此老，猶得並諸賢。空闊瞻喬木，推移嘆逝川。醉鄉春有路，暫覺异寒天。⑤

詩裏的情緒使人想到至元二十三年（1286）在楊氏池堂那場著名的被

---

① 牟巘《學古齋箴》，《陵陽集》卷七，第 648 頁。
② 牟巘《書尚書講義後》，《陵陽集》卷一七，第 718～719 頁。
③ 戴表元《學古齋記》，《戴表元集》，第 31～32 頁。
④ 張模《贈侄孫垚》，《全元詩》第 19 冊，第 352 頁。
⑤ 方回《會張仲實宅得天字》，《桐江續集》卷十，第 335 頁。

不少學者視爲遺民集體行動的宴集①，傷感情緒在同人之間得以傳遞。而在另一次中秋節的賞月宴會上，我們則看到了文人狂歌痛飲的場面：

> 歌情天水遙，坐影入樹密。嗔醒有微酒，徵詩或呼筆。仲容歡入林，懷祖嬌在膝。初猶整裘褐，久乃忘冠櫛。趨鏘翻奕盤，笑傲驚帳室。寧來共喧呶，不許私暇逸。蟄蟄復擾擾，醉態不可一。情知此月下，此樂世無匹。②

方回在至元二十四年（1287）作於張垌（張榘族孫）家的《小飲張季野宅分韻得張字》一詩則寫出一種避世感，中有三聯寫道：

> 華屋舊公孫，燕室書畫香。娛琴適情性，悟碁知興亡。萬事不掛口，逍遙參蒙莊。③

這幾句詩也體現了詩情、詩境向私人領域傾斜的特徵，再現的空間精巧而狹小，情緒被幾樣玩器承擔、消解。但是這首詩告訴讀者的信息不止於此，從詩序與詩句中可見，當時杭州正值洪澇災害，當天早些時候，方回與張垌、仇遠、屠約四人才在禮部尚書劉宣府上同行省參政史弼商討救荒之策。士大夫的憂時濟世之心終究難以徹底釋懷。"竊虞水投石，徒用熱中腸。不如歸去來，滌悶尋杯觴。平生濟物心，已弛不復張。""時艱近至此，盜賊將披猖。一醉豈易得，悲歌成短章。"④ 對於眼前政事的無能爲力，何嘗不是士大夫整體境遇的象喻？私宅的雅趣正是文人的遁逃藪，在本詩裏體現得淋漓盡致。

三、由家族縮結的文人社群及其文壇地位

作爲南宋故都的杭州，易代過後繁榮不減，仍爲文獻薈萃之地，因此，居於杭州的張氏家族有便利的條件與江南各地的名士結交。此外，張氏一族在南宋的養士之風也是元朝的族人津津樂道的家史。方回稱"（張

---

① 戴表元《楊氏池堂燕集詩序》，《戴表元集》，第 135~136 頁。
② 戴表元《八月十六張園玩月得一字》，《戴表元集》，第 380 頁。
③ 方回《小飲張季野宅分韻得張字並序》，《桐江續集》卷一三，第 376 頁。
④ 方回《小飲張季野宅分韻得張字並序》，《桐江續集》卷一三，第 376 頁。

橫）家世喜與名人文士交，而仲實諸友數十人皆湖海勝絕"①。"湖海勝絕"主要指與張氏家族社會階層、文化背景相類的文人士大夫。僅以有記錄的元初張氏家族舉行的人數最多的一次宴遊即學古齋唱和爲例，據牟巘記載，此番除東道主外與會者共十四人：戴表元、王芝、周性之、鄔願學、白珽、戴天錫、屠約、陳康祖、顧文琛、王潤之、丘良卿、凌德甫、張烜、張烈，另有牟巘事後追和。簡單地考察諸人的家世與文化背景，便可知他們都來自身份地位、文化背景相近的一個士大夫集團。其中戴表元是前朝進士，此時在杭州坐館，後來出任學官。王芝是杭州著名的收藏鑒賞家，曾爲行省搜集郡縣圖書。鄔願學或即杭州路教授鄔濟民，也是前朝進士。白珽是前朝太學生，名儒後裔，入元後先爲塾師，後仕至江浙儒學副提舉。戴天錫爲錢塘隱士，鄧文原親家。屠約是杭州著名詩人，至元末年起爲學官。陳康祖爲"吳興八俊"之一，後爲學官。顧文琛出華亭顧氏世家，曾以歲貢儒吏制度上京，旋弃去，晚得學官、主簿。王潤之出身於山陰王氏世家，家亦有園林，與林景熙、戴表元等遊宴。丘良卿蓋即杭人丘世良②，大德年間以州教授入仕，官至松江同知。"凌德甫"很可能是"凌德庸"的訛文，即凌時中，是程鉅夫江南訪賢所薦二十餘人之一。最後張烜、張烈則是張橫族侄。③ 他們多半皆爲舊宋上層士族子弟，學官的比例相當高。換言之，諸人家族背景相當，入元後遭遇浮沉亦相似。而張氏家族周圍的其他學人大多也都具有這樣的背景。例如，與張橫同居十載的鄧文原出自蜀中鄧氏世族，與張氏也有間接的親戚關係④，宋末取得漕試魁首，入元亦從學官入仕至翰林、集賢。他們都屬於杭州地方精英階層。同時，除了身份相近以外，這班名士也有相通的文化氣質。他們雖然多出於簪纓華貴之門，但在時人筆下却往往得到清高的評價，比如：

> 祖禹（戴天錫）時甫弱冠，意氣已穎發，傾動流輩。所居塵市囂雜，然藏書甚富，常閉戶讀書，不妄接人事，如窮儒宿學，遁迹林谷，讎校自樂。余見輒愧之。而祖禹雅善余及張君仲實，言論纏纏，

---

① 方回《跋張仲實詩》，《桐江集》卷四，《宛委別藏》第 105 册，南京：江蘇古籍出版社，1988 年，第 305 頁。
② 文中提及"丹梯朣仙"，而丘世良有集名《梯雲》。
③ 唯有周性之一人不詳，存疑俟考。
④ 鄧文原是牟巘的妻族，而牟巘是張橫的岳父。

商確今古，觴詠間作。客至，或瞪目聾耳，移時不出一語。余私問其故，則曰："吾惟不耐與俗子面，而能强爲言笑乎？"①

（仇遠）其年甚茂，才識甚高，處紛華聲利之場，而冷澹生活之嗜，混混盎盎中見此古罍洗，令人心醉。②

（屠約）學古人之道，而其材能爲今人之所難能，生於紛囂，長於豪華，而閉門哦書，耳目不亂。③

今夫德玉（王潤之），居有紛華喧囂之厭，出有功名進趨之耻，清修而强學，虛心而敏事，視人間之得喪休戚，榮辱喜懼，豈有以异於寒暑之變？④

對張氏子孫也有類似描述：

（張楳）雖在綺紈，不流不侈。⑤

君（張楳）年甚少，新有詩名，風致清遠，器宇高朗，翩翩佳公子也。於是始傾蓋定交，暇日命奚奴負詩囊，並蠻遊南北兩山，窮泉源，坐石上聯句，掘野筍而煮之，日晏忘歸，時事一不掛口。余時隨計上省，君敦諫甚苦，又作詩諷切之。⑥

（張桂）風骨森秀，襟袍卓犖，殊非侯門富貴中人。⑦

這些文字固然有恭維的成分，但也反映了此輩名士對自我形象的塑造。無論是對富貴生活的超越，還是對俗世的拒斥，都彰顯着他們區別於那些"豪富不文之人"的知識精英意識。張氏家族的文人和他們的文學之友由於階層、文化背景、文學愛好等因素聚合在一起，隱然在杭州文學場上占有一定的份量，從時人和後人的言論中看，他們確實成了那一時期杭州最引人注目的名士與作者。同時人衛宗武即稱張楳爲"騷壇新領袖，上

---

① 鄧文原《戴祖禹墓志銘》，《鄧文原集》，第4~6頁。
② 方鳳《仇仁父詩序》，程敏政編《宋遺民錄》卷八，《四庫全書存目叢書史部》第88册，影印嘉靖程威刻本，濟南：齊魯書社，1997年，第505頁。
③ 戴表元《送屠存博之婺州教序》，《戴表元集》，第167~168頁。
④ 戴表元《松風閣記》，《戴表元集》，第44頁。
⑤ 王沂《張君仲實行述》，《伊濱集》卷二四，第593頁。
⑥ 陸文圭《送張菊存序》，《牆東類稿》卷六，第548頁。
⑦ 牟巘《張竹山文槁序》，《陵陽集》卷一三，第691頁。

國舊衣冠"①。又如戴表元在《客錢塘贈鮮于伯機鄧善之諸君兼托善之書劇達寄趙子昂》一詩中描繪了他眼中的杭州名士集團與文壇概貌，其中言及詩文的部分説到：

> 我昔杭州居，浮沉萬公卿。重來故物盡，但有吳山青。林仇白屠張，先後以詩鳴。鄧子學最苦，閉門勘殘經。文辭窺李觀，後來更縱橫。②

舉出的五位名詩人，"林"可能指林昉，關於他的資料較爲缺乏，而後四位仇（遠）、白（珽）、屠（約）、張（楧），再加上以"文辭"即古文知名的鄧（文原），他們之間的交遊非常密切，幾乎組成了一個鬆散的文人團體。在戴表元看來，他們同時代表着此時期杭州文壇的水平。而在另一篇關於周密的文章中，戴表元又稱他們爲"杭人之有文者"：

> 杭人之有文者，仇遠仁近、白珽廷玉、屠約存博、張楧仲實、孫晋康侯、曹良史之才、朱萊文芳，日從之（周密）遊。③

周密此時寄居於楊氏族中，此楊氏乃和王楊存中之家族，是與張氏淵源相近、豪富相埒的大族。可見戴表元所關注的杭州名士主要就是以故家子弟爲主的這一群人物。數十年後，黃溍也曾憑回憶勾勒出元代前期的杭州名士群，這一記載見於宋濂爲白珽所作墓志銘：

> 濂也晚出，雖不能識先生（白珽），幸從鄉先生黃文獻公遊，聽談杭都舊事，有如淮陰龔公開、嚴陵何公夢桂、眉山家公之巽、莆田劉公濩、西秦張公楧、虎林仇公遠、齊東周公密，凡十餘人，相與倡明雅道。④

黃溍舉出的人物與戴表元的説法很相近，並且提出了"十餘人"這個數量詞，説明能得到他認可的人物並不多，這十餘人便是他所認知的這一

① 衛宗武《和張菊存寄詩二首》，《秋聲集》卷三，《景印文淵閣四庫全書》第1187册，臺北：臺灣商務印書館，1986年，第674頁。
② 戴表元《客錢塘贈鮮于伯機鄧善之諸君兼托善之書劇達寄趙子昂》，《戴表元集》，第500頁。
③ 戴表元《楊氏池堂燕集詩序》，《戴表元集》，第135~136頁。
④ 宋濂《元故湛淵先生白公墓志銘》，羅月霞主編《宋濂全集》，杭州：浙江古籍出版社，1999年，第1044頁。

時期杭州士林中最重要的人物。張楳位列其中，其他人物也多爲其交遊之友。

另外，我們也不會忘記在此時期的詞壇上，"西湖吟社"仍在江南繼續活動，張炎正是其中最重要的成員之一，其創作與詞論對後世都産生了深遠的影響。① 因此，以詩家張楳、詞家張炎等人爲代表的張氏子孫，在元初努力維持了家族的文學傳統，也維持了自身的文壇地位，他們與其交遊圈中的精英分子一起，組成了元初杭州乃至江南的主流文壇。

四、餘論

祖先的印記永遠伴隨着張氏族人，士人題贈張氏族人的文字，往往憶及其鐘鳴鼎食、歌舞升平的舊時景象。張氏家族也致力於收集家族文獻，其家族在宋代的風流生活集中在周密的筆記作品中。《齊東野語》中"玉照堂梅品""張功甫豪侈"，《武林舊事》中"高宗幸張府節次略""張約齋賞心樂事並序""約齋桂隱百課"等條目幾乎都首尾完全，很可能是抄自張氏家族世傳的文獻。元朝初年，張氏家族做了不少宗族收聚工作，例如張楳努力恢復家廟，重新編訂了宗譜，並采史書和家譜編撰了《忠烈王傳》。② 這些文獻的承傳建構了一段光榮而奢華的歷史，折射出族人對自我的思考與認同。世變之際，家族在形式上的綿續也有助於維繫一種文化的持續感和歸屬感，使得易代帶來的心理斷裂的不適得以緩和。

從張氏家族的個案可以看出，元朝初年的故宋世家在文壇上仍然占有一席之地。他們通過園林等家族產業爲一批文化素養相通、社會處境相似的士大夫提供了文學活動的空間。在這些私人空間中，故國文脉與情感得到象徵性的延續，也就構建了一個一定程度上獨立世外的自由天地。眾所周知，宋代文學已經出現創作主體下移和地方化的趨向，在元代這一趨勢繼續發展，南北各地文人群的競爭、融合構成了多元的文學格局。但元代地域文學的生態却並不是宋代的簡單延續。元朝的文治政策將漢族士人特

① 蕭鵬《西湖吟社考》，載《詞學》第七輯，上海：華東師範大學出版社，1989年，第88~101頁。
② 牟巘《跋忠烈王傳後》《題西秦張氏世譜後》，《陵陽集》卷一五、一六，第702~703、710~711頁；袁桷《書張仲實家譜後》，《袁桷集校注》，第2096頁。

別是南方士人屏於政治場的邊緣，科舉制度的停廢直接改變了儒士的生存方式。這一狀況波及並重塑了元初的文學格局，最主要的後果是使得原來屬於朝堂的上層文學場無所著落。在科舉重開、館閣文臣群體形成之前的三十餘年裏，江南沒有出現絕對的文壇領袖和文學中心。於是，禮失而求諸野，一批由宋入元的精英子弟在民間成爲文壇的中堅力量。故家的存在既爲士人維繫着文化的歸屬感，也推動着文學生態的運轉，因而在一定程度上緩解了文學格局的失重感。故家之中的俊秀人物如張楏、張炎等被輿論認可爲當代主流的作者，也體現了朝代過渡時期文學格局的銜接與承續。

《修辭鑒衡》因襲《皇朝仕學規範》考論

潘昊明

南京师范大学中文系

摘　要： 元代的《修辭鑒衡》由於出處詳盡，引文重要，歷來被視作具有豐富輯佚價值的文學批評著作。然而，它的絕大多數內容實際來自宋代張鎡編纂的類書《皇朝仕學規範》。《修辭鑒衡》編者通過移易增刪《皇朝仕學規範》的文本，並添加少量新文獻，最終編成了此書。這在論文一卷中最爲顯著。而在論詩一卷，《修辭鑒衡》大量引用《古今詩話》，其中大部分內容仍源於《皇朝仕學規範》所引《古今總類詩話》。近人郭紹虞輯録《古今詩話》時，誤將《修辭鑒衡》所載一道匯入，從而模糊了《古今詩話》與北宋末期詩話的聯繫。確定二者因襲的源流關繫後，《皇朝仕學規範》不僅可以校正《修辭鑒衡》自初次印刷時就已出現的種種訛誤，還可看到《修辭鑒衡》在《皇朝仕學規範》引文的基礎上重新整理並編排了相關文本，使之成爲邏輯自洽的文學著作，這也是《修辭鑒衡》受到後世重視的根本原因。

關鍵詞：《修辭鑒衡》　《皇朝仕學規範》　《古今總類詩話》《古今詩話》

元人王構（1245—1310）所編《修辭鑒衡》（下文簡稱《鑒衡》）二卷，首卷論詩，次卷論文，以輯録宋人詩話或文集爲主，目的在於教育後學如何作詩文。關於此書的文獻價值和學術意義，《四庫全書總目》言之甚詳："所録雖多習見之語，而去取頗爲精核……其中所引，如《詩文發源》《詩憲》《蒲氏漫齋録》之類，今皆亡佚不傳，賴此書存其一二。又世傳《吕氏童蒙訓》，非其全帙，此書所采凡三十一條①，皆今本所未載，亦頗足以資考證。較《詩話總龜》之類浩博而傷猥雜者，實爲勝之，固談藝家之指南也。"② 但是，經過逐則對比，筆者發現《鑒衡》的絶大部分條目複見於宋人張鎡編纂的《皇朝仕學規範》（下文簡稱《規範》）詩文部分③，尤以論文一卷爲甚④。因此，本文將從論文卷開始，嘗試證明《鑒衡》對《規範》的因襲。

一、《修辭鑒衡》論文卷的制作方式：因襲與移易

《鑒衡》論文卷共 88 則，幾乎全見於《規範·作文》。二者除摘録來源相同外，具體内容也基本相同⑤。方便起見，相關情況請參見表1⑥。

表1

序號	《修辭鑒衡》		《皇朝仕學規範》	
	標目（原書次序）	收録來源	卷次	收録來源
一	1 "余近作《示客》"條	《珊瑚鈎詩話》	三四	《珊瑚鈎詩話》
二	39 "永叔謂爲文有三多"條 2 "古文有三等"條 72 "莊荀皆文士而有名者"條 70 "寧拙毋巧"條	《後山詩話》	三二	《後山詩話》
三	3 夫文傳道而明心也，古聖人不得已而爲之，而又欲句之難道，義之難曉，必不然矣。請以六經明之……模其語而謂之古，亦文之弊	《小畜文集》	三二	《小畜文集》

---

① 筆者統計，包括無出處及原書誤引出處者，《鑒衡》引《童蒙訓》實爲三十七則。

② 永瑢《四庫全書總目》卷一九六，北京：中華書局，1965 年，第 1791 頁。

③ 《皇朝仕學規範》共四十卷，分爲學、行己、涖官、陰德、作文、作詩六類，引述原文，且著出處，其中卷三二至末尾爲詩文部分。

④ 實際上，陳尚君先生通過對比二書論詩部分已得相同結論，但限於文章體例，並無縝密論證。見陳尚君《〈宋詩話輯佚〉匡補》，載《漢唐文學與文獻論考》，上海：上海古籍出版社，2008 年，第 258、287 與 289 頁。

⑤ 《修辭鑒衡》的版本選用《中華再造善本》影印元至順四年（1333）集慶路儒學刊本，《皇朝仕學規範》則用《中華再造善本》影印宋淳熙年间刊本。二者都是各自最早的版本。

⑥ 在表格中，部分條目將盡量保留完整内容，具體分析見下文。

續表1

序號	《修辭鑒衡》		《皇朝仕學規範》	
	標目（原書次序）	收録來源	卷次	收録來源
四	47 "老蘇嘗自言" 條 27 文章紆餘委曲，説盡事理，惟歐陽公得之 36 曾子固文章紆餘委曲，説盡事情，加之字字有法度，無遺恨矣 37 "文章有首有尾" 條	《呂氏童蒙訓》/《童蒙訓》	三四	《呂氏童蒙訓》
五	5 百里奚自鬻於秦一章，最見抑揚反覆處 35 曾子固答李□①書，最見抑揚反覆處 59 《孟子》中百里奚自鬻於秦一章，與韓退之論思元賓而不見，見元賓之所與者，猶吾元賓也。及曾子固答李□書，最見抑揚反覆處，如此等類，皆宜詳讀	《呂氏童蒙訓》/《童蒙訓》	三四	《呂氏童蒙訓》
六	18 《韓非》諸書皆説盡事情 67 呂居仁云：文章須要説盡事情，如韓非諸書，大略可見。至一唱三嘆有遺音，非有所養不能也 4 "《論語》之文" 條 16 "《列子》氣平文緩" 條 33 "東坡晚年叙事" 條	《呂氏童蒙訓》/《童蒙訓》	三四	《呂氏童蒙訓》
七	8 "《毛詩》之文" 條	《呂氏童蒙訓》/《童蒙訓》	三四	《呂氏童蒙訓》
八	48 東坡《三馬贊》 條 14 "左氏之文" 條 22 "班固叙事詳密" 條 17 "《孫子》十三篇" 條 13 "文章不分明指切" 條 15 "讀《莊子》令人意思寬大" 條 9 "《檀弓》云南宮滔" 條 20 "《漢高祖紀》詔令雄健" 條 66 "東坡云意盡而言止" 條	《呂氏童蒙訓》/《童蒙訓》	三五	《呂氏童蒙訓》
九	83 "爲文養氣" 條 21 "西漢自王褒以下" 條	《呂氏童蒙訓》/《童蒙訓》	三五	《呂氏童蒙訓》
十	10 "《檀弓》與左氏紀太子申生事" 條 45 "作文必要悟入處" 條 34 "近世文字如曾子固諸序" 條	《呂氏童蒙訓》/《童蒙訓》	三五	《呂氏童蒙訓》
十一	23 "張茂先稱左思《三都賦》" 條 6 林文節公言：以釜甑爨，以鐵耕乎，他人書此，不知幾百言也。黄端冕緌云：輕暖不足於體，亦不減此 46 林文節子中言，讀《孟子》而悟文章法。嘗云：以釜甑爨，以鐵耕乎，他人書此，不知當幾百言也 77 "下字有倒用語" 條 52 "文章須凡例先定" 條	《步里客談》	三四	《步里客談》

---

① 元刻本原有墨丁，下同。

續表 1

| 序號 | 《修辭鑒衡》 | | 《皇朝仕學規範》 | |
	標目（原書次序）	收録來源	卷次	收録來源
十二	7 "《孟子》之文" 條 24 "韓子之文如長江大河" 條 28 "歐公之文紆餘委備" 條	蘇明允《上歐公書》	三二	《三蘇文集·蘇明允上歐公書》
十三	44 "詞氣或不逮初造意" 條 11 "東坡先生作文法" 條①	山谷《與王觀複書》	三三	《南昌文集·山谷與王觀複書》
	71 "南陽劉勰嘗論文章之難" 條			
十四	63 "山谷謂王立之若欲作楚詞" 條	《南昌文集》	三三	《南昌文集·謂王立之》
十五	43 議論文字須以董仲舒、劉向爲主，《禮記》《周禮》及《新序》《説苑》之類皆當貫穿熟考	山谷	三五	《吕氏童蒙訓》
十六	12 "《春秋》之文" 條② 73 "某少讀《貨殖傳》" 條	節孝先生語	三二	節孝先生語
十七	19 "《史記》" 條 42 "東坡教人讀《戰國策》" 條	《李方叔文集》	三三	《李方叔文集》
十八	29 "歐公每爲文" 條 80 "楊文公凡爲文章" 條	《吕氏家塾記》	三四	《吕氏家塾記》
十九	30 "歐公文粹如金玉" 條 65 "人言歐公《五代史》" 條	《横浦日新》	三五	《張横浦日新》
二十	31 "老坡作文工於命意" 條	《潛溪詩眼》	三四	《潛溪詩眼》
二一	32 "王文公居鍾山" 條 38 "李格非善論文章" 條	《冷齋夜話》	三四	《冷齋夜話》
二二	40 "東坡云頃歲" 條 69 "文章平淡" 條	《三蘇文》/《東坡集》	三二	《三蘇文集》
二三	41 "爲文當從三易" 條	《朱景文雜志》③	三二	《宋文景公雜志》
二四	49 "文章足以見人貴賤" 條 50 "草野臺閣之文" 條 88 夏英公父官於河北，景德中，契丹犯河北，遂没於陣。後公爲舍人，丁母憂，起複奉使契丹，公辭不行。其《表》云：父没王事，身丁母憂。義不戴天，難下穹廬之拜。禮當枕塊，忍聞禁軼之音。當時以爲四六偶對最精絶者④	《皇朝類苑》	三二	《皇朝類苑》

---

① 《鑒衡》記出處作山谷，據《規範》，亦屬《與王觀複書》。

② 《鑒衡》未列出處，據《規範》，知爲節孝先生語。節孝先生，即宋人徐積，今存《節孝先生語録》，亦有此則。

③ 元刻本誤，據《規範》，當爲《宋文景公雜志》。

④ 元刻本出處被墨丁所掩，《四庫全書》本補以《歸田録》，不確。按此則文字，《歸田録》與《事實類苑》有别。如"禁軼"二字，《歸田録》實作"夷樂"，爲歐陽修本人所改。見《歐陽文忠公集》卷一二六，《中華再造善本》影印宋慶元二年（1196）周必大刊本。

續表 1

序號	《修辭鑒衡》		《皇朝仕學規範》	
	標目（原書次序）	收録來源	卷次	收録來源
二五	51 "文章有三等" 條 56 "文要紆餘有首尾" 條 57 "過換處不可忽" 條 58 "文章貴曲折斡旋" 條 61 "文字不必多用事" 條 64 "文字一意" 條 74 "作文他人所詳者我略" 條 76 "結文字要精神" 條	《麗澤文説》	三五	《麗澤文説》
二六	53 "爲文須有主客" 條	《蒲氏漫齋語録》	三五	《蒲氏漫齋語録》
二七	54 "爲文不可蹈襲" 條	《宋子京筆記》	三二	《宋子京筆記》
二八	55 "文不可拘一體" 條	《廬陵文集》	三二	《廬陵文集》
二九	81 宋子京云：余每見舊所作文章憎之，必欲燒弃。堯臣喜曰：公之文進矣	《廬陵文集》	三二	《宋子京筆記》
三十	60 "東坡在儋" 條	《韻語陽秋》	三五	《韻語陽秋》
三一	62 "大匠不示人以璞" 條	《西清舊聞》①	三四	《曲洧舊聞》
三二	68 "文字要布置" 條	《古今詩話》②	三七	《古今總類詩話》
三三	75 "上重下輕爲文之病" 條	《唐子西語録》	三三	《唐子西語録》
三四	79 "錯綜成文" 條	沈存中《筆談》	三三	《筆談》沈存中云
三五	84 "作史" 條	《元城先生語録》	三二	《元城先生語録》
三六	85 "四六之工在於剪裁" 條 86 "太祖郊祀陶谷作赦文" 條 87 "靖康間劉觀中" 條	《四六談塵》	三五	《四六談塵》
三七	25、26 "柳子厚之文" 二條	《老學庵筆記》	無	無
三八	78 "《春秋》書" 條	《文則》	無	無
三九	82 "繁簡" 條	無	無	無

可以看到，除表格末尾的四則外，其他條目均可在《規範》裏找到對應。而四則中，《老學庵筆記》的撰寫和刊刻時間都晚於《規範》③，自然無從收録。《文則》成書於乾道六年（1170），早於《規範》編纂時間。後者没有摘録，或因《文則》本身並非面向科舉的程文指南，因此當時也没

---

① 元刻本誤，蓋 "曲洧" 形似 "西清" 所致。
② 關於《古今詩話》與《古今總類詩話》的討論，詳下節。
③ 《老學庵筆記》的撰寫時間約在紹熙年間（1190—1194）。陸游去世後，直到宋理宗紹定元年（1228），其子陸子遹才將包括《筆記》在内的遺稿合編刊刻。

有特別大的影響。同時期的《麗澤文說》則相反①，作者呂祖謙的知名度既來自科舉考試的成功，而家學傳統源遠流長，本人又致力於講學，在南宋時期影響力極大。因此，《規範》才會主動選錄《麗澤文說》。最後，關於“繁簡”條，《鑒衡》未言其出處。明代《荊川稗編》引此則，稱出於《文則》②，但今本《文則》無此條，應是誤署。又《文章一貫》亦引之，徑作《修辭鑒衡》③，則此條或爲王構自撰，《規範》自然不可能引用。

實際上，即使《鑒衡》沒有因襲《規範》，如此顯著的重合意味着二者必定具有某種關聯，否則我們無法解釋它們的相似。一般來說，只有將時代靠前的著作作爲藍本，在此之上進行改編，才會出現這種情況。換言之，盡管《鑒衡》頗爲嚴謹地列出條目出處，但編者可能對相關書籍未曾寓目。因此，部分條目的來源會出現錯誤：

> 宋子京云：余每見舊所作文章憎之，必欲燒弃。堯臣喜曰：公之文進矣。（序號二九）

《鑒衡》列的出處是歐陽修《廬陵文集》④，《規範》卷三一則作《宋子京筆記》。按，《苕溪漁隱叢話》⑤《餘師録》⑥引此則，皆爲《宋子京筆記》，則《鑒衡》顯誤。實際上，在《規範》卷三一，張鎡引用兩則《宋子京筆記》後，緊接着便是《廬陵文集》的條目。可以猜想，《鑒衡》編者當是據《規範》鈔撮時，因二書相連，一時失察，遂將出處混淆，而刊刻上版之際又沒有發現問題，結果這個錯誤保留到了現在。

《鑒衡》引用山谷語時也出現了這種情況：

> 議論文字須以董仲舒、劉向爲主，《禮記》《周禮》及《新序》

① 關於《麗澤文說》成書時間的討論，見蔡德龍《宋文話〈麗澤文說〉考論》，載《古代文學理論研究》（第29輯），上海：華東師範大學出版社，2009年，第41頁。

② 唐順之《荊川稗編》卷七七，《景印文淵閣四庫全書》本。

③ 高琦《文章一貫》卷下，《歷代文話》第3冊，上海：復旦大學出版社，2007年，第2174頁。

④ 今存宋刊歐陽修文集多爲周必大主持刊刻的《歐陽文忠公集》，只有兩部殘宋刻本名爲《廬陵歐陽先生文集》，避高宗諱，或爲《規範》取之本。周必大本問世後，歷代翻刻不絕，成爲歐陽修文集的主流版本。因此，元代人未必會使用到《廬陵文集》。關於歐陽修文集的情況，參看王嵐《望江集：宋集宋詩宋人研究》，北京：北京聯合出版公司，2020年，第29～30頁。

⑤ 胡仔《苕溪漁隱叢話》前集卷二九，北京：人民文學出版社，1962年，第202頁。

⑥ 王正德《餘師録》卷四，《歷代文話》第1冊，第414頁。

《説苑》之類皆當貫穿熟考。（序號十五）

此則見《規範》卷三五，本出《吕氏童蒙訓》。《餘師録》卷三 "吕居仁" 章亦引之，證明其屬吕氏名下。筆者發現，《規範》卷三二引山谷語中確實有類似的文本，見於《答洪駒父書》中：

> 工夫已多，讀書貫穿，自當造平淡，且置之，可勤讀董、賈、劉向諸文字，學作議論文字。

以上兩則的主題與遣詞比較接近，可能就是《鑒衡》致誤的緣故。實際上，在《鑒衡》中，本則前後均爲黄庭堅語，出處准確詳盡，獨此僅署名 "山谷"，當是編者覆核《規範》未果，而以意補之。

以上例子提示我們，《鑒衡》並非根據原書來引用，而是依靠了某個中介環節，從而營造出嚴謹可靠的假象，《規範》就是《鑒衡》條目的直接來源。因此，二者共同引用的某些條目，具體内容完全相同，反而與原書有很大出入。如引《小畜文集》（序號三），本出自王禹偁《答張扶書》，原文如下：

> 夫文傳道而明心也，古聖人不得已而爲之也。且人能一乎心至乎道，修身則無咎，事君則有立。及其無位也，懼乎心之所有不得明乎外，道之所畜不得傳乎後，於是乎有言焉。又懼乎言之易泯也，於是乎有文焉。信哉！不得已而爲之也。既不得已而爲之，又欲乎句之難道邪？又欲乎義之難曉邪？[1]

引録時，畫綫部分已被《規範》删去，却文從字順，毫無扞格。因此，《鑒衡》編者在未睹原文的情況下，直接因襲《規範》，連出處亦是如此。

此外，當《規範》引用的文本本身出現訛誤時，《鑒衡》編者還會揣摩大意，嘗試修正文本：

> 山林草野之文，其氣枯槁憔悴，乃道不得行，著書立言之所尚也；朝廷臺閣之文，其氣温潤豐縟，乃得行其道，代言華國者之所尚也。（序號二四，"草野臺閣之文" 條）

---

[1]　王禹偁《小畜集》卷十八，《中華再造善本》影印宋紹興十七年（1147）黄州刻遞修本。

此則出自《皇朝類苑》，《規範》引用時不慎發生訛誤：

> 山林草野之文，則其氣枯槁憔悴，乃道不得行，著書立言者之所尚也；朝廷臺閣之文，則其氣溫潤豐縟，乃<u>道得行，著書立言者</u>之所尚也。

根據《類苑》，畫綫部分作"得位於時，演綸視草"①。實際上，《皇朝類苑》的文本引自《青箱雜記》②，畫綫部分同於原本。而《餘師録》引此則，同樣没有異文。③ 因此，這一則文本的轉引質量較爲穩定，没有任何歧異，《鑒衡》不太可能另有獨立的文本來源。我們猜想，《鑒衡》的文本可能源於編者自身的校改，以合此則之意。假如參考了原始出處的話，這類問題不會發生。只有《鑒衡》將《規範》作爲文本來源，據之抄録，才會出現這類異文。

凡此，皆可證《鑒衡》與《規範》間的淵源。最後，我們以《童蒙訓》爲例，嘗試總結論文一卷的編纂思路。論文卷引用《童蒙訓》三十餘條，約當整卷三分之一，序號四至十的所有條目均勻散分布於卷中，表明了編者的重視程度。但是，參照《規範》，部分條目本爲一則，如序號四、五、六、九諸則即是如此。可以看到，某些條目會有重合字樣，甚至包括在別的條目中：

> 百里奚自鬻於秦一章，最見抑揚反覆處。（序號五，下同）
> 曾子固答李□④書，最見抑揚反覆處。

> 《孟子》中百里奚自鬻於秦一章，與韓退之論思元賓而不見，見元賓之所與者，猶吾元賓也。及曾子固答李□書，最見抑揚反覆處，如此等類，皆宜詳讀。

顯然，前兩則是從最後一則中裁剪所得。實際上，這三則被《鑒衡》編者分別列於"《孟子》之文""曾子固文""文字用意爲上"章内。結合論文全卷來看，《鑒衡》對《規範》的因襲不僅包括具體内容，同時還牽扯到相關條目的組織方式。詳而言之，《鑒衡》中條目的排布秩序，其實

---

① 江少虞《皇朝事實類苑》卷四十，日本元和七年活字本。
② 吳處厚《青箱雜記》卷五，北京：中華書局，1985 年，第 46 頁。
③ 《餘師録》卷四，第 412 頁。
④ 據《規範》，作"泌"，下同。

非常倚重材料本身所表現的主題。憑借材料展示的内容傾向性，編者在《規範》中撿擇挑選，乃至裁剪拼貼，進而構思出相應的門類，最終才完成了整卷的編纂。[①] 在此過程中，《鑒衡》編者只有在《規範》言之不詳而又十分重要之處，才會摘録或撰寫新的文本，以填補空缺，前述四則文字即是如此。

此外，在論文卷"結語"章末出現了一條按語，四庫館臣認爲是王構本人所撰。這當是王構在講解作文法則時，爲便於聽者理解而舉的案例。因此，這一章引用吕祖謙的《麗澤文説》，而按語提到的例子也出自前者編選的《古文關鍵》。選用同一位作者的選本，以充分論證其説的准確性，這是理所當然的行爲。實際上，《四庫總目》稱許的"文學指南"只是一種"後見之明"，《鑒衡》可能本來就是一部臨時性質的文學"講綱"[②]。我們或許可以想象，原本之下，每一章都應該附加一些實例或評語，以印證引文的説法，表示贊同或反對。當然，它們並没有留存到今日，這是非常遺憾的事情。

二、《修辭鑒衡》論詩卷溯源：《古今詩話》與《古今總類詩話》

本節我們將討論《鑒衡》的論詩卷。違背原本的順序，以論詩卷在後，這是不得已之舉。相比於論文卷，《鑒衡》的論詩部分頗爲複雜，不過仍有很多重合之處。論詩卷共 113 條[③]，與《規範·作詩》部分重合 76 條。而《鑒衡》引用的大多數文獻，如《古今總類詩話》[④]《李希聲詩話》

---

① 筆者以爲，這些工作是由王構本人完成的。《鑒衡》序言雖云"命李君晋仲、李君伯羽校之，釐正其次叙，論詩爲首，文爲後，四六以附"，似乎分類整理的工作都出自他人之手。然而，從元代初刻本的刊印質量看，錯字衍文層出不窮，則所謂"校"者之認真程度可想而知。基於此，我們難以想象校對者會費盡心力重新編排文本順序，他們的工作可能只是按照今本看到的順序，將詩、文、四六這三大部分順次編排。

② 《鑒衡》序言："君以諸生事之，文肅（王構）教之爲文，出書一编，即此書也。"

③ 元刻本缺卷一五、六頁，今據國家圖書館藏黄丕烈跋明抄本補。

④ 《鑒衡》引《古今總類詩話》八則，郭紹虞先生認爲《規範》所引無"體詩"條。按"體詩"當作"詩體"，實見《規範》卷三七，亦稱《古今總類詩話》。《鑒衡》的文本經過改寫，故文字稍異。見郭紹虞《宋詩話考》，北京：中華書局，1979 年，第 199 頁。

《呂氏童蒙訓》《韻語陽秋》《孫氏詩譜》①《蒲氏漫齋錄》《珊瑚鉤詩話》《石林詩話》《步里客談》《周小隱詩話》②《龜山詩話》③《許彥周詩話》《泊宅編》等，皆能在《規範》找到，且内容相同。其餘不見於《規範》者，如《後村詩話》《江西詩派小序》《老學庵筆記》《詩文發源》《詩憲》等，條目雖多，篇幅一般都很短，實際以補充《規範》的内容爲主。因此，我們認爲，論文卷的結論同樣適用於此卷。

但是，論詩卷存在一個非常突出的問題：《鑒衡》和《規範》的内容重合雖多，彼此的出處卻不盡相同。和上節類似，我們將引文相近而出處不同的條目也列成表格，同時盡量給出引文的原始出處，以便討論。

表 2

序號	《修辭鑒衡》		《皇朝仕學規範》		原始出處
	標目	收錄來源	卷次	收錄來源	
一	4 "詩以意爲主" 條	《古今詩話》	三八	《古今總類詩話》	《中山詩話》
二	8 "鄭綮相國善詩" 條	同上	三八	同上	《北夢瑣言》卷七
三	10 "詩所貴枯淡" 條	同上	三八	同上	蘇軾語
四	48 "今之郡守謂之建庵" 條	同上	三九	同上	《夢溪筆談》卷四
五	50 "形似激昂" 條	同上	三七	同上	《潛溪詩眼》
六	55 "《冷齋夜話》如鄭谷十日菊" 條	同上	三八	同上	《冷齋夜話》卷一
七	57 "寫物" 條	同上	三八	同上	蘇軾語
八	65 "《大雅·緜》九章" 條	同上	三七	同上	蘇轍《詩病五事》
九	73 "集句" 條	同上	三九	同上	《西清詩話》卷上
十	74 "東坡云司空表聖自論其詩" 條	同上	三八	同上	蘇軾語

---

① 《規範》卷三六引稱《孫氏談圃》，當以《規範》爲是。《孫氏談圃》，又名《孫公談圃》，南宋時有三卷本流行，《直齋書錄解題》卷十一云："臨江劉延世録高郵孫升君孚所談。升元祐中書舍人，坐黨籍謫汀州。"《規範·作詩》中僅録一條，爲《鑒衡》徵引，則《詩譜》之名改自《鑒衡》編者。

② 《規範》作《周少隱竹坡詩話》，實同。

③ 《規範》作《龜山語録》，實同。

續表2

序號	《修辭鑒衡》 標目	《修辭鑒衡》 收錄來源	《皇朝仕學規範》 卷次	《皇朝仕學規範》 收錄來源	原始出處
十一	75 "王荊公云梨花一枝春帶雨"條	同上	三八	同上	《類說》卷五六/《詩話總龜》前集卷六引《古今詩話》
十二	88 "東坡云蘇、李之天成"條	同上	三七	同上	蘇軾語
十三	90 "范元實云李杜詩凡一篇皆工拙相半"條	同上	三九	同上	《潛溪詩眼》
十四	99 "東坡云子厚詩在陶淵明下"條	同上	三八	同上	蘇軾語
十五	102 "歐公云聖俞、子美齊名一時"條	同上	三七	同上	《六一詩話》
十六	104 "張文潛云唐晚年詩人"條	同上	三八	同上	張末語
十七	108 "《名賢詩話》云黃魯直自黔南歸"條	同上	三七	同上	《西清詩話》卷中/《唐宋分門名賢詩話》
十八	20 "詩不煩繩削而自合"條	《詩文發源》	三八	《古今總類詩話》	黃庭堅語
十九	22 "詩非怒鄰罵座之爲"條	同上	三八	同上	同上
二十	49 "聲律末流"條	同上	三七	同上	張末語
二一	7 "詩待境生者工"條 67 "長篇"條	同上	三九	《呂氏童蒙訓》	《類說》五七引《王直方詩話》
二二	42 "杜少陵云作詩用事要如禪家語"條	《西清詩話》	三九	《古今總類詩話》	《西清詩話》卷上/《唐宋分門名賢詩話》
二三	100 "白樂天賦性曠達"條	《青箱雜記》	三八	同上	《青箱雜記》卷七
二四	86 "余評李白詩"條	山谷	三八	同上	黃庭堅語
二五	45 "東坡云詩須要有爲而後作"條	《蒲氏漫齋録》	三九	同上	《東坡志林》卷九
二六	47 "讀書天下難事"條	《漫齋録》	三九	同上	《西清詩話》卷上
二七	76 "劉夢得言茉莄二字"條	《蒲氏漫齋録》	三九	同上	《詩話總龜》前集卷五引《古今詩話》
二八	77 "晏元獻喜評詩"條	《蒲氏漫齋録》	三八	同上	《青箱雜記》卷五
二九	93 "《歐陽》詩話云陳舍人從易"條	《童蒙訓》	三九	同上	《六一詩話》
三十	107 "東坡稱鮮于子駿所作《九誦》"條	《古今詩話》	無	無	蘇軾《書鮮于子駿楚詞後一首》

　　以上就是二書出處不一而引文相似的條目。顯然，《古今詩話》與《古今總類詩話》的差別最多，實際也最重要。二者均爲彙編式詩話，都已失傳。《古今總類詩話》成於南宋紹興十六年（1146）①，而《古今詩話》當成於北宋宣和五年（1123）以前。但是，關於後者的成書時間，今人有不同看法。② 因此，這里需要額外的證明。《詩話總龜》（以下簡稱《總龜》）前集曾徵引大量《古今詩話》③，故是書當成於《總龜》之前。而《總龜》本爲阮閱《詩總》，編於北宋宣和五年，後經南宋時期坊估的多次改編，最終成爲今日流行的百卷本《詩話總龜》。④ 盡管如此，《總龜》前集仍存《詩總》之舊，基本上保持了《詩總》的原貌。⑤ 而且，南宋人胡仔曾見過《詩總》，並明言："余取讀之，蓋阮因《古今詩話》，附以諸家小說，分門增廣。"⑥ "分門增廣"的對象應是單一主體，且《苕溪漁隱叢話》屢次徵引《古今詩話》，則序言提到的"古今詩話"實指書籍，而非形容《詩總》取材之廣。因此，《古今詩話》至少在宣和五年前已流行開來。⑦

---

　　① 方回《〈古今類總詩話〉考》云："《古今類總詩話》五十卷，題曰左宣教郎任舟集録，録有紹興丙寅年序。"《桐江集》卷七，《宛委別藏》本。按《古今總類詩話》，准確的名稱是《古今類總詩話》。但《鑒衡》和《規範》均稱前者，爲便於行文，本文亦從之。

　　② 李裕民認爲《古今詩話》成於南宋初年，見《〈古今詩話〉成書年代考》，《晋陽學刊》1998 年第 1 期，第 103 頁；郭紹虞則認爲作於"北宋之季"，見《宋詩話考》，第 165 頁。郭説當從，詳正文。

　　③ 據郭紹虞統計，《詩話總龜》保存了四百餘則《古今詩話》，構成今存《古今詩話》的主體。見《宋詩話輯佚》卷上，北京：中華書局，1980 年，第 111～291 頁。

　　④ 關於南宋人改編《詩總》的過程，參看巢彦婷：《臺北"國家圖書館"藏六十卷影宋鈔本〈詩話總龜〉述論》，《古典文獻研究》2017 年第 2 期，第 139～142 頁。

　　⑤ 張海鷗等通過比對《詩總》自序所叙體例和《總龜》前集之門類條目，發現二者數目接近，從而認爲《詩總》原貌大體幸存。見張海鷗、梁穗雅：《北宋"話"體詩學論辨》，《中山大學學報》2005 年第 3 期，第 28～30 頁。

　　⑥ 胡仔《苕溪漁隱叢話前集序》，第 1 頁。

　　⑦ 方回《〈漁隱叢話〉考》云："(阮)閱休《詩總》舊本，予求之，不能得。今所謂《詩話總龜》者，删改閱休舊序，合《古今詩話》與《詩總》，添入諸家之説，名爲《總龜》，標曰"益都褚鬥南仁傑纂集前後續刊七十卷"，麻沙書坊捏合本也。"見《桐江集》卷七。據此，則《古今詩話》至南宋方附入《詩總》。然而，這種説法是有問題的。方回既未見《詩總》原本，則所謂《總龜》合《古今詩話》與《詩總》的觀點其實没有確鑿根據。且臺北圖書館存六十卷影宋鈔本《總龜》，前集首卷首頁有"益都褚鬥南仁杰纂集"字樣。據前揭巢文考證，此本與方回提到的七十卷本存在直接聯繫，後者或爲六十卷本直接添加別集十卷而成。筆者翻閱六十卷本的網絡書影，未曾發現所謂"捏合"痕迹。方回的觀點應來自胡仔之言，而有所誤解。因此，胡仔的説法實際更加可信。

　　至於兩部詩話的其他情況，《宋詩話考》的介紹非常詳細，此處不再贅言。① 總之，根據上一節的結論，我們有充分理由懷疑《鑒衡》引稱的《古今詩話》其實是《古今總類詩話》的簡稱。爲了達成這個目的，首先，需要證實論詩卷同樣因襲《規範·作詩》。

　　在論詩一卷，編者弄錯出處的問題更加明顯。比如，序號二五至二八的四則，《鑒衡》標記的出處是《蒲氏漫齋録》。但是，根據表格的記録，諸則所出之原書多爲《古今總類詩話》引用過，而且，就《蒲氏漫齋録》現存內容來看，它不是"一部本事、掌故類的詩話著作，其性質似與《潛溪詩眼》《冷齋夜話》較爲接近，有較强的理論意味"②。而彙集各家詩話恰好是《總類詩話》的功能。因此，這當是《鑒衡》編者誤讀《規範》所致。實際上，在《規範》原書中，《總類詩話》與《蒲氏漫齋録》次序相近，"很可能《修辭鑒衡》的輯者以此數條同見於數頁之內，遂誤以卷三十九之末的'蒲氏漫齋録'爲出處，致貽大謬"③。

　　無獨有偶，論詩卷存在一個更明顯的例子。表中序號二九的條目，《鑒衡》出自《童蒙訓》，《規範》乃作《總類詩話》。此則原出《六一詩話》。筆者檢查發現，《規範·作詩》中有六則《總類詩話》的引文出自《六一詩話》。相比之下，現存的《童蒙訓》除此則外，並無引《六一詩話》者。④ 這種可能性的差距需要充分考慮。而且，此則見於《規範》卷三九，《童蒙訓》前即爲《總類詩話》。因此，這一則也當是《鑒衡》編者誤讀《規範》所致。

　　由此可知，盡管《鑒衡》論詩卷部分條目的出處和《規範》不同，但是只要引文相同，就可確定這些條目起初抄録自《規範》。如果《規範》的文本曾被改動過，《鑒衡》想必會同於《規範》，而异於原始文本。上一節提到的《小畜文集》即是如此。具體到《古今詩話》也出現了類似的情況。

　　序號一的條目，《鑒衡》引自《古今詩話》，全文如下：

① 見《宋詩話考》，第165頁、第198~199頁。
② 李劍國、任德魁《〈蒲氏漫齋録〉新考》，《文學遺產》2004年第6期，第86頁；又可參看鄧建國《〈蒲氏漫齋録〉考論》，《文學遺產》2003年第2期，第87~92頁。
③ 《〈蒲氏漫齋録〉新考》，第84頁。
④ 吕本中《童蒙訓》，載《吕本中全集》第3冊，北京：中華書局，2019年，第957~1055頁。又此則正輯自《鑒衡》。

　　詩以意義爲主，文詞次之。或意深義高，雖文詞平易，自是奇作。世人見古人語句平易，仿效之，而不得其意義，便入鄙野可笑。盧仝有云："不唧嚠鈍漢。"非其篇前後意義可取，自可掩口矣，寧可效之耶！韓吏部古詩高卓，至其律詩雖可稱善，要是有不工者，而好韓之人，句句稱述，未可謂然也。韓詩云："老翁真個似童兒，汲井埋盆作小池。"此直諧語以爲戲耳。歐陽永叔、江鄰幾論韓《雪詩》，以"隨車翻縞帶，逐馬散銀杯"爲不工，而以"坳中初蓋底，凸處遂成堆"爲勝，不知正得韓意否。永叔云："知聖俞者無如修。嘗問聖俞平生最好句，聖俞所自負者，皆修所不好。聖俞所卑下者，皆修所稱賞。"蓋知音之難如是，其評古人詩，得無似之乎？

　　此則本出《中山詩話》，《規範》和《鑒衡》都同於原始文本。而《詩話總龜》引此則，亦出自《古今詩話》：

　　　凡詩以意義爲主，文詞次之。退之古詩高卓，至律詩雖可稱善，要之未有工者。有云："老翁真個似童兒，汲井埋盆作小池。"此直諧語耳。永叔、江鄰幾評退之"隨車翻縞帶，逐馬散銀杯"爲工，而謂"凹中初蓋底，凸處遂成堆"爲勝，未知真得意否？①

　　同是《古今詩話》的條目，內容卻相差懸殊。看上去，《鑒衡》應該因襲了《規範》。但是，我們必須了解，《總龜》引用《古今詩話》時有沒有任意刪改文本的習性。因此，筆者通檢《宋詩話輯佚·古今詩話》整篇②，發現和《類說》《詩林廣記》等相比，《總龜》引《古今詩話》更近於原始文本，改動痕跡較少。實際上，此則又見於《唐宋分門名賢詩話》：

　　　凡詩以義爲主，文詞次之，或意深義高，雖文詞平易，自是奇作。韓吏部古詩高卓，至律詩雖可稱善，要之有未工者。而好韓詩者，句句稱述，未可謂然也。有詩云："老翁真個似童兒，汲井埋盆作小池。"此直諧語爲戲耳。永叔、江鄰幾評韓《雪詩》，以"隨車翻縞帶，逐馬散銀杯"爲工，而謂"凹中初蓋底，凸處遂成堆"爲勝，未知真得意否也。永叔嘗云："知聖俞詩者莫如修。嘗問聖俞平生所

①　阮閱《詩話總龜》前集卷五，北京：人民文學出版社，1987年，第55頁。
②　《宋詩話輯佚》錄《古今詩話》四百餘則，雖有遺漏，大體已具。

得句，聖俞所自負者，皆修所不好，聖俞所卑下，皆修所稱賞。"故知心賞音之難如是，其評古人之詩，得無似之乎？①

《唐宋分門名賢詩話》，又稱《名賢詩話》《分門詩話》，"就今存十卷本内容考之，與郭紹虞所輯《古今詩話》大同小异。十卷本共二百九十五則，不見於郭輯本者約一百則，其餘約三分之二同於《古今詩話》"②。據此，研究者普遍認爲，《名賢詩話》和《古今詩話》之間存在淵源。③ 就此則而言，雖然《名賢詩話》更接近原書，但它和《總龜》都没有畫綫部分的内容。這從側面表明，《總龜》改編原文，可能更傾向於整體删减文本的方式，而較少從語句修辭方面着手④。

我們再以序號二爲例。其中的條目，《鑒衡》作：

> 鄭綮相國善詩，或曰："相國近爲詩否？"對曰："詩思在灞橋風雪中驢子上，此處何以得之？"蓋言平生苦心。

《總龜》引稱《古今詩話》，文字詳略亦不同：

> 唐相鄭綮《贈老僧詩》曰："日照西山雪，老僧門未開。凍瓶粘柱礎，宿火隱爐灰。童子病歸去，鹿麚寒入來。"自云此詩可以衡稱，重輕不偏也。嘗有人問："相國近有新詩否？"曰："詩在灞橋風雪中驢子上，此中安可得之？"⑤

此則本出《北夢瑣言》。經過比較，《總龜》所引更近原本，《鑒衡》和《規範》相同。類似情況還可見序號四與十一，限於篇幅，這里不再展開。在這四則中，《鑒衡》與《規範》的文本相差無幾，《總龜》引《古今詩話》反异於是，而前兩者又不如後者更近於原始文本。如此看來，似乎

---

① 張伯偉點校《唐宋分門名賢詩話》卷一，載《稀見本宋人詩話四種》，南京：鳳凰出版社，2002 年，第 238 頁。
② 張伯偉《稀見本宋人詩話四種》，前言第 15 頁。
③ 張伯偉認爲《名賢詩話》與《古今詩話》爲同書異名，張海鷗等則認爲《古今詩話》爲《名賢詩話》之所本。後者觀點見《北宋"話"體詩學論辨》，第 28～29 頁。然而，兩種觀點都以《鑒衡》引用的《古今詩話》作爲核心論據，實際需要重新討論。
④ 《規範》卷三六引《分門詩話》，同樣出自此則《中山詩話》，不過截止到畫綫部分。筆者認爲，這當爲《唐宋分門名賢詩話》的另一則。細讀此則《中山詩話》，原文似本可分成兩部分：畫綫部分以前爲一則，闡述"詩以意義爲主"的觀點；畫綫部分以後爲另一則，討論古人詩句評價之難的問題。二者自當時已牽連爲一條。《分門詩話》引作兩則，或合《中山詩話》本意。
⑤ 《總龜》前集卷二六，第 275 頁。

可以認定，《鑒衡》引稱《古今詩話》其實源自《規範》的《古今總類詩話》。

然而，《鑒衡》真的沒有參考過《古今詩話》嗎？也不盡然。論詩一卷不僅有引稱《古今詩話》而不見於《規範》的條目（序號三十），部分重合條目的內容也有細微的差別。如序號六的條目，《規範》作：

> 《冷齋夜話》載魯直云："'詩意無窮，人才有限，以有限之才追無窮之意，雖少陵、淵明不得工也。'然不易其意而造其語，謂之換骨法；規模其意而形容之，謂之奪胎法。"如鄭谷《十日菊》曰："自緣今日人心別，未必秋香一夜衰。"此意甚佳，病在氣不長。曾子固曰："詩當使人一覽語盡而意有餘。"……然其病如前所論。山谷詩云："不知眼界闊多少，白鳥去盡青天回。"荊公云……

《鑒衡》則作：

> 《冷齋夜話》如鄭谷《十日菊》曰："自緣今日人心別，未必秋香一夜衰。"此意甚佳，而病在氣不長。曾子固曰："詩當使人一覽語盡而意有餘。"……然其病如前所論。山谷詩云："不知眼界闊多少，白馬去盡青天回。"此皆換骨法也。顧況詩"一別二十年，人堪幾回別。"荊公云……

《鑒衡》的文本少了黃庭堅之語和解釋奪胎換骨的文字，卻補進顧況的一句詩。根據《冷齋夜話》，這是原文應有的內容①，因此，《鑒衡》實另有所據。但是，原文在曾子固語前尚有"西漢文章雄深雅健者，其氣長故也"一句，而《規範》《鑒衡》俱無，這提示了我們二者之間仍存在關聯。

這種情況尚見於序號十三。本則中，《規範》自"老病有孤舟"句後作：

> 若前後別無奇偉，而皆如《洞庭》他句，雖雅健終不工。如"岱宗夫如何"，雖曰亂道可也。

《鑒衡》則作：

---

① 釋惠洪《冷齋夜話》，載《稀見本宋人詩話四種》，第 17~18 頁。

使《洞庭詩》無前兩句，而皆如後兩句，語雖健終不工。《望嶽詩》無第二句，而云"岱宗夫如何"，雖曰亂道可也。

此則本出《潛溪詩眼》。兩種版本表達的意思雖然一致，但《鑒衡》的文本顯然更容易理解。而且，《苕溪漁隱叢話》前集卷九引此則，文字亦同《鑒衡》①，説明《鑒衡》確實根據別本校改過《規範》。

以上兩則就是《鑒衡》僅有的引《古今詩話》而异於《規範》之處。坦白而言，這不能充分證明《鑒衡》真的參考過《古今詩話》。如前引《冷齋夜話》，它的成書時間就和《古今詩話》非常接近。據周裕鍇先生考察，《冷齋夜話》中，年代可考的最晚文本，作於宣和三年（1121），故是書至少成於宣和三年以後。② 而《古今詩話》則成於宣和五年以前。按照古代知識流動的速度，在如此短的時間中，筆者頗爲懷疑《古今詩話》能否摘録到《冷齋夜話》。

同時，我們也不能以《詩文發源》的狀況類比。論詩卷引用《詩文發源》共十七則，有數則未見於《規範》，但以《苕溪漁隱叢話》《類説》等證之，其來源確鑿無誤；其餘複見《規範》者，如序號十八、二十與二一，具體内容則互有得失，可證並非同源。這表明《鑒衡》編者的確參考過《詩文發源》。然而，《古今詩話》的情況却不如此樂觀。《鑒衡》引《古今詩話》共十八則，除三則异於《規範》文本或爲其所無外，餘下十五則基本同於《規範》，其中又有四則有別於《古今詩話》的現存版本。因此，考慮到《鑒衡》全書因襲《規範》，筆者認爲《鑒衡》引稱所謂《古今詩話》者，其實包含了《古今總類詩話》和《古今詩話》這兩部書籍。區分二者的標志在於相關文本的語法邏輯、信息密度及主旨議題是否完全同於《規範》。比如，指代前者時，它是類似"詩話總類"一般的簡稱；指代後者時，則是詩話的全稱。從這一角度出發，絕大多數《鑒衡》引《古今詩話》的條目，應當出自《規範》的《古今總類詩話》。③

實際上，這反映出《鑒衡》編纂的隨意與粗疏。在序號二二和二三

① 《苕溪漁隱叢話》，第61頁。
② 周裕鍇《宋僧惠洪行履著述編年總案》，北京：高等教育出版社，2010年，第275頁。
③ 郭紹虞先生據《鑒衡》輯録《古今詩話》時，也發現了《古今總類詩話》與《古今詩話》之間容易混淆的問題，但他認爲兩者"似非一書"，從而將《鑒衡》標記"古今詩話"的文本全部録入《宋詩話輯佚》。

中，《鑒衡》編者明明找到條目的原始出處是《西清詩話》和《青箱雜記》，然而，論詩卷中也有數則出自這兩部書，有的甚至被誤署爲《蒲氏漫齋録》，却沒有得到改正。如果編者真的具備嚴肅客觀的態度，難以想像會出現這種情況。

三、《修辭鑒衡》文學與文獻價值的再認識

在前兩節，我們確定了《鑒衡》因襲《規範》的事實。現在，擺在我們面前的問題是：相較於《規範》作詩作文部分，《鑒衡》是否具有獨特的文學價值與意義？爲了解答這一問題，我們首先需要理解《規範》詩文部分内容的價值性，通過比較的方法考察《鑒衡》本身。而在此之前，必須梳理《規範》引用文本的具體情況。

據卷前的"所編書目"，張鎡纂集此書，總共參考了百部不同種類的著作，其中部分典籍雖已亡佚，但尚有多部流傳到了今世。借助這些傳世典籍，我們可以嘗試還原張鎡編纂《規範》一書的整體過程。筆者對比了《規範》和現存的引用著作，發現前者的録文順序基本同於原書，如引《程氏遺書》《横渠理窟》《日新》《省心雜言》《折獄龜鑒》《韻語陽秋》等，皆是如此。[①] 可以説，遵循原書的條目順序就是《規範》引録文本的通例。某種程度而言，《規範》的文本仿佛是瓷器的碎片，透過它就能大略想象出原書的神貌風韻。但是，這反而意味着《規範》僅是不同著作中相近主題文本的無規律的集合，换言之，引文的排列順序並未體現編者的理念，在這一層面上，《規範》不是一部"述而不作"的類書。

具體到詩文部分，我們可以《韻語陽秋》爲例。《規範》卷四十爲"作詩"主題，整卷引文俱出自《韻語陽秋》。有意思的是，此卷共 15 則，前十則見於《韻語陽秋》卷一，剩餘五則中，兩則見於卷二，兩則見於卷三，一則見於卷四。而且，這些條目之間的話題聯繫若有若無，極其松散，在筆者看來，它們至多算是編者本人對中意之處的信手摘録，而非有所深意的取舍抉擇：當張鎡采取這種編纂方式時，其思想的脉絡其實是無

---

① 其中雖有順序不合的情況，但出現的頻率並不高，且順序錯誤的條目本身仍然存在前後次序，位置上也非常接近排序正確的條目。

迹可尋的。① 在上一節末尾，我們提到了《鑒衡》成書的粗疏，現在可以看到，《規範》也存在同樣的問題。不過，二者的缺陷體現在不同方面：就《規範》而言，具體表現爲材料引用與編排的無章法；而就《鑒衡》而言，則表現爲引録文本時不加核對的漫不經心。盡管因襲的烙印無法抹去，但必須承認，相較於《規範》，《鑒衡》更能彰顯相同文本的内在價值，詩文兩卷的編排就已體現出這一點。

首先，讓我們來看論詩卷。在論詩卷中，所有條目都有一個提綱挈領的標題，但首二則却不同：

> 詩者，始於舜、皋之歌，三代列國《風》《雅》繼作，今之三百五篇是也。其句法自三字至八字皆起於此……漢魏以降，述作相望；梁陳以來，格致寖多。自唐迄於國朝，而體製大備矣。

> 《筆談》云：古人文章自應律度，未以音韻爲主。自沈約增崇韻學，其論文則欲宫羽相變，低昂殊節，若前有浮聲，則後須切響。一篇之内，音韻盡殊；兩句之中，輕重悉異。妙達此旨，始可言文……

這兩則引自《規範》的《古今總類詩話》。考察内容，我們會發現它們都涉及詩歌的歷史及相關技藝的嬗變與淵源。這是一種高度概括，編者將它們放在卷首，發揮着總綱的作用，是非常合適的選擇。此後，需要教導初學者的顯然是創作優秀詩歌的前提條件。因此，《鑒衡》集中編排了相關内容，如“詩以風調高古爲主”“詩以意爲主”“詩清立意新”“詩去陳腐不可奇怪不在難解”“詩待境生者工”“詩自苦心得之”“詩取平淡”等章節的設置，在於使學者領會何謂好詩。當《規範》本身的文本不足以完全實現這一目標時，編者會額外參考其他文本，就像“詩有活法”一章：

> 學詩當識活法。所謂活法者，規矩備具，而能出於規矩之外，變化無測，而亦不背於規矩也。□道也，蓋有定法而無定法，無定法而有定法。知是，則可以語活法矣。

---

① 《省心雜言》的情況和《韻語陽秋》非常相似。《規範》卷十三引此書共 49 則，核實原書，可以發現，張鎡引録的文本，超過半數見於《省心雜言》的開頭部分，而且這些條目的内容在原書中都屬於短小精悍的類型。我們推測，編者可能有意規避了字數較多而難以處理的文本。實際上，這種剪裁方式有助於快速成書，但它的品質顯然無法得到充分保障。

後來楊誠齋出真得所謂活法。

謝宣城玄暉有言好詩流轉圓美如彈丸，真活法也。

以上三則俱出自劉克莊的《江西詩派總序》。毋庸置疑，"活法"及其背後所代表的"江西詩派"之觀點是南宋時期最流行的一股文學思潮，忽略它們是不合理的，而編者不囿於《規範》限制的行爲本身已經體現了《鑒衡》的獨立性與原創性。在整卷的條目分配中更能體現這種特質。繼提出何謂優秀詩歌後，論詩卷更進一步轉入了具體詩藝的領域，"八句要訣""四不如""字欲響""氣韻格力"等章無不針對於此。而在這一階段，我們也能看到編者努力將《規範》中那些雜亂無章的內容進行歸類的嘗試，比如"寫物"一章共引用七則文本，分別爲《古今詩話》、《童蒙訓》、《石林詩話》（兩則）、《周小隱詩話》、《韻語陽秋》與《古今總類詩話》。它們全部出自《規範·作詩》，但是分布在各卷中，正是依靠編者自身優異的文學鑒賞力，這些主題相近的文本才能被細致地辨別，從而彙聚在一起，達到了更好的效果。同樣的情況還見於卷末"評前賢詩"一章。此章共三十三則，是論詩卷中條目最多的。[①] 當然，其中絕大多數內容仍然來自《規範》。《鑒衡》編者將它們歸爲一類，雖然造成了體量上的空前膨脹與條目分配的失衡，但盡量保留了《規範》的精華，體現了編者的努力與精心。

以上是論詩卷的情況。相比起來，《鑒衡》的論文卷由於整體內容較少，內在的條理呈露其實十分清晰。和論詩卷類似，論文卷的首則也未擬標題，編者引用了《珊瑚鈎詩話》的一段文本精准概括了各種文體的特征，這同樣起到了總綱的作用。其後則以"古文有三等"章發凡：

余以古文爲三等：周爲上，七國次之，漢爲下。周之文雅，七國之文壯偉，其失騖。漢之文華贍，其失緩。東漢而下無取焉。

本卷的論述順序就遵循於此。從第三章開始，編者有條不紊地按照年代先後來引用文本，首自六經，其後分別爲《論語》《孟子》《毛詩》《檀弓》《春秋》《左傳》《莊子》《列子》《韓非子》《史記》，最後直至"兩漢之文"一章。其中，多數章節都引用了《童蒙訓》。在第一節，我們曾以

---

① 在《鑒衡》中，數量第二多的章節也只有七則條目。

此書爲例，通過探討編者對原文的移易，指出《鑒衡》的分章主題其實依賴於材料本身的內容。現在，觀察相關章節呈現的嚴密年代順序，我們又會發覺，這種依賴還蘊含着編者的主觀能動性，換言之，《鑒衡》是《規範》的文本之體系化的嘗試結果。

其後，《鑒衡》的批評重心轉向唐宋名家之文。這一部分的內容編排同樣符合順序：以韓愈起始，緊接着是柳宗元、歐陽修、蘇軾、曾鞏、秦觀，最後則以"李格非論文"一章結束。如前所言，《規範》中並無涉及柳宗元文章的內容，《鑒衡》編者爲此特意參考了《老學庵筆記》以完成"柳子厚文"一章。此外，論文卷的最後一部分討論了作文的具體方法與注意事項，這和論詩卷的情況相同。總體而言，論文卷幾乎所有內容都來自《規範》，自出心裁的補充工作並不多。《鑒衡》的特色見於論詩卷。

綜上，盡管《規範》詩文部分的內容比較豐富，但是《鑒衡》的文學價值遠遠勝過前者。四庫館臣對《鑒衡》的定位是"談藝家之指南"，而《規範》則僅稱之爲"一代文獻之徵"，單單提及它的輯佚價值。的確，在引用內容基本相同的情況下，具有內在邏輯的《鑒衡》顯然更像一部著作，也更值得擁有"規範"的稱號。因此，在此書成編的半個世紀後，人們依然選擇將之刊印，即使它原本只是"以教爲文與詩之術"的初級教材而已。

接下來，我們將重新評估《鑒衡》的文獻價值。根據因襲的事實，可以認定《規範》其實是《鑒衡》的編纂藍本，這種關係在校勘中會起到很大作用。從《鑒衡》的祖本開始，它的文本就存在訛誤、脫漏、闕文與語意不通等各種各樣的問題，雖然屢經四庫館臣、葉德輝等名家勘校，並取得了顯著成效①，但是他們的工作其實存在很多缺陷，既未明《鑒衡》之因襲性質，往往雜引他書擅自更改原文，甚而臆補脫漏之處。現在，二者關係既明，我們可以充分利用《規範》來校正《鑒衡》，今試以闕文爲例，略示其方。

元刻本《鑒衡》有多處文字爲墨丁掩蓋，無法辨別。根據《規範》，

---

① 參看于天池《題葉德輝影寫元刻〈修辭鑒衡〉》，《北京師範大學學報》2001 年第 1 期，第 142～143 頁；又丁延峰《元王構撰〈修辭鑒衡〉版本源流考》，《版本目錄學研究》2016 年，第 348～354 頁。

可以複原其中的一部分。如卷一"詩清立意新"條出處不可見，據《規範》卷三九，作《呂氏童蒙訓》；"詩要收斂"條出處，據《規範·作文》卷三二，當作《三蘇文集》。"魯直答□彥和詩"句與"送張□道詩雲"句，據《規範》卷四十，兩處本無字；"又□中瀨溪與客納涼時"句，據《規範》卷三九，□作"暑"；"附離不□鑿枘"句，據《規範》卷三七，□作"以"；"以英偉絕世之姿凌跨百□"句，據《規範》卷三七，□作"代"。卷二"薦宗廟□□□熟"句，據《規範》卷三二，□□□作"子之所"；"學文□□之本"句與"霍氏□官相失之由"句，據《規範》卷三五，□□作"養氣"，□作"上"；"孰知其功□聖人之清"句，據《規範》卷三四，□作"侔"；"曾子固答李□書"句，據《規範》卷三四，□作"沆"；"以其嘗試□告人"句，據《規範》卷三二，□作"者"；"夏英公父官於河北"條，出處被掩，據《規範》卷三二，作《皇朝類苑》。遵此，其他有問題之處，都可以參照《規範》來解決。

至於《鑒衡》中引用的亡佚文獻，正如前兩節所言，其中絕大部分都來自《規範》，且後者的排布更符合原文順序。不過，有時《規範》引用的文本並不完全准確，而《鑒衡》偶爾也會參考其他文獻進行校改。當然，這種情況極爲罕見。總體而言，《規範》與《鑒衡》中相同的文獻，引用時當以《規範》爲准。除此之外，《鑒衡》獨立引用的亡佚文獻，如《詩憲》《詩文發源》《複齋漫錄》等，我們不能直接認定它們就是原文。如論詩卷"奪胎換骨"章中，第一則所引的《詩憲》：

> 奪胎者，因人之意，觸類而長之，雖不盡爲因襲，又□不至於轉易，蓋亦大同而小异耳。《冷齋夜話》云：規模其意而形容之，謂之奪胎。換骨者意同而語异也。《冷齋》云：不易其意而造其語，謂之換骨。朱皫逢年云：今人皆拆洗詩耳，何奪胎換骨之有。

我們看到，這一則文本本身引用了《冷齋夜話》。而在此則之下，《鑒衡》就引了《冷齋夜話》，甚至就是《詩憲》所引內容的具體出處。但是，在《鑒衡》中，解釋奪胎換骨法的這段文字並沒有在《冷齋夜話》中出現，反而見於前一則的《詩憲》。這有兩種可能：一是編者嫌內容重複而删去；二是編者爲統一主題，將之移置彼處。如果是後者的話，此則《詩憲》顯然不宜徑視作原文。這也提示我們，雖然《鑒衡》引用了獨立的亡佚文獻，但它們是否符合原文，在沒有其他材料佐证的情況下，需要仔細考察相應的引用環境後才能作出合理的判斷。①

　　最後，我們必須指出關於《鑒衡》的錯誤輯佚所造成的歷史問題。郭紹虞先生在《宋詩話輯佚》中曾據《鑒衡》錄得數則《古今詩話》佚文，其中包含了蘇轍《詩病五事》、范溫《潛溪詩眼》、蔡條《西清詩話》與惠洪《冷齋夜話》等北宋末期的詩話。但是，這些著作的文本並不見於據他書輯錄的《古今詩話》中，本文曾以《冷齋夜話》爲例，認爲《古今詩話》的撰作時間應當不允許收錄此書。② 不過，我們確實難以完全分辨清楚《古今詩話》和《古今總類詩話》的差別。但是，郭輯本《古今詩話》中混入了部分《古今總類詩話》，這是無可置疑的。而且，《鑒衡》引《古今詩話》之條目存在問題。這提示了研究者使用相關文本時必須保持足夠的警惕。

---

① 本文第二节表中序號十九的條目，《鑒衡》引稱《詩文發源》，《規範》則引稱《總類詩話》，引文別無二致，頗疑《鑒衡》誤署出處。

② 《古今詩話》引《西清詩話》中有一則不見於《鑒衡》，但出自清代的《全五代詩》，文本來源頗成問題。且明鈔本《西清詩話》並無此則。按《西清詩話》成書於宣和二年至五年間，不太可能被《古今詩話》引錄，而《古今總類詩話》自然無此問題。

論胡應麟的類書理論與實踐*

鄒逸軒

暨南大學中文系

摘　要：胡應麟認爲類書應在四部之外另立一部，根據類書的內容分
　　　　爲名物、典故、經史、詞章四種，並參考其收録體例，分爲
　　　　載文、載事、兼載事文、經制四種。胡應麟已經具備了初步
　　　　的類書發展史觀念，認爲類書編纂受到了當時政治導向的影
　　　　響，並指出宋代類書有因襲前代類書的情況，而後世類書命
　　　　名亦有效仿前代作品的現象，類書最主要的功能是輯存遺
　　　　佚，可以通過引文考察文獻的真僞和增删。胡應麟曾編有兩
　　　　部"小説類書"，《少室山房筆叢》中也有類書性質的資料彙
　　　　編，可以認爲胡應麟有等同於類書編纂的實踐活動，而其資
　　　　料彙編的重要文獻來源即是小説，存在類書與小説編纂雙向
　　　　互動的過程。
關鍵詞：胡應麟　類書　《少室山房筆叢》　小説

　　胡應麟是明代中後期最爲重要的學者之一，他的學術思想主要見於
《少室山房筆叢》。目前學界對胡應麟思想的關注主要在文獻學、諸子學、

＊　本文爲國家社科基金重大項目"中國古代類書叙録、整理與研究"（19ZDA245）階段性成
果。

小説思想及詩學思想的研究上。① 實際上，胡應麟在他的著作中多次對類書源流及其目錄分類作討論，並對類書的編纂和功能提出了自己的觀點，對後世產生了一定的影響。而他本人也有等同於類書編纂的實踐活動。本文試以《少室山房筆叢》爲中心，剖析胡應麟對類書的態度，探究其類書理論與實踐。

一、胡應麟對類書目錄分類及源流的認識

類書是我國古代具有"資料彙編"和"百科全書"性質的工具書。類書中的資料包羅四部，在中國古典目錄四部分類中一般置於子部，研究者常引用《四庫全書總目·類書類叙》的一段話來説明類書的特殊性：

> 類事之書，兼收四部，而非經非史，非子非集。四部之内，乃無類可歸。《皇覽》始於魏文，晋荀勖《中經部》分隸何門，今無所考。《隋志》載入子部，當有所受之。歷代相承，莫之或易。明胡應麟作《筆叢》，始議改入集部。然無所取義，徒事紛更，則不如仍舊貫矣。②

四庫館臣在《類書類叙》中認爲，類書兼收四部，在四部分類中沒有一個最爲合適的歸類，宜依照舊例歸附在子部之中。"非經非史，非子非集，四部之内，乃無類可歸"的認識可謂允當，但《類書類叙》之中有兩個錯誤值得我們注意。一是對《皇覽》在荀勖《中經新簿》的歸類。《隋書·經籍志》云："三曰丙部，有史記、舊事、皇覽簿、雜事。"姚振宗在

---

① 如王嘉川《布衣與學術：胡應麟與中國學術史研究》（商務印書館，2005 年）一書主要關注的是胡應麟的目錄學、辨僞學、史學和考證成就；關於胡應麟的學術論文也圍繞胡應麟文獻學、諸子學、小説思想及詩學思想展開，如王先霈《胡應麟的小説理論》（《華中師院學報（哲學社會科學報）》1981 年第 3 期）、王嘉川《胡應麟圖書分類方法芻議》（《河北大學學報（哲學社會科學版）》2001 年第 2 期）、吕斌《胡應麟典藏學理論探析》（《圖書館理論與實踐》2008 年第 5 期）、許建業《援史學入詩學：胡應麟〈詩藪〉的詩學歷史化》（《文學遺産》2020 年第 4 期）；學位論文有盧勁波《胡應麟的小説與戲曲思想》（南京師範大學碩士學位論文，2006 年）、陳衛星《胡應麟小説思想研究》（華中師範大學博士學位論文，2007 年）、金光《胡應麟詩學研究》（江西師範大學碩士學位論文，2007 年）、尹芳《胡應麟諸子學研究》（揚州大學碩士學位論文，2018 年）等。

② 永瑢等《四庫全書總目》，北京：中華書局，1965 年，第 1141 頁。按，"《中經部》"當作"《中經簿》"，見張舜徽：《四庫提要叙講疏》，昆明：雲南人民出版社，2005 年，第 116 頁。

《隋書經籍志考證》中也指出："案皇覽簿者載《皇覽》之目録也，魏《中經》以此爲兩部中之一類，晋《新簿》仍之。"① 則《皇覽》在荀勖《中經新簿》並非無所考證。二是館臣認爲胡應麟將類書"始議改入集部"，而胡應麟並未提出要將類書併入集部。

胡應麟《華陽博議》稱："集之流別，爰有類書。"② "類書，集也，而稱子，又經史錯焉，故其學各有專門也。"③ 其於《經籍會通》中評價陸深書目道："惜余生晚，不獲起前輩而質之，惟類書另録最當，與余《山房書目》同。"《九流緒論》又稱："余欲别録二藏及贋古書及類書爲一部，附四大部之末，尚俟博雅者商焉。"④ 可知雖然胡應麟認爲類書與集部有所聯繫，爲集之流別，但在目録的知識分類上，他是在四部之外將類書獨立爲一部，館臣"無所取義"的批評亦"無所取義"。

將類書獨立於四部之外的分類思想並非胡應麟的首創。宋鄭樵《通志·藝文略》已將類書獨立爲與經、禮、樂、小學等類同等並行的一級類目，明初《文淵閣書目》也將類書與其他三十八類並列，陸深《江東藏書目》將類書獨立另録，明人多有將類書與諸子並列的分類方法。⑤ 胡應麟應認識到了類書作爲資料彙編工具書性質的特殊性，並受到了前人對類書分類的啓發，故將類書在四部之外獨立一部録之。雖然胡應麟的《二酉山房書目》已經亡佚，但從其分類可以得知，既於四部之外別立一部，則其收藏類書必不在少，從側面可以反映出胡應麟重視類書的態度。

胡應麟還根據類書的内容，對類書的種類作了區分。《華陽博議》云：

> 類書之中，又有博於名物者、典故者、經史者、詞章者。劉峻之《類苑》，徐勉之《華林》，博於名物；楊億之《元龜》，李昉之《御覽》博於典故；樂天之《六帖》，景盧之《法語》，博於經史；敬宗之

---

① 姚振宗《隋書經籍志考證》，《二十五史藝文經籍志考補粹編（第十五卷）》，北京：清華大學出版社，2014年，第1258頁。
② 胡應麟《少室山房筆叢》，上海：上海書店，2009年，第382頁。
③ 胡應麟《少室山房筆叢》，第385頁。
④ 胡應麟《少室山房筆叢》，第287頁。
⑤ 如明嘉靖年間的晁瑮、孫樓各撰《寶文堂書目》和《博雅堂藏書目録》，萬曆中張萱撰《内閣書目》，都把類書與諸子並列，處於抗衡而非從屬的地位。見胡道静《中國古代的類書》，北京：中華書局，2005年，第5頁。又如祁承爜《澹生堂書目》、錢謙益《絳云樓書目》均將類書作爲一級類目。

《玉彩》，李嶠之《珠英》，博於詞章。總之，則《玉彩》《珠英》《六帖》《法語》之屬，博於文；《御覽》《元龜》《類苑》《華林》之屬，博於事；歐、虞、祝、謝，兼載事文；杜、鄭、馬、王，獨詳經制。大抵書以類稱，體多沿襲。創造之力，劉、徐實艱；考究之功，馬、鄭爲大。至纖微曲盡，毫末咸該，即陸澄、王撝並操觚翰，未必亡憾也。①

胡應麟將類書按内容分成四類：一是以博録名物爲主，以劉孝標《類苑》爲代表；二是以搜録典故爲主，以李昉《太平御覽》爲代表；三是以輯録經史爲主，以白居易《六帖》爲代表；四是以捃拾詞章爲主，以許敬宗《瑶山玉彩》爲代表。胡應麟又在内容分類的基礎上，按編録方法分作載文、載事、兼載事文、經制政典四類。一方面，胡應麟繼承了前人的觀點，其以文、事區分類書性質的判斷顯然來自唐代歐陽詢《藝文類聚·序》中"《流別》《文選》，專取其文；《皇覽》《遍略》，直書其事，文義既殊""其有事出於文者，便不破之爲事，故事居其前，文列於後"②的認識；另一方面，胡應麟以類書的内容、編録方法進行更爲細緻的劃分，是類書發展興盛的必然要求。根據朱仙林的考察與統計，明代曾前後編有類書665種，數量不可謂不少。③以《明代書目題跋叢刊》爲綫索，細繹明人叙録及細目的區分，唯陳第《世善堂藏書目録》在"類編"類下有小字注稱"兼入人文、事物"，從其著録的書籍來看，大致以"兔園册十卷"至"學海"載人文，以"事始三卷"至"物類相感志十卷"載事物，而"古今同姓名録三卷"至"侍兒小名録一卷"爲名録，"錢譜十卷"至"古鼎記一卷"爲譜録，具有一定的分類意識④，其餘目録大多按時代先後進行排次，不加細分。胡應麟應是較早提出通過類書編録内容及其性質進行分類，對類書内部有着更爲細緻的認識，其觀點具有一定的開創性。

值得注意的是，胡應麟認爲《通典》《通志》《文獻通考》這一類"獨

---

① 胡應麟《少室山房筆叢》，第384～385頁。
② 歐陽詢《藝文類聚》卷首，上海：上海古籍出版社，1982年，第27頁。
③ 參見朱仙林《明代類書存佚考論——以〈中國古籍總目〉著録爲例》，《圖書館雜志》，2018年第2期，第101～110頁。
④ 參閱馮惠民、李萬健選編《明代書目題跋叢刊》，北京：書目文獻出版社，1994年，第840頁。

詳經制"的書籍也應歸爲類書，稱贊"考究之功，馬、鄭爲大"，認爲《通志》《文獻通考》雖屬於類書一類，但其具有精深的考究之功。《經籍會通》又稱"唐杜氏、宋鄭氏、元馬氏三書，皆與經史相出入，非他類書比也"，可見胡應麟不獨以類書爲易於檢尋、頗荒實學的一類工具性質書籍，而是與經史之學相得益彰，有助於考證典制的可靠資料，反映了胡應麟對類書文獻和考據價值的重視。

胡應麟還具備了初步的類書史概念。《經籍會通》云："類書昉自《皇覽》，歐陽、虞氏浸盛，至孟利貞《碧玉芳林》四千五十卷，極矣。"自注云："孟書《舊唐志》作四百五十爲近，今從《通志》。然《三教珠英》同時，亦一千三百也。"① 可見胡應麟對類書的源流有着比較清晰的認識，認爲類書起自《皇覽》，至隋唐時期迅速發展，出現了大型的類書。《九流緒論》又云：

> 今世傳大類書，如《太平御覽》《册府元龜》皆千卷，可謂富矣。然貞觀中編《文思博要》一千二百卷，全輪朝編《三教珠英》一千三百卷，簡帙皆多於宋。又許敬宗編《瑤山玉彩》五百卷，張太素編《册府》五百八十二卷，視今傳《合璧事類》等書亦皆過之。其始蓋昉於六朝，何承天《皇覽》一百二十二卷，劉孝標《類苑》一百二十卷，徐勉《華林要略》六百卷，祖珽《修文御覽》三百六十卷。然諸書惟孝標一二出自獨創，自餘皆聚集一時文學之士奉詔編輯者，非一人手裁也。今《博要》《珠英》等書俱久廢不傳，惟唐人《初學記》三十卷，《藝文類聚》一百卷行世，二書采掠頗精，第不備耳，中收錄詩文事迹往往出今史傳、文集外，使諸大部傳，必各有可觀，惜哉！②

胡應麟認爲，大型類書的編纂實際起源於六朝，並簡單梳理了自梁代

---

① 《少室山房筆叢》，第 22 頁。按，《舊唐書·經籍志》載"《碧玉芳林》四百五十卷，孟利貞撰。"（北京：中華書局，1975 年，第 2046 頁）《經籍會通》亦云："唐類書惟孟利貞《碧玉芳林》四千五十卷，類書事迹本繁，非文章比，然余猶疑非一人所辦，《舊唐》孟書止四百五十卷，蓋鄭氏《通志》之誤。"（第 47 頁）四千五十卷出自《通志》，爲鄭樵所記之誤。

② 胡應麟《少室山房筆叢》，第 286 頁。按，《隋書·經籍志》："《皇覽》一百二十卷。繆襲等撰。梁六百八十卷。梁又有《皇覽》一百二十三卷，何承天合。"（魏徵等《隋書》，北京：中華書局，1973 年，第 1009 頁）胡應麟所云一百二十二卷應誤。

何承天、劉孝標以來的大型類書編纂史，對類書的價值和存佚作簡要的評價，認爲優秀的大型類書往往可以輯録出在史傳、文集之外的佚文，具有相當高的文獻價值。

《四庫全書總目·類書類叙》稱："然古籍散亡，十不存一。遺文舊事，往往托以得存。《藝文類聚》《初學記》《太平御覽》諸編，殘璣斷璧，至捃拾不窮，要不可謂之無補也。"可見四庫館臣在類書的文獻價值以及類書史的認識上與胡應麟達成了共識①，這種共識成爲明清類書學通行的理論。

二、胡應麟對類書編纂及其功能的認識

胡應麟對類書發展的歷史有着比較清晰的認識。在《少室山房筆叢》中，胡應麟對前代類書尤其是唐宋類書的編纂提出了相關看法。其在《經籍會通》中指出，唐太宗年間請購天下書籍，選五品以上子弟繕寫，藏之內庫，但在目録典籍的著録上却没有增益。胡應麟認爲："蓋太宗所騁志文詞，所鍾嗜翰墨，於經籍蓋浮慕焉，未必如隋、宋之竭力蒐訪也。故貞觀中百事超越前代，此反愧焉。《文思博要》至千二百卷，歐、虞又各自有類書，而秘府二王之迹，獨冠千古，當時君臣所用力者可見矣。"②《九流緒論》又云："太宗以五代文人失職，慮生意外，故厚其廩禄，俾編集諸類書。文皇命高士廉等當亦此意。武氏以二張故，俾集群彦編《三教珠英》，而一時秉筆皆浮豔士，真欲蓋彌彰矣。"③ 在他看來，唐初的文化生態受到了皇帝個人喜好的影響，在"騁志文詞，鍾嗜翰墨"的影響下，唐代初年誕生了以《文思博要》爲代表的大型類書，文臣歐陽詢、虞世南等人也有個人編纂的類書。可知，在胡應麟的學術觀念中，類書的編纂受政治風氣導向的影響。

胡應麟還認爲，一些類書的命名往往出自前代的作品，有追仿的嫌疑，實爲淺陋之類書。《九流緒論》云：

---

① 《事類賦》提要："類書始於《皇覽》。"（《四庫全書總目》，第 1145 頁）
② 胡應麟《少室山房筆叢》，第 4 頁。
③ 胡應麟《少室山房筆叢》，第 287 頁。

世傳極淺陋書，若《錦綉萬花谷》《韻府群玉》《群書淵海》之類，其名亦起自前代。唐孫翰有《錦綉谷》五卷，是所居山名。錢昌宗《韻類題選》一百卷，陳鄂《四庫韻對》九十八卷，武氏《字海》一百卷，溫庭筠《學海》三十卷，曹化《史海》十卷，王博古《修文海》十七卷，王義方《筆海》十卷。又北朝人有《文海》四十卷，張融有《玉海》四十卷，俱系已集，與宋江氏《文海》、王氏《玉海》，名同而實异也。①

從胡應麟列舉的書名可以看出，他對後世效仿前代書名而編纂的類書持不以爲然的態度，認爲這些書“名同而實异”，爲“世傳極淺陋書”，與前代的類書有着本質的差别。

胡應麟還認爲，類書的編纂不完全是當代人修撰的成果，還存在因襲前人的現象。《經籍會通》引洪邁對《太平御覽》編纂的認識，並力駁其非：

洪景盧云：“國初承五季亂離之後，所在書籍印板至少，宜其焚蕩，了無孑遺。然太平興國中編次《御覽》，引用一千六百九十種，其綱目並載於首卷，而雜書、古詩賦又不能具録，以今考之，無傳者十之七八矣。”此論未然。《太平御覽》蓋因襲唐諸類書《文思博要》《三教珠英》等，仍其前引書目，非必宋初盡存也，亦有宋世不存，而近時往往迭出者，又以鈔拾類書得之。此皆余所自驗，故知之最真。洪以博洽名而早列清華，或未曉此曲折，諸家亦鮮論及，漫爾識之。②

胡應麟指出，《太平御覽》在編纂之中存在抄襲唐代類書的情況，這個觀點得到了四庫館臣的認可，並在《太平御覽》提要中稱贊胡應麟道：“胡應麟《經籍會通》則以爲是編所引，大抵采自類書，非其書宋初尚存。力駁邁說之誤，所言良是。”③ 同時胡應麟還指出，雖然《太平御覽》中所徵引的書目在宋初未必還存在，但往往可以從中輯出一些亡佚文獻。從胡應麟“余所自驗”的話語中也可推測，胡應麟曾從類書之中輯出已經亡

① 胡應麟《少室山房筆叢》，第287頁。
② 胡應麟《少室山房筆叢》，第46頁。
③ 永瑢等《四庫全書總目》，第1145頁。

佚的文獻。這也是他對類書功能的主要認識。

《少室山房筆叢》中多有胡應麟對類書輯存遺佚功能的認識。《丹鉛新錄》"姑息"條自注云："《尸子》宋世已不傳，《通考》可證。凡用修所引，皆得之類書者。"① "秦子符子"條自注云："麟案，下二條楊蓋得之《御覽》者。考《御覽》所引尚眾，二書之目並載《隋志》中。"② 《二酉綴遺》考證陳寔著書，云："陳太丘絕不聞著書，而《意林》所引《抱朴子》載陳仲弓《異聞記》云……按此書《太平廣記》及《御覽》俱不載，蓋其亡已久。然仲弓之言或當不妄，因識此。"③ 也是通過類書的徵引來考據文獻存佚和真僞。

《四庫全書總目·搜神記提要》引胡應麟《甲乙剩言》云："姚叔祥見余家藏書目中有干寶《搜神記》，大駭。曰：'果有是書乎？'余應之曰：'此不過從《法苑》《御覽》《藝文》《初學》《書鈔》諸書中錄出耳，豈從金函石匱幽岩土窟掘得耶？大抵後出异書，皆此類也。'"④ 館臣對胡應麟的類書輯佚功能認識頗爲認可，稱"斯言允矣"，而館臣在《四庫全書》的編纂中也常依托類書對文獻進行輯佚、補全⑤，可見在明清之時，類書所具有的輯存文獻的價值已經成爲學界的共同認識。

胡應麟還通過類書的徵引考察文獻和學術的盛衰。如《四部正訛》考證讖緯之學的盛衰：

> 自隋文禁絶，其目猶有數十家。宋世但七緯傳，説者咸以好事掇拾類書補綴而成，非漢魏之舊。

> 其學自隋文二主禁絶，世不復傳，稍可見者惟類書一二援引，及諸家書目具名而已，而往往紀載不一。

> 第《御覽》所引用亦甚希，而諸史《藝文志》，馬、鄭《經籍略》，並其名皆無之。蓋自唐已亡，高士廉等編《文思博要》或綴拾於宋、齊諸類書中，《御覽》又得之《博要》諸書中，絕非宋初所

---

① 胡應麟《少室山房筆叢》，第 59 頁。
② 胡應麟《少室山房筆叢》，第 59 頁。
③ 胡應麟《少室山房筆叢》，第 365 頁。
④ 永瑢等《四庫全書總目》，第 1208 頁。
⑤ 最具代表性的是四庫館臣對《永樂大典》的輯佚與利用，《四庫全書》著錄有"永樂大典本"388 種，存目 128 種，詳參史廣超《〈永樂大典〉輯佚研究》（復旦大學博士學位論文，2006 年）第二章的相關論述。

有也。

蓋其説尤誕妄，故隋禁之後永絕，類書亦無從援引，而唐宋諸藏書家絕口不談。①

胡應麟本於隋文帝、煬帝禁絕讖緯之書的歷史事實，從類書徵引讖緯之書的情況出發，結合目錄的著錄情況，發現無論是類書徵引還是目錄的著錄中，讖緯之書已經非常稀少，推斷宋代讖緯之書已非漢魏之舊，其時讖緯文獻已經大量亡佚，其學術也走向衰落。

胡應麟還通過類書的徵引判斷真偽。如《四部正訛》云："今見於類書者，惟《含文嘉》《元命包》，乾坤二《鑿度》而已……今《乾坤鑿度》全書存，其理欲深而甚淺，其文欲怪而甚庸，其他雜見類書者往往不相遠也。"② 胡應麟正是將存於類書中的文獻與傳世文獻相勘，以此判斷《乾坤鑿度》一書的真偽。

綜上所述，胡應麟認為類書最主要的功能是輯存遺佚，並可以通過類書的徵引情況考察文獻和學術的盛衰，也可以通過類書中的引文判斷當世流傳文獻的真偽，具有相當高的文獻價值，也已留意到類書在發展過程中與前代書籍的繼承關係。

三、胡應麟的類書實踐

胡應麟不僅在類書理論上有一定的建樹，而且進行過與類書相關的實踐活動。除上文所述從類書之中輯佚文獻，胡應麟還有可能主動編纂了具有類書性質的小說集，且在其《少室山房筆叢》中錄有類書資料彙編性質的文獻，現試分論之。

胡應麟早年輯有《百家异苑》一書，今不見於目錄的著錄，其序保留在《二酉綴遺》中：

今世有刻本者，僅《神异》《述异》數家，餘俱不行，乃其事太半具諸類書，鄭漁仲所謂名亡實存者也。第分門互列，得一遺二，雖存若亡。余屏居丘壑，却掃杜門，無鼎臣野處之賓以遣餘日，輒命穎

① 胡應麟《少室山房筆叢》，第 292～295 頁。
② 胡應麟《少室山房筆叢》，第 294 頁。

生，以類鈔合，循名入事，各完本書。不惟前哲流風藉以不泯，而遺編故帙亦因既見大都，遂統命之曰《百家异苑》，作勞經史之暇輒一披閱，當抵掌捫虱之歡。①

《二酉綴遺》又云：

《太平廣記》雖五百卷，然自洪荒至宋已數千年，又合眾小説數百家而成，而洪直以一代之事當之，不亦妄哉。余嘗欲取宋太平興國後及遼、金、元氏以迄於明，凡小説中涉怪者，分門析類，續成《廣記》之書，殆亦五百餘卷，其誣誕了然洎好奇、剿掇文士俳譃概舉芟之，或不致後來之誚云（此書卷帙繁重，尚未成編，其辯駁大都略見兹集）。②

從胡應麟《序》及《二酉綴遺》的相關叙述中我們可以得知，他所編纂的《百家類苑》是按照“以類鈔合，循名入事，各完本書”的編纂方式，用以“勞經史之暇輒一披閱，當抵掌捫虱之歡”的一部輯佚性質的書籍，兼具類書與總集的性質。此外，他還編纂了另一部大型的小説集，自言“凡小説中涉怪者，分門析類，續成《廣記》之書”，其編纂體例應與《太平廣記》相似，體量甚至超過了五百卷的《太平廣記》。③《太平廣記》在宋代的《崇文總目》和《通志·藝文略》中均歸入類書，蓋因其編纂方式與體例均與同時期類書《太平御覽》相似，可以説《太平廣記》是具有類書和小説總集性質的一部書籍。胡應麟編纂《百家類苑》《廣記》時以類抄合，分門別類，在編纂方式上與傳統的類書編纂頗爲相似，可以稱之爲對“小説類書”的編纂。

明代小説總集的編纂與類書有着密切的關係。劉天振指出，《太平廣記》不僅是文獻意義上的“小説家之淵海”，還是後世小説總集編纂體例的楷模：“古代文言小説總集借鑒類書編纂經驗，將小説文獻分類編排，最主要的原因是中國古人的小説概念内涵太過寬泛，以至於可歸入‘小

---

① 胡應麟《少室山房筆叢》，第 364 頁。
② 胡應麟《少室山房筆叢》，第 363 頁。
③ 陳衛星認爲，胡應麟這部未成的小説類書應是《虞初統集》，見陳衛星《胡應麟的小説整理及小説創作》，載陳文新、余來明主編《明代文學與科舉文化》，北京：中國社會科學出版社，2011 年，第 324～325 頁。

説'名下的文獻資料數量實在太多。"① 胡應麟需要對有着寬廣内涵的"小説"文獻進行彙編、編録，其"續成《廣記》之書"的做法無疑是以類書的編纂對"小説"文獻進行彙總鈔合，也是一種最爲便利的編纂方式。

除編纂有兩部具有類書性質的小説集外，胡應麟在其《少室山房筆叢》中也有類似於類書資料彙編性質的文獻。現以表格的形式將《少室山房筆叢》中有"資料彙編"性質的相關内容展示如下：

表 1　《少室山房筆叢》中"資料彙編"相關内容

《筆叢》原文	彙編内容	條目出處
唐以前言婦人履爲尚有可考者，補録下方	婦女履	卷十二《丹鉛新録》八《弓足》
按婦人履俱見前則，余從諸經籍考得者補下方	履	卷十二《丹鉛新録》八《履考》
王長公《卮言》所載卧冰、種玉、射石、望塵等事，並其姓皆符合可謂至奇。陳心叔《名疑》略同。余推此更得事，如漢張良稱三杰，唐張説亦稱三杰（見玄宗詩云：赤帝收三杰）	歷代同姓事迹相近者	卷十八《史書占畢》六
古今字號之同，尤有奇者，並識之	歷代字號相同者	卷十八《史書占畢》六
《卮言》謂漢諸侯王同名甚衆，而唐世尤繁，聊撮大都於後，但什之六七耳，不能舉其詳也	唐代諸侯王同姓名者	卷十八《史書占畢》六
因益取稗官雜説，凡唐一代名姓相同者數十百人，類而録之，以爲廣見洽聞之助。其异代姓字同者不可勝紀，將別有編録，不列此中。其已見王長公《藝苑卮言》附録及陳心叔《名疑》者，亦不復入	歷代同姓名者	卷十八《史書占畢》六
鬼詩極有佳者，余嘗遍蒐諸小説，彙爲一集，不下數百篇，時用以資談噱，聊撮其尤	小説中的鬼詩	卷三七《二酉綴遺》下
偶閲唐宋諸類書，采摭前規，漏遺泰甚，因戲效昔人比事，集而録之	歷代好學典故	卷三九《華陽博議》下
讀《卮言》所記古今博物事，偶憶史傳、小説中有相類者並疏左方	史傳小説博物典故	卷三九《華陽博議》下

———————

① 劉天振《類書與文言小説總集的編纂》，《華中科技大學學報（社會科學版）》2003 年第5 期，第 47 頁。

續表1

《筆叢》原文	彙編内容	條目出處
顧其説不可具聞，其名號時時散見諸傳記中，暇讀《大洞》諸經外，旁及稚川、貞白及唐、宋小説家言，得名號可紀者數十百餘，彙爲一卷	道教仙聖名號	卷四三《玉壺遐覽》二
禪機中有絕類詩句者，類集左方	禪機中類絕句者	卷四八《雙樹幻鈔》下

可以發現，胡應麟主要通過小説、史傳、經籍等文獻對歷代的典故、姓氏名號以及特定主題詩句進行編録彙總。如《丹鉛新録》"履考"條下云："案，按婦人履俱見前則，余從諸經籍考得者補下方。用修止信筆紀録，宜多失之。乃《太平御覽》《合璧事類》等亦往往疏闊遺漏，即一履足推其餘，馬端臨所以嘆著述之不易也。"① 其下從經史、類書等文獻資料中輯録關於"履"的材料近百條，並注明其出處，可以稱之爲關於"履"的一篇微型類書；《史書占畢》卷六則有大半的篇幅對古代同姓名字號者進行羅列，其動機是"以爲廣見洽聞之助"，並強調自己的編録是補充了王世貞《藝苑卮言》、陳士元《名疑》之遺，力圖求異於前人之書，有賣弄學問的標榜心理。

胡應麟彙集資料的形式與類書編纂的體例頗爲相似。如在《華陽博議》中，胡應麟將閱讀類書時所見關於讀書的典故、本事集而録之形成"資料彙編"：

> 絕章（仲尼讀書章編三絕、鐵摘三折），滅漆（又漆文三滅，亦仲尼讀書）；割席（管寧絕華歆事），下帷（董仲舒、崔祖虯、鄭鮮之、宋世景、李密、司馬光）；穿榻（魏收讀書坐一木榻，積久，榻板中穿），結繩（李充讀《尚書》，接系細繩十尋，每一遍作一結，計數萬餘遍）；然穟（顧歡），屑豆（朱倉代糧）；擁絮（江革），墜冠（朱穆讀書墜冠）；負圖（董藹，又李充亦號負圖先生），擔笈（高允、劉晝）；閉户（劉焯、劉炫、諸葛穎各十年，馮偉節三十年，餘陶弘景、姚思廉、裴行儉、張袞、魯恭、劉晝、韋防、孫敬），杜門（陸倕、諸葛穎）；懸梁（孫敬），鑿壁（匡衡）；寄廡（劉峻少貧，寄人

廡下讀書）居樓（張建章所居有書樓）；掘坎（游明根掘土坎爲室讀書其中）……①

胡應麟將其所見的古人好學讀書的典故以精練的二字概括，並以小字注說明其事，其體例與類書基本一致。胡應麟在《華陽博議》中還將"讀《卮言》所記古今博物事，偶憶史傳、小說中有相類者"②"古文奇字之難辨，有甚於事物者"③一併錄於其中，其體例與上文所錄典故相似，均是胡應麟捃拾故事並加以自注說明的類編資料。從編纂體例和內容性質來看，胡應麟在《華陽博議》中的抄錄已經可以視爲有着類書體例的資料彙編，因其文字在整部《少室山房筆叢》中占比不多，且散見於其筆記之中，未見其單行別錄，因此沒有得到重視。但從他"類而錄之""彙爲一集""集而錄之""彙爲一卷"等表述，或許胡應麟曾有志於將其筆記中的"資料彙編"單獨成錄，在事實上也已經形成主動編纂小型類書的實踐活動了。

本杰明·謝爾曼從社會學和知識史的角度指出，明代對相關事物的知識收集與分類，是在類書的編纂過程中逐漸發生的，"正如博物館穩固地建立在前現代歐洲的采集目錄與詞彙表的百科全書傳統中，晚明日用類書——以及包含它們的叢書亦如此，其均是來源於經典的知識彙聚之地，在這裏，僅僅那些有特權與學識的個人，有權力對世界進行收集與分類。"④胡應麟彙集資料，將如古今姓氏名號、典故、詩句圍繞某一主題合爲一編的編纂方式，正是對某一個領域知識的收集、分類過程，可以作爲觀察明代文人編纂類書及相關文獻資料行爲方式的典型個案。

值得注意的是，小說文獻正是胡應麟進行文獻類編時的重要來源。《少室山房筆叢》的"資料彙編"中有從"稗官雜說""諸小說""史傳、小說""小說家言"等文獻"類而集之"的材料，而這些材料也有可能成爲胡應麟進行"小說類書"編纂的重要資料，其目的皆是出於增廣見聞、好奇資談。苗壯指出："明代文言小說發展中，有一種現象值得注意，那

---

① 胡應麟《少室山房筆叢》，第 395～396 頁。
② 胡應麟《少室山房筆叢》，第 397 頁。
③ 胡應麟《少室山房筆叢》，第 400 頁。
④ 本杰明·謝爾曼著，劉宗靈譯《收集與分類：明代彙編與類書》，《學術月刊》2009 年第 5 期，第 137 頁。

便是彙編、摘鈔舊著之風盛行。”“這些書的編選，得力於明代迅速發展的印刷業，有的是爲小説的保存和流傳，滿足不同階層讀者的需要；有的是爲進一步創作作資料準備。”① 根據《少室山房筆叢》中反映的相關綫索，我們有理由推斷，出於相同的目的，胡應麟“小説類書”的編纂與其在筆記中進行的“資料彙編”是一個雙向互動的過程，其生活的嘉靖、萬曆年間正是明代類書體小説集的繁盛時期，胡應麟兩部“小説類書”的編纂或許受到了時代風氣的影響。劉天振指出，在明代嘉靖至明末類書與小説的結合互動中，小説編纂從類書中吸取了分類彙編、利於檢索的功能，類書的編輯思想、分類體系也助成小説文體價值的確立與發展。② 被稱爲明人“讀書種子”的胡應麟，可以作爲明代嘉靖、萬曆年間文人在類書與小説編纂與互動中的一個縮影，其類書史的理論建樹及實踐值得進一步關注與探討。③

---

① 苗壯：《筆記小説史》，杭州：浙江古籍出版社，1994 年，第 302 頁。

② 詳參劉天振：《類書體例與明代類書體文言小説集》，《明清小説研究》2010 年第 3 期，第 81～91 頁。

③ 《四庫全書總目·少室山房筆叢提要》：“朱彝尊稱其不失讀書種子，誠公論也。”（第 1063 頁）又見朱彝尊《静志居詩話》，北京：人民文學出版社，1990 年，第 545 頁。

《宋藝圃集》與《石倉宋詩選》選黃庭堅詩之比較研究

何　佳

西南交通大學人文學院

摘　要：黃庭堅詩在明代被收入一些選本，如李蓘的《宋藝圃集》和曹學佺的《石倉宋詩選》。比較二書所選的篇目和文獻來源，可知前者的文獻精準度與詩學價值皆不如後者高。受明人重視詩歌交際功能影響，山谷次韻詩及酬贈詩更受歡迎，那些抒情性強的常體詩也比形式新奇的變體詩更容易爲明人肯定。《石倉宋詩選》還呈現出不少值得注意的選詩特徵：肯定黃詩的創新精神和詼諧之趣；強調黃詩的隱逸情思與剛直正義；多選感物興懷詩。這些都體現了曹學佺“復振風雅”的詩學理想，也反映出當時一些士大夫的末世心態。過去很少爲學界注意的《石倉宋詩選》自序，更是了解曹學佺詩學思想的重要資料。

關鍵詞：《宋藝圃集》　《石倉宋詩選》　黃庭堅詩

黃庭堅詩在後世流傳廣泛，其接受研究在近年也得到較多的關注。這些研究多集中在宋代、晚明與清代前中期。邱美瓊《黃庭堅詩歌傳播與接受研究》[①] 第四章指出明代宋詩選本在黃庭堅詩歌傳播中也占有重要地位，簡要論述了李蓘《宋藝圃集》、王化淳《積書岩宋詩選》和曹學佺《石倉十二代詩選·宋詩選》選黃詩數量，肯定了選本擴大黃詩傳播範圍

---

① 邱美瓊《黃庭堅詩歌傳播與接受研究》，南昌：江西人民出版社，2009 年。

的積極作用，並認爲在這一時期明人對唐詩、宋詩的理解已逐步由感性上升到理性，經過選家精心裁鑒的宋詩選本得以流行。但關於選家如何精心裁鑒，社會對宋詩的需求是什麼，邱美瓊尚未清晰論述，留下了進一步探討的空間。高岩和李程也統計了《宋藝圃集》與《石倉宋詩選》中的黃詩數量。① 王友勝、張波也對《宋藝圃集》的文獻價值與選詩傾向進行了論述。②

《積書岩宋詩選》選黃庭堅詩僅 6 首，且影響不大，本文擬對《宋藝圃集》與《石倉宋詩選》兩書選黃詩進行細緻的討論。關於《宋藝圃集》與《石倉宋詩選》，前人論述所用皆爲四庫全書本，筆者在國家圖書館網站所見明萬曆五年（1577）暴孟奇本《宋藝圃集》以及明崇禎本《石倉宋詩選》價值較高。其中《石倉宋詩選》首冊卷首有曹學佺於崇禎庚午（1630）仲秋所作《宋詩選序》，可見其選詩標準，且此序爲四庫本所無，過去學界也極少論述或引用，故本文附錄於後（附錄 2）。本文以國家圖書館的版本進行研究，以爲後來學者進一步研究提供一些材料和綫索。

一、《宋藝圃集》與《石倉宋詩選》選黃詩篇目及其來源

關於《宋藝圃集》選黃詩數量，有依《宋藝圃集》目録言 50 首者，有言 53 首者，有言 61 首者，據筆者統計，四庫本《宋藝圃集》實收黃詩 53 首，而暴孟奇本收詩 52 首，其中四庫本所收《竹枝詞》二首，在暴孟奇本中是《予既作竹枝詞夜宿歙羅驛夢李白相見於山問曰予往謫夜郎於此聞杜鵑作竹枝詞三疊世傳之否予細憶集中無有請一誦乃得之》（其一）；四庫本所收《送李德素歸舒城》，在暴孟奇本中是《觀王熙州唐本草書歌》。《石倉宋詩選》卷二十九收黃詩 55 首，四庫本與崇禎本所收篇目一致，僅題目偶有不同。高岩《明代宋詩選本研究》説："落實到每個詩人的具體情況，《石倉宋詩選》與《宋藝圃集》相比，個別詩人選詩數量呈下降趨

---

① 李程《明代宋詩接受研究》，華中師範大學碩士學位論文，2011 年，第 83 頁，第 88 頁。高岩《明代宋詩選本》，河南師範大學碩士學位論文，2015 年，第 28 頁，第 52 頁。

② 王友勝《論〈宋藝圃集〉的文獻價值與文獻缺失》，《中國韻文學刊》2011 年第 1 期，第 9～13 頁。張波《明代復古宗唐視野下的李蓘〈宋藝圃集〉》，《湖北民族學院學報》2011 年第 2 期，第 35～39 頁。

勢，如在《宋藝圃集》中占據'半壁江山'的蘇軾、朱熹、王安石三人詩歌數量分別下降 100 餘首，歐陽修、蘇轍、陳師道、黃庭堅詩歌數量下降十餘首。"就黃庭堅詩歌數量而言，這種說法是不準確的。《宋藝圃集》與《石倉宋詩選》選黃詩情況詳見附錄 1。

山谷詩的流傳主要有無注的《山谷內集》《山谷別集》，以及帶注的《山谷內集詩注》《山谷別集詩注》《山谷外集詩注》兩大系統。經核對，《石倉宋詩選》采用的是前一個系統。第一，該書所選黃詩的排列次序與《山谷內集》完全一致，可視爲曹學佺在閱讀《山谷內集》時遇到好詩便摘錄於旁，後編訂成冊。如《次韻劉景文登鄴王臺見思》詩在《山谷內集》中處於《題王黃州墨迹後》後《次韻子瞻和子由觀韓幹馬因論伯時畫天馬》之前，三詩同在卷二，且位次相距極近，《石倉宋詩選》所收三詩順序正與此一致。但《次韻劉景文登鄴王臺見思》在《山谷內集詩注》中則因創作於元豐七年（1085）而位於卷一，《題王黃州墨迹後》《次韻子瞻和子由觀韓幹馬因論伯時畫天馬》則分別因創作於元祐元年（1086）、元祐二年（1087）位於卷二、卷七，三詩次序與《石倉宋詩選》不同且相距極遠。第二，從文字來看，《石倉宋詩選》與《山谷內集》重合度更高，與《山谷內集詩注》不同的地方往往與《山谷內集》一致。如《山谷內集》《石倉宋詩選》所收《觀伯時畫馬》皆云"眼明見此五花驄"，而《山谷內集詩注》記爲《觀伯時畫馬禮部試院作》"眼明見此玉花驄"。第三，《石倉宋詩選》所選詩歌題目往往與《山谷內集》一致。上例即可見題目不同。再如曹學佺所選《題松下淵明》一詩，題目與《山谷內集》同，而在《山谷內集詩注》中則爲《題伯時畫松下淵明》。《石倉宋詩選》選黃詩出自《山谷別集》而非《山谷別集詩注》的理由也類似，如曹學佺所選的《題大年小景》與《山谷別集》中題目相同，而此詩在《山谷別集詩注》中作《題宗室大年畫》。第四，還有一些詩如《四月末天氣陡然如秋遂御裌衣遊北沙亭觀江漲》僅見於《山谷別集》，不見於《山谷別集詩注》，其文獻來源便只能是《山谷別集》。第五，《石倉十二代詩選·宋詩選序》云："於是合此三家之書，選宋元之集，每代各百十數家，而卷亦稱是。"三家即是好友徐𤊹、謝肇淛以及姻親晚輩林懋禮，"宋元之集"應是指宋人別集，如其序中提到的"萊公《巴東集》"，卷一選寇準詩於作者名下注《巴東集》，卷二選王禹偁詩題《小畜集》，卷二十九選黃庭堅詩題《山谷集》。通過核對黃詩文獻來源，筆者認爲曹學佺使用的《山谷集》很大可能就是明嘉靖五年（1526）周季鳳、徐岱所刊《山谷全書》本。

不同於《石倉宋詩選》選黃詩來源固定於《山谷內集》與《山谷別集》的情況，《宋藝圃集》黃詩的來源則雜亂廣泛些。四庫館臣已指出其編次顛倒，選錄詩歌蓋是隨見隨抄的情況。筆者也綜合考慮字迹、題目、詩歌先後次序等因素，確定所選黃詩的文獻來源，見附錄1。《宋藝圃集》選黃詩主要源於《山谷別集》與《山谷內集》，也多從《事文類聚》《詩林廣記》等類書以及選本中抄出。

值得注意的是《宋藝圃集》中有一首《古雲寺山》詩，不見於傳世黃庭堅集以及今人整理的黃詩版本，現將原詩抄錄於下：

> 空餘叔子兩青碑，無復山翁白接䍦。臥對江流悲往事，行穿雲嶺扣禪扉。松風半入烹茶鼎，山鳥常啼挂月枝。見說北歸應有日，道人先作鹿門期。

此詩最早見於《（嘉靖）長沙府志》卷五《名勝紀·古雲山寺》。① 所寫的古雲山寺在長沙。黃庭堅於崇寧三年（1104）貶官宜州時曾經過潭州（今湖南長沙市）②，所以在此地寫詩是有可能的。但這首詩是否真出自黃庭堅之筆，還是一個疑問。③

另外《宋藝圃集》還有《塞上曲》一詩，但今傳黃詩各本均無此詩，經查對，僅《古今合璧事類備要》外集卷十一《音樂門》收此詩，題爲"黃庭堅"，這是一個誤題。此詩出自《張耒集》卷十三，題作《塞獵》。由此可見，《宋藝圃集》收詩有粗疏之處。李蓘有時也對所收黃詩有考辨，如在《次韻子瞻元夕扈從端門三首》下注云："《淮海集》中亦有此三首，作秦少游詩也。"此詩確實見於《淮海集》，而今人整理的黃庭堅詩集也未收它。

通過比較兩書選黃詩來源，可知《石倉宋詩選》從《山谷內集》與

---

① 徐一鳴纂修《長沙府志》，明嘉靖刻本，國家圖書館藏。

② 鄭永曉《黃庭堅年譜新編》，北京：社會科學文獻出版社，1997年，第399頁。

③ 熊治祁主編《湖南紀勝詩選》，長沙：湖南師範大學出版社，2012年，第101～102頁，收黃庭堅此詩，稱見於雲陽山寺石刻，錄以備考。李成晴《范仲淹、蘇軾、黃庭堅軼詩輯考——以方志文獻爲中心》，《重慶師範大學學報》2015年第2期，第96～99頁，從《長沙府志》出輯出此詩。

《山谷別集》中選取，而《宋藝圃集》還多從類書選本中抄出，文獻的準確性不如《石倉宋詩選》高，但因其取材廣泛而可能保存了一首軼詩。《石倉宋詩選》可以認爲是曹學佺在通覽《山谷内集》與《山谷別集》後進行選取的成果，《宋藝圃集》則隨見隨選，詩學价值較低。洪炎編《山谷内集》以《退聽》爲斷，元豐八年（1085）以前詩皆不收，強調黃詩變體，而從曹學佺多選《山谷内集》詩也可猜知其對黃詩變體之新奇的肯定（詳後）。《宋藝圃集》選黃詩多從《山谷外集》選，李彤所編《山谷外集》基本保存了山谷晚年删弃的"少作"，多是摹擬盛唐漢魏詩人之作，尚未成一家。

　　至明中後期，黃庭堅詩集、文集的刊刻版本與數量逐漸增多，周季鳳、徐岱所刊《山谷全書》①不僅極大地促進了黃詩的傳播，還成爲宋詩選本所收黃詩的主要文獻來源。選本部頭小，去蕪存菁，可視爲初學者學詩的課本，更容易爲數量龐大的中下層人士所接受。《宋藝圃集》與《石倉宋詩選》作爲明代重要的宋詩選本，確實推動了黃詩的流傳與接受。此外，曹學佺在《宋詩選序》中直云"然則，予固以宋人之選宋詩者選宋詩而已矣"，而他認爲宋人之選宋詩的標準是"合唐調也"，可見曹學佺雖認識到宋元詩各擅一代之美，但仍不足以與唐詩相敵。明人對宋詩的理解雖然在打破"宋無詩"的觀念上有進步，但尚未到專門研究的程度。

二、《宋藝圃集》與《石倉宋詩選》選黃詩探析

　　關於選詩差异，結合橫向的詩體與縱向的分期這兩個角度，可以幫助我們整體把握明人對山谷詩的接受情况。關於黃庭堅詩歌分期，錢志熙與莫礪鋒兩位先生都有論述②，本文采用的是錢志熙先生的分期論：元豐初之前是早期；元豐期間是成熟期，黃詩風格已形成；元祐時期是藝術變化期；紹聖元年後是創作晚期。《宋藝圃集》與《石倉宋詩選》選黃詩情况見表 2、表 3：

---

① 明嘉靖五年（1526）刊刻，次年完工。

② 錢志熙《黃庭堅詩歌分期初論》，《温州師院學報》1989 年第 4 期，第 24～32 頁。莫礪鋒《論黃庭堅詩歌創作的三個階段》，《文學遺産》1995 年第 3 期，第 70～79 頁。

表 2　《宋藝圃集》所選黃詩詩體、分期數量表

	《宋藝圃集》52①						
	古體詩 17		近體詩 35				
詩體	五古	七古②	五律	七律	五絕	六絕	七絕
	4	13	1	5	4	1	24
分期	成熟期	早期：3 成熟期：2 變化期：5 晚期1③	晚期	早期：1 成熟期：3 晚期：1	晚期	變化期	早期：5 成熟期：5 變化期：4 晚期：7④
	早期：9，成熟期：14，變化期：10，晚期：14						

表 3　《石倉宋詩選》所選黃詩詩體、分期數量表

	《石倉宋詩選》55						
	古體詩 31		近體詩 24				
詩體	五古	七古⑤	五律	七律	五絕	六絕	七絕
	18	13	1	10	1	1	11
分期	成熟期：4 變化期：13 晚期：1	成熟期：2 變化期：10 晚期：1	晚期	早期：1 成熟期：2 變化期：1 晚期：6	成熟期	變化期	成熟期：2 變化期：5 晚期：4
	早期：1，成熟期：11，變化期：30，晚期13						

　　兩書選黃詩既有共性，也有變化。就共性而言，山谷六言詩與五言近體詩都不被重視。《宋藝圃集》與《石倉宋詩選》皆只選山谷六言詩一首，分別爲《次韻王荆公題西太乙宮壁二首》（其二）與《題鄭防畫夾》（其一），主要表達世外之趣。《宋藝圃集》所選四首五絕爲《謫居黔南》其一、其三、其四與《離福岩》，皆是晚期作品，前三首"盡用樂天大篇，裁爲絕句"偶有改動。曹學佺所選五絕是《梨花》，"清風時入戶，幾片落

---

　　① 　數字均表示各部分所選數量。
　　② 　也包括以七言爲主的雜言古體詩。
　　③ 　補充説明：關於《塞上曲》，是張耒《塞獵》之誤。《觀王熙州唐本草書歌》創作時間有待考證，故缺兩首。
　　④ 　補充説明：《次韻子瞻元夕戱從端門三首》是秦少游所作，故缺三首。
　　⑤ 　也包括以七言爲主的雜言古體詩。

新衣"也偏於唐詩之"思與境偕",含蓄蘊藉。李、曹所選五律分別爲
《漢陽親舊携酒追送聊爲短句》《次韻聞善》,皆屬黃詩晚期之作,變體之
風有所收斂,吟詠性情,意緒深厚。

　　李、曹選七言古詩數量也基本一致,約占總數的四分之一,這與明中
葉以來的復古之風有關。關於李蓘選宋詩近附唐的特點已有學者論述,其
選黃詩也體現出這一特點,如《古樂府白紵四時歌》(其一)抒情性强,
有六朝詩感物之風,也有唐詩浪漫風流之氣。此外,李蓘亦重視山谷七言
古詩的交際功能,選山谷酬贈詩、次韻詩、題畫詩數量較多。山谷題畫詩
範式多樣,常用誇張法描摹畫中景物之形態與氣勢,再由畫及人,尾聯稍
帶議論,完全可視爲初學者學作詩的範本,故多入選。曹學佺較李蓘更爲
重視黃詩的交際功能,這也是曹選黃詩最突出的特點,不僅體現在選七言
古詩上,也體現在其他詩體上。曹選黃詩共 55 首,次韻、酬贈詩超過一
半,題畫詩是第二大類,詠物詩最少。此外,曹學佺還開始注意到黃詩自
嘲自適的詼諧之趣。如《常父答詩有煎點徑須煩綠珠之句復次韻戲答》是
朋友間純粹的戲贈之作,《以小團龍及半挺贈無咎並詩用前韻爲戲》於戲
謔調侃中塑造了一位滿腹經綸、品質高潔而懷才不遇的文人形象,表達了
黃山谷與晁補之的深厚情誼及其對晁補之懷才不遇的同情,在戲謔中更有
寬慰自適之意。

　　從《宋藝圃集》到《石倉宋詩選》還有不少變化值得注意。首先,曹
學佺選山谷五古最多,這與曹學佺將閩詩派源頭由唐人近體詩溯源至古風
古體詩以救閩詩派沉溺近體之弊的詩學主張有關。曹學佺以復振風雅爲詩
學理想,欲使閩詩派免於"變王李而之鍾譚,風雅凌夷",其古風追求反
映在詩體上則是多選古體詩。他認爲"夫古風,蓋有四言、五言、歌行之
三體"[①],故選山谷古體多於近體,又五古多於七古。李蓘選山谷五古僅
四首,皆作於成熟期,善用比興,以物寄意,如《贈東坡二首》以草木托
意,"得古詩人之風",甚可"以漢人待之"。可見,李蓘亦以古體尊漢魏,
近體尊盛唐爲標準選山谷五古。曹學佺還多選作於元祐元年(1086)至三
年(1088)期間的次韻詩及題畫詩。元祐期間的唱和次韻詩不僅充分體現
了"詩可以群"之交際功能,也反映了宋代詩人的追新求奇、因難見巧,

---

　　① 　曹學佺《石倉歷代詩選・古詩選序》,明崇禎本。

表現了其深厚的學識積累與藝術功力。曹學佺也對山谷的深厚學識及創新精神予以肯定，收錄了不少山谷聯想奇特、比喻新奇之詩，如"公詩如美色，未嫁已傾城。嫁作蕩子婦，寒機泣到明"（《次韻劉景文登鄴王臺見思》其五），借前人語而自出新意，以人之美色喻詩。

除五古外，曹學佺還收錄了不少山谷其他比喻新奇之句，如"曲兀蒲團聽茶湯，煎成車聲繞羊腸"（《以小團龍及半挺贈無咎並詩用前韻爲戲》）、"明日蓬山破寒月，先甘和夢聽春雷"（《謝公擇舅分賜茶》其一），分別以車過太行山羊腸阪之聲、熟睡鼻息鼾聲喻煮茶之聲；句法之新如"石吾甚愛之，勿遣牛礪角。牛礪角尚可，牛鬥殘我竹"（《題竹石牧牛》），以散文句法入詩打破了唐詩意象並列的平滑凝滯；此外還有命意新者如《題鄭防畫夾》其一："惠崇烟雨歸雁，坐我瀟湘洞庭。欲喚扁舟歸去，故人言是丹青。"開篇不言圖畫景物之精細巧妙，而直入畫境，置身其中，尾聯方轉，恍然大悟，由畫境回到現實，命意新奇。再如同樣是寫聽人奏曲，試比較李賀《李憑箜篌引》、白居易《琵琶行》與山谷《聽宋宗儒摘阮歌》，可知山谷未采用李、白二人善用比喻、渲染氛圍的寫作手法，而是自辟新意，密集用典，表達由聲樂觸發的聽者之意，如由聽曲而生"楚國羈臣放十年"不得志的感嘆，"漢宮佳人嫁千里"的幽怨，"漁夫挐舟在葭葦"的閑適，這也正是宋詩重意的體現。曹學佺肯定黄詩之新奇也正與其對宋詩的總體評價——"取材廣而命意新，不欲勦襲前人一字"相合。但本着"合唐調"的選詩標準，曹學佺所選山谷詩仍以合唐調之常體詩爲主。曹學佺也尚未對押險韻、密用典等詩藝有足夠的關注，不僅在五古方面沒有選山谷代表作，如《古詩二首上蘇子瞻》《奉和文潛贈送無咎篇末多以見及，以"既見君子，云胡不喜"爲韻》，其他詩體上也未選最能彰顯黃詩藝術技巧之詩，如在北宋就已被稱贊不已的《雙井茶送子瞻》《和答子瞻》《戲呈孔毅父》《和答錢穆父詠猩猩毛筆》等，曹學佺主要還是基於以宋詩之新來補救明代模擬之病的目的而選取了一些山谷較爲新奇的詩。

其次，對絕句的關注減少，尤其是七絕。李蓘選山谷七絕最多，共24首，近有五成之多，涉及範圍也較廣，有詠物、寫景、次韻、紀行等。《春近絕句》（其四）有齊梁詩之賦物細膩，也有盛唐詩之氣象諧婉，正是傳統時令抒情詩的寫法。《觀化》（其七）亦可視爲山谷七絕常體代表作，

托物抒懷，空靈悠遠。《和陳君議讀楊太真外傳》、《太平州作》（其二）、
《再和元禮春懷》（其一、其二）等詩也多用濃詞麗典，綺艷之風近於李商
隱，却無李之淒迷隱傷，而偶現宋人新意，以艷詞淘寫情意，但總體而
言，仍屬唐人七絕常體，詩風輕快，自然婉轉。從分期來看，李蓘選山谷
晚期七絕最多。山谷晚年借唐詩工夫，又融宋代文士之精神氣，真正實現
了"平淡而山高水深"，不煩繩削而自合，李蓘所選《雨中登岳陽樓望君
山》（其二）、《鄂州南樓書事》（其一）正是晚期七絕的代表作，意蘊閑遠
悠長，語言平易自然，詩中意境與精神品格可與盛唐七絕遙相呼應。[1] 總
之，李蓘所選山谷七絕基本屬於以盛唐爲宗的常體七絕，情韻婉轉，自然
高妙，或爲晚年平淡自然之作，臻於"句法簡易而大巧出焉"。

　　就詩體發展而言，絕句在盛唐時已成熟，題材範圍比以應酬爲主的七
律更廣，可抒寫性情，可描摹景物，也因其篇幅限制，更顯婉轉高妙。七
律經杜甫對其語言藝術與詩歌意境的不斷開拓後最終定型，成爲宋人喜愛
並自覺繼承發展的詩體。宋人青睞的不是杜甫平仄和諧的正體七律，而是
杜甫有意打破格律的拗體七律，尤其是以黃庭堅爲首的江西詩派，最喜學
杜此類詩，並進一步發展，最終使七律成爲最具"宋調"的詩體。從詩體
看，李蓘選山谷七絕 24 首、七律 5 首，反映出其對自然和諧、情韻婉轉
詩風之偏好。反觀曹學佺所選七絕僅 11 首，且不選早期七絕常體，多選
題寫詩。其所選《謝公擇舅分賜茶》乃元祐時期山谷變體的代表作，漫畫
式寫法及詩中表現出的詼諧幽默正是宋代文人"理"與"趣"的體現。前
述曹學佺選山谷七古重視交際功能，並關注了黃詩的詼諧之趣，曹選七絕
亦是如此，這也是曹選黃詩最突出的兩個特點。

　　第三，對七律的關注增多。七律是黃庭堅用功最深，創新最顯著，也
是對後世影響最大的詩體，其成熟的七律變體最能體現山谷體特點，也最
能反映宋詩特質。但從李、曹所選作品來看，對山谷七律之藝術價值尚未
有全面的認識。李蓘選山谷七律僅五首，其所選《題落星寺》（其三）與
《汴岸置酒贈黃十七》雖是山谷七律變體代表作，但據筆者核對，此二首
抄自方回《瀛奎律髓》卷二十五拗字類。方回於詩后評："此學老杜所謂
拗字'吳體'，而編山谷詩者置《外集》古詩中，非是。'各開户牖'真佳

---

① 錢志熙《黃庭堅詩學體系研究》，北京：北京大學出版社，2003 年，第 402 頁。

句。恐以此遂兩用之。"① 方回於《汴岸置酒贈黃十七》後評曰："此見
《山谷外集》，亦'吳體'。學老杜者，注脚四句可參看。必從'吾宗'起，
則五、六'初平''叔度'黃姓事爲切。若止用'百丈''暮卷'起句，則
'吾黨''田翁'一聯亦可也。"② 結合方回評語，我們可以推測李蓘選
《題落星寺》與《汴岸置酒贈黃十七》首先是對山谷學杜的肯定。其次從
其所學拗體看，李蓘對杜甫以及山谷在聲律上的創新也是給予了肯定的，
也期望給極端復古思潮中的詩歌創作注入新力量，但李蓘宋詩總體傾向上
近附於唐，即使肯定山谷之新，也僅是肯定有來源、可借鑒（杜詩）的生
新，總歸是唐詩之新，而非宋詩之新。

　　曹學佺選山谷七律數量多出李蓘一倍，共選 10 首，然其中六首爲山
谷晚期所作，內容上仍以次韻、送別爲主，極具抒情性。山谷晚期七律折
中變體與常體，適當恢復了傳統的抒情與意象構築方式③，曹學佺所選
《和答元明黔南贈別》《贈黔南賈使君》與《新喻道中寄元明用觸字韻》都
是山谷這一類詩的代表作，少用奇字與典故，寫景抒情均用平淡之語，情
感深沉，真摯動人。《寄黃幾復》與《次韻黃幾復和答所寄》雖語言、句
法、辭藻安排新奇巧妙，但又突破詩歌藝術形式，最大限度地表現了詩歌
藝術寫意抒情的本質，可見曹學佺以不損害詩歌抒情性爲前提肯定黃詩形
式之新奇。這也體現了曹學佺的詩學理想，正如孫文秀所說，曹學佺復振
風雅體系以風爲核心，極爲重視情與自然，注重詩歌感情的抒發，又強調
防止落入"怨"之任意恣肆，最終達到"好色而不淫"的中和美。④ 此
外，筆者還認爲這也與曹學佺自身經歷有關。明末宦官魏忠賢亂政，魏氏
附羽劉廷元彈劾曹學佺"私撰野史，淆亂國章"，爲廣西大吏羈留。此案
使曹學佺陷入空前的挫敗之中，更爲彷徨困惑。山谷也身處新舊黨爭漩
渦，紹聖年間因《神宗實錄》戴罪陳留，崇寧年間因《荆南承天塔記》
"復除名，羈管宜州"。山谷這種在貶謫後對人生的進一步認識，對人間之
情的深入體驗更容易引起有着相似經歷的曹學佺的共鳴。這樣的生活經歷

① 方回選評，紀昀刊誤，諸偉奇、胡益民點校《瀛奎律髓》，黃山：黃山出版社，1994 年，
第 674 頁。

② 方回選評，紀昀刊誤，諸偉奇、胡益民點校《瀛奎律髓》，第 675 頁。

③ 錢志熙《黃庭堅詩學體系研究》，第 358 頁。

④ 孫文秀《曹學佺文學活動與文藝思想研究》，北京大學博士學位論文，2011 年，第122～
127 頁。

與情感體驗是李蓘所沒有的，反映在選本上，便是入選篇目的不同，可見《宋藝圃集》與《石倉宋詩選》所體現的編者的詩學主張與情感態度還是較爲明顯的。

最後，從詩歌思想感情上看，曹學佺所選黃詩大多表現出淡薄隱逸之思與剛直守節之義。如《次韻答晁無咎見贈》"翕翕一日炎，耽耽萬年永"謂權門雖熱，但不過一時，唯守正寡欲方是不朽之計；"煮餅臥北窗，保此已微幸"也透出隱逸自適之意。《次韻答張文潛惠寄》則以"短褐不磷緇，文章進楚辭"稱贊了張末不爲世俗所移的品格。《送范德孺之慶州》則以三聯爲一層的平行結構寫出了范式一門的忠義家風，詩風遒勁有力。再如《題松下淵明》，從題目即可知此詩表現了山谷對"松風自度曲，我琴不須彈"閑適生活的嚮往。《省中烹茶懷子瞻用前韻》亦以"但恐次山胸磊隗，終便酒舫石魚湖"稱贊東坡無爭名之病，不必以茶澆心中壘隗。縱觀曹學佺一生，任職京城、金陵、蜀地、廣西期間皆恪盡職守，然在"憂危竑議"案中因張位而波及自身，凄楚南回；又因秉正直書"梃擊案"招致私撰野史之罪，但其心繫百姓、力圖中興之志貫穿始終，老年仍以餘身力效唐王抗清，乾隆所賜"忠杰"謚號也爲曹學佺一生赤膽忠心之歷畫上圓滿句號。隱逸江湖與忠貞守節也算是曹學佺從自身經歷出發以詩選形式爲明末文人指出的兩條人生選擇路徑吧。此外，山谷感物興思一類詩也多爲曹學佺所選，原因或有以下兩點：山谷此類詩婉而多諷，興寄高遠，正與曹學佺"復振風雅"之詩學主張相合。山谷詩中的生命意識以及對時光流逝的感慨等更容易引起有着相似經歷與抱負的明末文人曹學佺的共鳴。如由"白頭對紅葉，奈此搖落何"之景生發"雖懷斫鼻巧，有斧且無柯。安得七十絃，奏此寒士歌"之寒士不遇的感慨（《謝公定和二范秋懷五首邀余同作》其二）。"老夫多病蠻江上，頗憶平生馬少遊"也表達了由時光流逝興發的晚年多病而無所作爲的愁苦之情（《次韻黃斌老晚遊池亭二首》其一）。

還值得注意的是曹學佺在《宋詩選序》中提到其選宋詩的依據是"以宋人之選宋詩者選宋詩"，"宋人之選宋詩也，而首寇萊公，蓋以其合唐調也。王荊公唐詩選，李、杜諸大家概不入格，亦本此意"。曹學佺在萊公詩卷前作有小序，進一步解釋道："佺，按《文獻通考》'宋集'中編次寇忠愍爲首，又《通考》引晁公武曰：'曾慥守贛州，及帥荊渚，日裒輯本朝詩選，自寇萊公以次至僧璉二百餘家。'則余之選'宋集'首寇萊公者，蓋本此耳。……萊公之詩豈獨以次弁有宋哉？而其聲調遒逸之入選也當復然矣。"曹學佺指出以萊公爲首，不僅是因爲其所處時代較早，也是因爲其聲調遒逸之詩風合乎唐調。《明詩選序》也提及"宋集散佚頗多，然宋曾慥、呂祖謙諸選俱首寇萊公。"曾慥《宋百家詩選》確以萊公爲首，呂祖謙《宋文鑒》與《麗澤集詩》選宋詩都按詩體分類，七絕一體以萊公爲首。但宋代宋詩選本多與唱和之風及詩歌流派關係密切，少有以萊公爲首的。① 其次，即有選本以萊公爲首，其原因也不一定是因其合唐調。曹學佺多次強調自己仿效《宋百家詩選》與《文獻通考》選宋詩，大概是以之爲用唐調選宋詩的前例和借口吧。此外，《宋詩選序》對於全面認識曹學佺的詩學主張意義重大，但崇禎本《石倉宋詩選》在最近幾年才被國家圖書館公布，此前大部分學者只能通過吳之振《宋詩鈔·序》所記"曹學佺序宋詩，謂'取材廣而命意新，不欲勦襲前人一字'"② 了解曹學佺對宋詩的態度。故筆者將崇禎本中完整的《宋詩選序》附錄於後，爲深入研究曹學佺的詩學思想提供一些材料。

《宋藝圃集》與《石倉宋詩選》作爲明代重要的宋詩選本，不僅具有重要的文獻價值，也反映了宋詩在明代的接受過程。通過比較兩書選黃詩來源及差異，可知《宋藝圃集》的文獻可信度與詩學價值都不如《石倉宋詩選》，但《宋藝圃集》可能保存了一首山谷佚詩——《古雲寺山》。比較兩書所選山谷詩具體篇目，大致可認爲在明中葉以來的復古思潮影響下，山谷七古在明代是較早被接受的，而五言近體詩一直處於受冷落狀態，山谷的常體詩也比形式新奇的變體詩更容易被明人肯定。此外《石倉宋詩選》還呈現出鮮明的選詩特徵：關注山谷次韻酬贈詩最多；肯定了黃詩的創新精神；注意到了黃詩的詼諧之趣；強調山谷詩中的隱逸情思與剛直正義；多選感物興懷詩；曹學佺還能認識到"宋元自有宋元之詩，而各擅其一代之美"。以《宋藝圃集》與《石倉宋詩選》選黃庭堅詩爲例，可窺見

---

① 高磊《清人選宋詩研究》，蘇州：蘇州大學出版社，2017年，第8～24頁。謝海林《清代宋詩選本研究》，上海：上海古籍出版社，2011年，第17～24頁。申屠青松《歷代宋詩選本論略》，《江漢大學學報》2010年第1期，第73～76頁。李正明，錢建狀《"宋人選宋詩"與宋詩體派》，《佳木斯大學社會科學學報》2009年第6期，第74～76頁。

② 吳之振、呂留良、吳自牧選，管庭芬、蔣光煦補《宋詩鈔》，北京：中華書局，1986年，第3頁。

明人對宋詩的理解雖然在打破"宋無詩"的觀念上有一定的進步，但距理性地認識唐宋詩之別仍有較長的路要走。

附　錄

附錄 1：

表 1　《宋藝圃集》與《石倉宋詩選》選黃詩篇目及其來源表

《宋藝圃集》		《石倉宋詩選》	
篇目	文獻來源	篇目	文獻來源
《贈東坡》二首	《詩林廣記》	《次韻曾子開舍人遊籍田載荷花歸肇》	《山谷內集》。由此至《題鄭防畫夾》皆出自《山谷內集》
《過家》	《山谷外集》	《次韻答晁無咎見贈》	
《姨母李氏崇德君贈墨竹且令作歌》	《事文類聚》	《次韻答張文潛惠寄》	
《慈雲寺》	《事文類聚》	《次韻子瞻贈王定國》	
《趙含答詩約攜山妓見訪》	《事文類聚》	《送范德孺知慶州》	
《古雲寺山》	《（嘉靖）長沙府志》	《題王黃州墨迹後》	
《題落星寺》其三	《瀛奎律髓》	《次韻劉景文登鄴王臺見思》其一、其二、其三、其五	
《汴岸置酒贈黃十七》	《瀛奎律髓》	《次韻子瞻和子由觀韓幹馬因論伯時畫天馬》	
《寄黃幾復》	《山谷內集》	《奉同子瞻韻寄定國》	
《漢陽親舊攜酒追送聊爲短句》	《山谷內集》	《謝黃從善司業寄惠山泉》	
《塞上曲》	《事類備要》	《戲和文潛謝穆父松扇》	
《聽宋宗儒摘阮歌》	《山谷內集》	《省中烹茶懷子瞻用前韻》	
《戲和答禽語》	《山谷內集》	《常父答詩有煎點徑須煩綠珠之句復次韻戲答》	

續表1

《宋藝圃集》		《石倉宋詩選》	
篇目	文獻來源	篇目	文獻來源
《水仙花》	《詩林廣記》	《謝公定和二范秋懷五首邀余同作》其一、其二、其三	
《謫居黔南》三首	《詩林廣記》	《以小團龍及半挺贈無咎並詩用前韻爲戲》	
《酴醾》	《山谷外集》	《次韻張仲謀過酺池寺齋》	
《君山》	《事類備要》	《次韻秦覯過陳無己書院觀鄙書之作》	
《送侄孫隨乃父知命北行》	《事文類聚》	《題松下淵明》	
《書王氏夢錫扇》	《事文類聚》	《題竹石牧牛》	
《大暑水閣聽晋卿家昭華吹笛》	《事文類聚》	《觀伯時畫馬》	
《鄂州南村即事》	《詩林廣記》	《聽宋宗儒摘阮歌》	
《次王介甫韻》	《詩林廣記》	《戲書秦少游壁》	
《次韻子瞻詠好頭赤圖》	《山谷内集》	《戲和答禽語》	
《考試局與孫元忠博士竹間對□夜聞元忠誦書聲調悲壯戲作竹枝歌》	同上	《次韻答斌老病起獨遊東園》其一	
《予既作竹枝詞夜宿歊羅驛夢李白相見於山問曰予往謫夜郎於此聞杜鵑作竹枝詞三疊世傳之否予細憶集中無有請一誦乃得之》	同上	《寄黃幾復》	
《離福岩》	同上	《次韻幾復和答所寄》	
《再作次韻》	同上	《謝君擇舅分賜茶》	
《題惠崇畫扇》	同上	《和答元明黔南贈別》	
《審子興追和予岳陽樓詩復次韻》	同上	《贈黔南賈使君》	

續表 1

《宋藝圃集》		《石倉宋詩選》	
篇目	文獻來源	篇目	文獻來源
《次韻晁補之廖正一贈答詩》	《山谷外集》	《宋楘宗寄夔州五十詩》	
《聖柬將寓於衛行乞食放齋有可憐之色再次韻感春一首贈之》	同上	《次韻黃斌老晚遊池亭》	
《和陳君議讀楊太真外傳》	同上	《次韻奉答少微紀贈》	
《次韻子瞻元夕扈從端門三首》	同上	《次韻聞善》	
《王立之以小詩送並蒂牡丹戲答》其一	同上	《雨中登岳陽樓望君山》	
《題王居士所藏王友畫桃花杏花一首》	同上	《新喻道中寄元明用觴字韻》	
《太平州作》	同上	《題小景扇》	
《觀王熙州唐本草書歌》	同上	《題花光畫山水》	
《古樂府白紵四時歌》	同上	《題鄭防畫夾》	
《李君睨借示其祖西臺學士草聖並書帖一扁二軸以詩酬之》	同上	《伯時彭蠡春牧圖》	《山谷別集》，由此至《四月末天氣陡然如秋遂御袂衣遊北沙亭觀江漲》皆出自《山谷別集》
《春近絕句》	同上	《梨花》	
《睹化》	同上	《次韻清虛喜子瞻得常州》	
《再和元禮春懷》二首	同上	《與黔倅張茂宗》	
《過西山》	同上	《大暑水閣聽晉卿家昭華吹笛》	
《大風》	同上	《題大年小景》	
《伯時彭蠡春牧圖》	《山谷別集》	《梅花》	
《觀劉永年團練畫角鷹》	《山谷別集》	《書王氏夢錫扇》	
		《題王晉卿平遠》	

續表1

| 《宋藝圃集》 | | 《石倉宋詩選》 | |
篇目	文獻來源	篇目	文獻來源
		《題覺海寺》	
		《元師自榮州來追送余於瀘之江安綿水驛因復用舊所賦此君軒詩韻贈之並簡元師從第周彦公》	
		《四月末天氣陡然如秋遂御裌衣遊北沙亭觀江漲》	

附録2：《石倉十二代詩選·宋詩選序》

予作十二代詩選，爲期頗亟，或言於予曰："子未可以若是其幾也。"予應之曰："然。顧亦自有説。"夫詩自漢魏而下，以至晋宋、六朝、三唐，予在金陵時閲選再四，繕寫成帙，旋散佚去，予亦不之問，有暇乃更選，或前後並存者，則以今昔之去取，而驗乎意見離合之何如也？《魯論》云："子與人歌而善，必使反之，而後和之。"夫詩歌之屬也，予不能歌，亦未能和，但日披閲而尋繹之，尋繹不已，若反而已矣。宋元詩予概未之經目，集亦不可多得。但宋病於腐，元病於纖，每聞乎稱詩者之言。以今觀之，宋元自有宋元之詩，而各擅其一代之美，何可尚銅以瑕訾也？"三山徐、謝二家，收藏頗夥，亦不輕借人。興公，予老友，幼年喜購小本書，黍積銖纍，爲日既久，兹且倒篋以俾予用，顧予而喜曰："子詩選成。"始知予前者之積累爲不虛矣。在杭爲水衡時，斥俸以抄秘閣所藏，益不欲彰之外。曩任粵西總憲，囑其掌記以架上書，惟余所欲觀毋恡，今諸郎尚遵嚴考之訓如一日也。予年家子林懋禮，頃亦好積書，有所得，每以告，余亦往往資乎其所不逮。於是合此三家之書，選宋元之集，每代各百十數家，而卷亦稱是。予觀唐詩稱最盛，其在宋時，宋敏求嘗取唐人百家，選擇其佳者，凡一千二百餘首爲一編，王介甫觀之，因再有所去取，且題云："欲觀唐詩者，觀此足矣。"按即今之所傳《百家唐詩》是也。而今好事家往往有稱集三百家及五百家者，大都掇拾一二首亟五六首以充數而已，豈有北宋之時僅獲一百八家，而在今日能數倍之乎？且宋次道爲三司條例官，與荆公密邇朝夕，又俱有鈎奇好古之癖，而今有能同官同志如二公者乎？故余謂選宋元詩代各百十數家，亦足以成書矣。雖然宋之爲宋，亦豈易言也？藝祖開國，五星聚奎，識者已覘其人文之盛，而當代名德如寇萊公、韓忠獻、范文正、司馬溫公、歐陽公、王荊公、蘇文忠、李忠定、文文山；理學家如周元公、程明道、邵康節、呂東萊、朱文公，皆自成一家，上足以黼黻皇猷，而下足以陶寫情性；乃若王元之、楊大年、梅聖俞、秦少游、陸務觀、謝皋羽諸君子，則又是崑門詞人本色也。大抵宋之爲詩，取材廣而命意新，不欲勦襲前人一字，而詩家反以腐錮之，其與予之向未寓目者殆亦同病也歟！而構思層疊，稍涉議論則有之。夫如是，則選當用何法？曰：宋人之選宋詩也，而首寇萊公，蓋以其合唐調也。王荊公唐詩選，李、杜諸大家概不入格，亦本此意。然則，予固以宋人之選宋詩者選宋詩而已矣，故於萊公《巴東集》之首而序及之，以當凡例焉。

崇禎庚午仲秋之吉，石倉居士曹學佺能始撰。

《四庫全書總目》經部小學類提要訂誤[*]

孫利政

南京大學文學院

摘　要：《四庫全書總目》是中國古代集大成的目録學著作，然其中
　　　　訛誤錯漏之處不在少數。文章以中華書局整理本《欽定四庫
　　　　全書總目》爲底本，參校各種類型的四庫提要，並運用史源
　　　　學的方法，對《總目》著録之典籍與提要徵引之原文獻逐一
　　　　複核，就經部小學類提要進行考校，共校正各類訛誤三
　　　　十則。

關鍵詞：《四庫全書總目》　經部　小學類　訂誤

　　《四庫全書總目》是中國古代集大成的目録學著作，一直備受學者關注，對其進行考辨校訂的專著、論文也層出不窮。1997 年中華書局出版了《欽定四庫全書總目》“整理本”，以殿本爲底本，以浙、粵二本爲校本，同時廣泛吸取前人校訂成果。2012 年上海古籍出版社出版了魏小虎《四庫全書總目彙訂》，以浙本爲底本，對校殿本，極力搜集 2011 年年底前發表的考校成果，資料頗爲完備。近來李建清《〈四庫全書總目〉小學類提要彙校與研究》上編對《總目》小學類提要進行了全面考訂，注意到參校各家分纂稿和書前提要，惜多列異文而少論斷。校書如掃塵，旋掃旋生，《總目》仍然存在不少問題。今以中華書局整理本《欽定四庫全書總目》爲底本，參校各種類型的四庫提要，並運用史源學的方法，對《總

　　* 本文受南京大學優秀博士研究生創新能力提升計劃 B “四庫全書總目考校”（202101B014）資助。

目》著録之典籍與提要徵引之原文獻逐一複核，就經部小學類提要進行考校，共校正各類訛誤三十則。每條提要原文附整理本頁碼，以便按覈。

一、《爾雅注疏》十卷（内府藏本）

晋郭璞注，宋邢昺疏。（卷40，527頁）

按：十卷，浙本、粤本、文淵閣書前提要、《文溯閣四庫全書提要》、文津閣書前提要、《四庫全書薈要總目提要》、《四庫全書簡明目録》作"十一卷"，是。文淵閣、文津閣《四庫全書》本、《摛藻堂四庫全書薈要》本《爾雅注疏》均爲十一卷。諸書前提要及《薈要提要》皆稱此爲"乾隆四年奉敕校定本"，《薈要提要》長編亦稱"晋弘農太守河東郭璞注，唐陸德明音義，宋邢昺正義。今依内府刊本繕録，據明國子監本、毛晋汲古閣本、郎奎金本及諸家所勘宋本恭校"[1]，"内府刊本"即指清乾隆四年（1739）武英殿刻《十三經注疏》本《爾雅注疏》，與明北京國子監及毛晋汲古閣刻《十三經注疏》本《爾雅注疏》均十一卷，明郎奎金《五雅》本《爾雅》三卷，有注無疏。宋刻單疏本《爾雅疏》十卷，顯非館臣所據底本。其後阮元校刻《宋本十三經注疏》本《爾雅注疏》十卷，然與武英殿、《四庫全書》諸本分卷不同。故館臣所據當爲清乾隆四年武英殿刻《十三經注疏》本《爾雅注疏》，凡十一卷，殿本"十"下脱"一"字亦明。

二、《爾雅注》三卷

宋鄭樵撰。樵，字漁仲，莆田人，居夾漈山中，因以爲號，又自稱西溪逸民。紹興間以薦召對，授右迪功郎、兵部架閣，尋改監潭州南嶽廟，給札歸鈔所撰《通志》，書成，入爲樞密院編修。事迹具《宋史·儒林傳》。……汪師韓集有書此書後一篇……議其《釋言》篇内經文脱"弇，同也"三字，《釋水》篇内經文脱"水之由膝以下爲

---

① 江慶柏等整理《四庫全書薈要總目提要》，北京：人民文學出版社，2009年，第211頁。

揭"至"爲属"十八字，《釋草》篇内經文脱"葦醜，芀"三字，《釋魚》篇内經文脱"蛭，蟣"二字，《釋鳥》篇内脱"倉庚，鵹黄也"五字，皆當爲毛氏刊本之誤，併以詆樵，則過矣。（卷40，528頁）

按：西溪逸民，文淵閣書前提要作"溪西逸民"，是。《宋史·儒林·鄭樵傳》未言鄭氏"西溪逸民"之號，提要當據《宋詩紀事》"鄭樵"條小傳："樵字漁仲，莆田人。居夾漈山中，自稱溪西逸民。紹興中，以薦召對，給札歸鈔所著《通志》。書成，入爲樞密院編修官。有《夾漈遺稿》。"① 二者比較史源自明，而"西溪"作"溪西"。考鄭樵《夾漈遺稿》載《題夾漈草堂》云："斯堂本幽泉、怪石、長松、修竹、榛橡所叢會，與時風、夜月、輕烟、浮雲、飛禽、走獸、樵薪所往來之地。溪西遺民於其間爲堂三間，覆茅以居焉。"② 《夾漈遺稿》已收入《四庫全書》，文淵閣書前提要、《文溯閣四庫全書提要》、文津閣書前提要亦云："（鄭）樵字漁仲，莆田人。居夾漈山中，自稱溪西遺民。"又林希逸《竹溪鬳齋十一稿續集·學記》云："溪西先生鄭漁仲，千載豪杰之士也，其文超絶，自爲調度。"③ 又引鄭樵《夾漈聽泉記》稱"去溪西遺民夾漈草堂之枕六、七步許"④ 云云。《莆陽比事》載："鄭樵《溪西集》十五卷。"⑤ 皆可證鄭樵自稱乃"溪西遺民"，《宋詩紀事》作"溪西逸民"不確，《總目》提要又誤倒作"西溪逸民"。

又按："水之由膝以下爲揭"，"水之"二字衍。汪師韓《上湖分類文編》載《書夾漈鄭氏爾雅箋注》云："乃今勘其書，則經文且有脱去者。《釋言》之'弇，同也'，《釋水》之'由膝以下爲揭'至'爲属'十八字，《釋草》之'葦醜，芀'，《釋魚》之'蛭，蟣'，《釋鳥》之'倉庚，鵹黄也'，郭氏皆有注，而鄭並經文闕焉，何也？"⑥ 考《爾雅·釋水》："'濟有深涉，深則属，淺則揭'。揭者，揭衣也。以衣涉水爲属。繇膝以下爲

---

① 厲鶚《宋詩紀事》卷四五，上海：上海古籍出版社，2013年，第1137頁。

② 鄭樵《夾漈遺稿》卷一，《四庫提要著録叢書》集部第51册，影印清初鈔本，北京：北京出版社，2010年，第159頁。

③ 林希逸《竹溪鬳齋十一稿續集》卷二九，《四庫提要著録叢書》集部第27册，影印明謝氏小草齋鈔本，第551頁。

④ 《竹溪鬳齋十一稿續集》卷二九，第556頁。

⑤ 李俊甫《莆陽比事》卷三，《續修四庫全書》第734册，第224頁。

⑥ 汪師韓《上湖分類文編》卷一，《續修四庫全書》第1430册，第379頁。

揭，繇膝以上爲涉，繇帶以上爲厲。潛行爲泳。”① 鄭樵《爾雅注·釋水》
則作“‘濟有深涉，深則厲，淺則揭’。揭者，揭衣也。以衣涉水爲厲，潛
行爲泳”②，故汪氏謂鄭注本脱“由（由、繇字通）膝以下爲揭”至“爲
厲”十八字。提要據汪文轉寫時誤將“由膝”前“水之”二字衍入。

三、《駢雅》七卷

此書皆刺取古書文句典奧者，依《爾雅》體例，分章訓釋。自
《釋詁》《釋訓》以至《蟲魚》《鳥》《獸》，凡二十篇。（卷40，533
頁）

按：二十篇，《四庫全書初次進呈存目》《翁方綱纂四庫提要稿》作
“十二篇”，是。《翁方綱纂四庫提要稿》長編載各卷篇目爲“一《釋詁》，
二《釋訓》，三《釋名稱》《釋服食》，四《釋器》，五《釋天》《釋地》，六
《釋草》《釋木》，七《釋蟲魚》《釋鳥》《釋獸》”③，《駢雅》卷首余長祚序
則稱“其目曰《釋詁》，曰《釋訓》，曰《釋名稱》，曰《釋宮》，曰《釋服
食》，曰《釋天》，曰《釋地》，曰《釋艸》，曰《釋木》，曰《釋蟲魚》，曰
《釋鳥》，曰《釋獸》，合之得七卷”④，所記皆十二篇，然“釋宮”“釋器”
之目有異。考《駢雅》“釋名稱”與“釋服食”間有“釋宮”⑤，“釋服食”
與“釋天”間有“釋器”⑥，《爾雅》十九篇，亦有“釋宮”“釋器”二目。
是《駢雅》實分十三篇，翁纂稿長編、余長祚序所述各闕一篇。是《總
目》提要“二十篇”爲“十二篇”誤倒亦明。

① 邢昺疏《爾雅注疏》卷七，阮元校刻《十三經注疏》本，北京：中華書局，2009年，第
2619頁。
② 鄭樵注《爾雅》卷中，《四庫提要著録叢書》影印元刻本，經部第28册，第216頁。
③ 翁方綱撰，吴格整理《翁方綱纂四庫提要稿》，上海：上海科學技術出版社，2005年，
第112頁。
④ 朱謀㙔《駢雅》卷首，《四庫提要著録叢書》經部第29册，影印明萬曆十七年（1589）
朱統鈺玄湛堂刻本，第5頁。
⑤ 《駢雅》卷三，第18頁。
⑥ 《駢雅》卷四，第21~24頁。

四、《字詁》一卷

間有數字未安者，如謂："𩀂，《說文》：'呼郭切，飛聲也。'而諸書用'𩀂𡡅'處又音'髓'。今書地名、人姓之類多用霍……𩀂本飛鳥聲，借爲地名，因又借爲人姓，後省便作霍。既爲借義所奪，其本音、本訓遂失。"……《玉篇》"𩀂"字下注云："息委切，露也。呼郭切，飛聲。"《廣韻》於四紙"𩀂"字下注云："𩀂𡡅草。"於十九鐸"𩀂"字下注云："地名。《說文》：'飛聲也。'"則是"𩀂"本有"髓"之一讀，並不因省借爲"霍"始音"髓"也。（卷40，533頁）

按："𩀂𡡅草"文有訛脫。《廣韻·紙韻》："𩀂：𩀂𡡅，草木弱貌。"①《字詁》"𩀂霍"條云：

《說文》："𩀂，呼郭切，飛聲也。兩而雙飛者，其聲𩀂然。"是《說文》即以此爲"霍"字矣。然諸書用"𩀂𡡅"字又音"髓"，劉安《招隱士》："蘋艸𩀂𡡅。"《石崇傳論》："春畦𩀂𡡅。"韓愈《城南聯句》："春遊樂𩀂𡡅。"《廣韻》："𩀂𡡅，艸木弱貌。"此以聲狀形，宜其不可爲"呼郭切"也。今書地名、人姓之類多用"霍"。②

是"𩀂𡡅"乃古書習語，指草木細弱、隨風披拂的樣子。《總目》提要殆誤以《廣韻》"𩀂𡡅草"爲句，而"𡡅"又訛作"麻"也。

五、《説文解字》三十卷

如罕之所云，呂忱《字林》多補許慎遺闕者，特廣《説文》未收字耳。其書今雖不傳，然如《廣韻》一東部炯字、銍字，四江部𪒩字之類，云"出《字林》"者，皆《説文》所無，亦大略可見。（卷41，536頁）

按：炯，浙本、粵本、文淵閣書前提要作"烱"，是。《廣韻·東韻》：

① 陳彭年編《宋本廣韻》卷三，北京：中國書店，1982年，第222頁。
② 黃生《字詁》，《景印文淵閣四庫全書》第222冊，第574頁。

"烔：熱氣烔烔。出《字林》。"① 《廣韻》迴韻收"烔"字，無"出《字林》"語，《説文》亦有"烔"而無"烔"，可證"烔"爲"烔"字形誤。

六、《説文繫傳考异》四卷

國朝汪憲撰。憲，號魚亭，仁和人。乾隆丁丑進士，候選主事，未就銓而卒。（卷41，538頁）

按：丁丑，浙本、粵本作"乙丑"，是。考錢陳群《誥贈朝議大夫原任刑部陝西司員外郎魚亭汪君傳略》云："君諱憲，字千陂，號魚亭。先世居上江黟縣之雷岡，七世祖文宇公始遷於杭，貫錢唐。……登甲子賢書，乙丑聯捷，爲予主試南宮所得士。"②《總目・〈易説存悔〉提要》亦云："國朝汪憲撰。憲字千陂，錢塘人。乾隆乙丑進士。"③ 檢進士題名碑，汪憲爲乾隆十年乙丑（1745）二甲第四十三名④，是"丁丑"爲"乙丑"字誤甚明。

七、《汗簡》三卷

《鈍吟雜録》載馮舒嘗論此書，以沴、沴、腈、駛諸字援文就部爲疑。然古文部類不能盡繩以隸楷，猶之隸楷轉變，不能盡繩以古文。舒之所疑，蓋不足爲累。（卷41，541頁）

按：檢馮班《鈍吟雜録》無馮舒論《汗簡》相關文字。考馮舒手鈔本《汗簡》七卷，卷末"太歲乙酉閏六月之十日屠守老人識"云：

此書亦有不可余意處。如"沴"字、"沴"字、"泯"字、"涸"字俱从水，今"沴"从"丏"，"沴"從"方"，"泯"從"氏"，"涸"從"鹵"；"腈"從"月"而入脊部，"邻"從"邑"而入谷部，"駛"

---

① 《宋本廣韻》卷一，第3頁。
② 錢陳群《香樹齋文集續鈔》卷四，《四庫未收書輯刊》第9輯第19冊，第390頁。
③ 紀昀等《欽定四庫全書總目》卷一〇，北京：中華書局，1997年，第131頁。
④ 朱保炯，謝沛霖編《明清進士題名碑録索引》，上海：上海古籍出版社，1979年，第2716頁。

从"馬"而入史部，"朾"从"木"而入万部。諸此之類，不可枚舉。大氐因古文字少，未免援文就部，以足其數，其實非也。①

錢曾《讀書敏求記》"郭忠恕《汗簡》七卷"條云：

> 屠守居士云："此書亦有不可予意處。如'沔''汸'字俱從水，今'沔'從'丏'，'汸'從'方'；'腈'應從'月'而入脊部，'郤'應從'邑'而入谷部，'駛'應從'馬'而入史部，'朾'應從'木'而入万部等類，雖因古文字少，未免援文就部，以足其數，而核其實則非也。"屠守居士爲吾友馮舒巳蒼，別號癸巳老人，藏書率多异本，吾邑之宿素也。②

《讀書敏求記》引"屠守居士云"即本馮跋，而提要實據《敏求記》轉引，而依例當標明文獻出處。館臣未見馮氏鈔本，《敏求記》又未明言所出，因聯想到馮舒弟馮班撰有《鈍吟雜録》，故臆增"《鈍吟雜録》載"云云，未覈原書也。

八、《古文四聲韻》五卷（户部郎中汪啓淑家刊本）

> 所列韻目，據自序云本唐《切韻》。仙韻下增一宣韻，與徐鍇《韻譜》同。覃、談二韻列於麻後陽前，蒸、登二韻列於添後咸前，與顏元孫《干禄字書》同，蓋唐制如是。至齊韻之後、佳韻之前增一<u>移</u>韻，與二書又不同。（卷41，543頁）

按：移韻，文淵閣書前提要作"移韻"，是。《四庫》本《古文四聲韻》"十二齊"與"十四佳"間爲"十三移"，收"移（原注：闕。古文）"一字。③《四庫》底本爲清乾隆四十四年（1779）汪啓淑刻本，此本與庫書同，目録亦載"移第十三"，可證"移"爲"移"字形誤。

---

① 郭忠恕《汗簡》卷末，《四庫提要著録叢書》影印明弘光元年（1645）馮舒鈔本，經部第29冊，第386頁。

② 管庭芬、章鈺《讀書敏求記校證》卷一，上海：上海古籍出版社，2019年，第56~57頁。

③ 夏竦《古文四聲韻》卷一，《景印文淵閣四庫全書》第224冊，第427頁。

九、《六書故》三十三卷

元吾邱衍《學古編》曰："侗以鐘鼎文編此書，不知者多以爲好……許氏解字引經，漢時猶用篆隸，乃得其宜。今侗亦引經，而不能精究經典古字，反以近世差誤等字引作正據。鎝、鍾、黎、鋸、尿、屎等字，以世俗字作鐘鼎文。'卯'字解尤爲不典，到此書爲一厄矣"云云。（卷41，545～546頁）

按：提要引《學古編》一節文字，殿本與浙本存在多處異文，其要有二：一是浙本"黎"作"鎣"；二是浙本"到此書"作"六書到此"，整理本、《彙訂》均校從浙本。《彙訂》以爲提要所引"出自吾丘衍《閑居録》，非《學古編》"①。檢《四庫》本吾丘衍《閑居録》原文云：

近世戴侗以鐘鼎文編《六書故》，不知者以其字便於用，無《説文》聲牙之患，多取之。……許慎引經，漢時文皆篆隸，乃得其宜。今侗引經，而不能精究經典古文，反以近世差誤俗字以爲證。鎝、鏈、鋸、尿、屎等字，依世俗字爲鐘鼎篆體，各有詳注。"卯"字所解尤爲不雅，編首字源分門類爲次第，蒼頡之法到此書爲一厄矣。②

《總目・〈閑居録〉提要》云："其中如'駁戴侗《六書故》妄造古篆'一條，'辨徐鉉篆書筆法'一條，皆與《學古編》互相出入。蓋先記於此，後采入彼書，而初稿則未削除也。"③ 所稱"駁戴侗《六書故》妄造古篆"即指此文。因提要"鍾、黎（鎣）"與原文"鏈、鋸"二字迥别，《彙訂》根據《六書故》金部有鎝、鏈、鋸、鍾，"疑'鎣'乃此部'鎣'字之誤"④。

今考《閑居録》原文與提要所引文字差異頗大，而《〈閑居録〉提要》已指"駁戴侗《六書故》妄造古篆"條"與《學古編》互相出入"，檢《四庫》本《學古編》原文云：

---

① 魏小虎《四庫全書總目彙訂》卷四一，上海：上海古籍出版社，2012年，第1281頁。
② 吾丘衍《閑居録》，《景印文淵閣四庫全書》第866册，第638頁。
③ 紀昀等《欽定四庫全書總目》卷一二二，第1629頁。
④ 《四庫全書總目彙訂》卷四一，第1282頁。

戴侗《六書故》，侗以鍾鼎文編此書，不知者多以爲好，以其字字皆有，不若《説文》與今不同者多也。……許字解字引經，漢時猶篆隸，乃得其宜。今侗亦引經，而不能精究經典古字，及（當作"反"）以近世差誤等字引作正據。錊、鏈、鼜、鋸、尿、屎等字，世俗作鍾鼎文，各有詳注。"卵"字解尤爲不雅，編首字源以門類爲次第，倉頡之法到此地爲一厄矣。①

《學古編》較《閑居録》多一"鼜"字，整體文字面貌較爲接近，與提要引文仍有不小差异。考《四庫》本《學古編》所據底本當爲明萬曆刻《夷門廣牘》本，而《廣百川學海》本《學古編》載：

戴侗《六書故》，侗以鍾鼎文編此書，不知者多以爲好，以其字字皆有，不若《説文》與今不同者多也。……許字解字引經，漢時猶篆隸，乃得其宜。今侗亦引經而不能精究經典古字，及（當作"反"）以近世差誤等字引作正據。錊、鍾、鼜、鋸、尿、屎等字，世俗作鍾鼎文，各有詳注。"卵"字解尤爲不到此書爲一厄矣。②

此本文字與提要所引頗合，如舉"鍾"字而非"鏈"可證。檢文淵閣書前提要正作"鍾、鼜"，可知館臣所據《學古編》或爲《廣川學海》本，或屬同一版本系統。"鼜""鼜"音同字通。是提要所引爲《學古編》無疑，《彙訂》指爲《閑居録》不確。檢《六書故》載錊、鍾、鏈、鋸、尿、屎及黎諸字，並無"鼜（鼜）""鼜"二字，魏校疑爲"鼜"字訛誤近是，然從《學古編》原文、文淵閣書前提要及浙本來看，《總目》提要原文作"鼜"是可信的。又殿本"到此書"無誤，前"典"字乃因底本脱"雅"字而據文義增補，文淵閣書前提要同。浙本作"六書到此"乃其擅改，文義亦通，要非原文。

十、《字通》一卷

是書以《説文》校隸書之偏旁，凡分八十九部，爲字六百有一。

---

① 《學古編》，《景印文淵閣四庫全書》第 839 册，第 848 頁。
② 馮可賓輯《廣百川學海》壬集，北京：中國書店，2015 年，第 857～858 頁。

其分部不用《説文》門類，而分以隸書之點畫……"臣"字、"巨"字、"臦"字收於"<u>自</u>"字類，"東"字收於"里"字類，併隸書亦不相合，均爲乖刺。（卷41，546頁）

按："自字類"，"自"，文淵閣書前提要作"自"，是。《字通》"自字類"收"自""臣""臦""巨"四字，"自"條云："都回切。小自也。象形。歸、官等字從此。"①《説文·自部》："自，小自也。象形。凡自之屬皆從自。"②"自"即今"堆"本字。《文溯閣四庫全書提要》、文津閣書前提要"自"作"阜"，亦誤。

十一、《字鑑》五卷

元李文仲撰。……文仲從父世英以六書惟假借難<u>名</u>，因輯《類韻》<u>二十卷</u>，以字爲本，音爲幹，義訓爲枝葉，自一而二，井然不紊。凡十年始成。而韻内字畫尚有未正者，文仲因續爲是書。（卷41，547～548頁）

按：二十卷，文淵閣書前提要、文津閣書前提要、《四庫全書初次進呈存目》作"三十卷"，是。《字鑑》卷首康熙四十八年（1709）朱彝尊序云：

元至治間，長洲李世英伯英受其父梅軒處士之旨，以六書惟假借難明，於是就典籍中字同音异者正其字畫，輯《類韻》一書，凡三十卷。其從子文仲復輯《字鑑》五卷。③

朱氏《曝書亭集》載《字鑑序》文同。④ 又張楧序云：

字學之晦久矣……蓋書有六體，唯假借爲難明。假借明則六書明，六書明則經典始明。故凡古音與今不通者，皆假借之弗明爾。吴郡李君伯英乃獨潜心於此，考挟經傳，搜羅子史百家之言，凡有涉於

---

① 李從周《字通》，《四庫提要著録叢書》影印清初鈔本，經部第30册，第146頁。
② 許慎《説文解字》，北京：中華書局，1963年，第303頁。
③ 李文仲《字鑑》卷首，《景印文淵閣四庫全書》第228册，第18頁。
④ 朱彝尊《曝書亭集》卷三五，上海：世界書局，1937年，第430頁。

四聲者必彙而次之，積十年而成，名曰《類韻》。以字爲本，以音爲幹，以義訓爲枝葉，自一而二，井井不可紊，用功既已勤矣。至其從子文仲又能廣李君之未及，辨正點畫，刊除俗謬，作爲《字鑒》，以備一家之言。①

是提要此文當據朱彝尊、張楑二序裁剪而成。顔堯煥序亦云："伯英李君酷嗜古書，旁搜遠紹，作《類韻》三十卷，閱十載甫脫稿。"② 又《千頃堂書目》載："李士（當作'世'）英《韻類》三十卷。"原注："字伯英，長洲人。"③ 皆可證此書爲三十卷。又"難名"，文津閣書前提要、《四庫全書初次進呈存目》作"難明"，與朱、張二序文合。

十二、《俗書刊誤》十二卷

明焦竑撰。……第十卷考字同音异。若敦有九音、苴凡兩讀是也。（卷 41，551 頁）

按："苴凡兩讀"疑爲"苴凡十四讀"脫誤。《俗書刊誤》卷十《字同音義异》載：

苴十四音：七閭切，麻也；子閭切，苴杖也；又子旅切，履中薦也；又布交切，天苴，地名，在益州，見《史記》注，又天苴，與巴同；又子邪切，菜壞也，一曰獵場；又似嗟切，苴咩城，在雲南；又鉏加切，《詩傳》曰："木中傳茻也。"水草曰苴……又都貫切，土苴不精細也；又側下切，糞茻也；又側魚切，《說文》曰："酢菜也。"酢，古醋字；又莊俱切，姓也，漢有苴氏；又則吾切，茅藉祭也；又將預切，糟魄也；又子余切，苞苴，囊貨也。④

所列正爲十四音。焦竑《焦氏筆乘》"苴有十四音"條文同。⑤ 檢文

---

① 《字鑒》卷首，《景印文淵閣四庫全書》第 228 册，第 19~20 頁。
② 《字鑒》卷首，《景印文淵閣四庫全書》第 228 册，第 18 頁。
③ 黄虞稷撰，瞿鳳起、潘景鄭整理《千頃堂書目》卷三，上海：上海古籍出版社，2001 年，第 101 頁。（按：書名"韻類"當爲"類韻"之誤倒。）
④ 焦竑《俗書刊誤》卷一〇，《景印文淵閣四庫全書》第 228 册，第 577 頁。
⑤ 焦竑《焦氏筆乘》卷六，北京：中華書局，2008 年，第 232~233 頁。

淵閣書前提要、《文溯閣四庫全書提要》作"湛凡七讀"，源自《俗書刊誤》"湛七音"條。疑館臣以前列"敦有九音"，而"湛凡七讀"文義雖通，然不如具有十四種讀音的"苴"更具代表性，故改作"苴凡十四讀"。《四庫全書初次進呈存目》、文津閣書前提要作"苴凡兩讀"，則傳寫中"十四"二字已誤合作"兩"，《總目》提要承其誤而未察。

十三、《欽定西域同文志》二十四卷

考譯語之法，其來已久。然《國語》謂之舌人，特通其音聲而已，不能究其文字。……惟《隋志》載有《蕃爾雅》，其書不傳。度其所載，亦不過天曰撐犁、子曰孤塗之類，未必能知旁行右引之文。且書止一卷，疏略尤可想見。（卷 41，553 頁）

按：檢《隋志》未載"《蕃爾雅》一卷"之文。考此書最早見載於晁公武《郡齋讀書志》"《蕃爾雅》一卷"條："右不載撰人姓名。以夏人語依《爾雅》體譯以華言。"① 《文獻通考》據《讀書志》著錄《蕃爾雅》一卷②，《經義考》又據《通考》轉錄③。又《通志·藝文略》："《西蕃譯語》一卷。《釋梵語》一卷。《譯夷語錄》一卷，僧惟古。《蕃爾雅》一卷。"④ 頗疑"隋志"爲"通志"誤記，唯《通志》於《蕃爾雅》前列《西蕃譯語》《釋梵語》《譯夷語錄》三書，當時代更早，且《譯夷語錄》明注作者，館臣均弃而不舉，或一時偶疏。

十四、《篆隸考异》二卷

其書未有刊版，此本爲康熙丙辰長洲文倉所手錄。篆文頗爲工整，迥非鈔胥所能。驗其私印有"小停雲"字，蓋文徵明之裔，故筆

---

① 晁公武撰，孫猛校證《郡齋讀書志校證》卷七，上海：上海古籍出版社，2011 年，第287 頁。

② 馬端臨《文獻通考》卷二〇〇，北京：中華書局，2011 年，第 5742 頁。

③ 朱彝尊撰，林慶彰等主編《經義考新校》卷二八〇，上海：上海古籍出版社，2010 年，第 5058 頁。

④ 鄭樵《通志》卷六三《藝文略》，北京：中華書局，1987 年，第 762 頁。

法猶有家傳歟？（卷 41，555 頁）

按：康熙丙辰，疑當作"乾隆丙辰"或"康熙丙申"；文倉，文淵閣書前提要、《文溯閣四庫全書提要》作"文含"，是。文淵閣《四庫全書》本《篆隸考異》四卷，每卷卷端題"吳縣周靖撰，長洲文含校"①。據文含纂修《文氏族譜續集·蘇州世系表》，含爲徵明七世孫，名下自注："原名敬持，字書深，號西莊，又號晴雲。長庠生。"② 又《歷世生配卒葬志》云："含初名敬持，字書紳，後名含，更字書深。長庠生。生於康熙二十七年戊辰十月二十日。"③ 譜中無名"倉"者。則手錄此書者乃文含，確爲文徵明裔孫。唯提要"康熙丙辰"爲康熙十五年（1676），與文含"生於康熙二十七年戊辰"文牴牾。考譜載："先府君諱掞，字賓日，文學子。生於崇禎十四年辛巳九月十九日，卒於康熙四十年辛巳三月二十五日，年六十一。……繼吾母徐氏生於順治十年癸巳十一月二十五日。側徐氏。子一人：含。繼出。"④ 是康熙十五年含母徐氏方二十四歲，若謂含已有較高篆法水平校錄《篆隸考異》，與情理不合。且文氏自記其生年必當不誤，因疑"康熙丙辰"爲"乾隆丙辰"誤記，或"丙辰"爲"丙申"之誤。乾隆元年歲次丙辰（1736），考《文氏族譜續集·歷世生配卒葬志》末條載"樹滋字德華，淇棻長子，生於乾隆二年十月初八日"⑤，是已記至乾隆二年，可相參證；"丙申"則爲康熙五十五年，二者音近易誤。

十五、《韻補》五卷

（上聲注）感、敢、琰、忝、慊、檻、儼、范通銑。……（去聲注）陷、覽、梵通諫。（卷 42，559 頁）

按：覽，當作"豔"。《韻補·去聲》"五十九豔"下注："古通陷。"⑥

---

① 周靖《篆隸考異》卷端，《景印文淵閣四庫全書》第 235 册，第 849 頁。
② 文含纂修《文氏族譜續集》，《曲石叢書》本，葉 13a。
③ 《文氏族譜續集》，葉 15a。
④ 《文氏族譜續集》，葉 12a。
⑤ 《文氏族譜續集》，葉 18a。
⑥ 吳棫《韻補》卷四，《景印文淵閣四庫全書》第 237 册，第 119 頁。

《韻補》無"覽"部，亦未注"覽"字。《廣韻》覽屬敢韻①，《韻補》"敢"通"銑"。《廣雅·釋器》："甖、瓨，㽁也。"②《廣韻·鑑韻》："㽁，大瓮，似盆。《續漢書》云：'盜伏於㽁下。'胡懺切。"③ 是提要"覽"當爲"㽁"之形誤。

十六、《九經補韻》一卷

　　宋楊伯嵒撰。伯嵒，字彥思，號泳齋。……周密《雲烟過眼録》載伯嵒家所見古器，列高克恭、胡泳之後，似入元尚在矣。（卷42，561頁）

　　李裕民《四庫提要訂誤》："是書《百川學海》本有楊氏嘉定十七年（1224）自序及淳祐四年（1244）俞任禮跋，知其字爲彥瞻，而非彥思，號泳齋。"④

　　按：彥思，文津閣書前提要作"彥瞻"。李氏發"字彥思"之疑甚是，然"思""瞻"形音俱不近，無由致誤。檢文淵閣書前提要、《文溯閣四庫全書提要》作"彥思"，《總目》提要沿用此文。楊氏"字彥思"於史無徵，"思"疑爲"悳"字形誤。提要下引"周密《雲烟過眼録》載伯嵒家所見古器"云云見《雲烟過眼録》"楊彥德伯嵒號泳齋家藏"條⑤（前兩條爲"高彥敬克恭房山所藏"和"胡存齋泳所藏"）。周密《志雅堂雜鈔》稱"楊彥德有盧鴻《草堂十志詩》"⑥，即此人。是館臣實據《過眼録》稱楊氏"字彥悳（同'德'）"，轉寫"悳"訛作"思"。

① 《宋本廣韻》卷三，第312頁。
② 王念孫《廣雅疏證》卷七下，上海：上海古籍出版社，2016年，第1111頁。
③ 《宋本廣韻》卷四，第425～426頁。
④ 李裕民《四庫提要訂誤》（增訂本），北京：中華書局，2005年，第35頁。
⑤ 周密《雲烟過眼録》卷下，楊瑞點校《周密集》，2015年，杭州：浙江古籍出版社，第63頁。
⑥ 周密《志雅堂雜鈔》卷上，楊瑞點校《周密集》，第7頁。

十七、《古音叢目》五卷

　　《繫詞》："乾以易知，坤以簡能。""能"古音"奴來反"，與知爲韻。慎於《古音叢目》支韻內"丘"字下但注云"《詩》"，"牛"字下但注云"《楚詞》"，"能"字下則並不注出典。又《繫詞》："神而化之，使民宜之。"慎於《古音叢目》五歌韻內知"宜"字之爲"牛何切"，下注云"《易》而化之"，爲毀禾切，則但注云"見《楚辭》"。（卷42，564頁）

　　按："易而化之"，浙本作"易神而化之"，整理本、《彙訂》均校從浙本。① 上文引《繫詞》稱"神而化之"，此稱"而化之"，浙本以其誤脱"神"字而增。其實殿本無誤，當句讀作"'宜'字之爲'牛何切'，下注云《易》'，而'化'之爲'毀禾切'，則但注云'見《楚辭》'"。《古音叢目·五歌韻》"宜"字注："牛何切。《易》。"② "化"字兩見，一注"叶音摩。《楚辭》"③，一注"研戈切。《楚辭》"④。《古音叢目》體例爲或注出典，然均不引原文，如提要前舉"丘""牛"注"《詩》""《楚詞》"即其比，此"宜"字但注一"《易》"字，"化"下但注"《楚辭》"亦可證。唯《古音叢目》注"化"爲"叶音摩""研戈切"，與提要稱"毀禾切"不同。考顧炎武《易音·繫辭下傳》"神而化之"注："（化）古音毀禾反。考'化'字《易》一見，《楚詞》五見，並同。"⑤ 江永《古韻標準·四十禡》："化，毀禾切。"⑥ 可證"毀禾切"確爲"化"字音注無疑。浙本誤讀"而化之"爲引《繫辭》文，故妄增"神"字。整理本、《彙訂》誤校。

---

① 《四庫全書總目彙訂》卷四二，第1329頁。
② 楊慎《古音叢目》卷二，《景印文淵閣四庫全書》第239冊，第250頁。
③ 《古音叢目》卷二，第250頁。
④ 《古音叢目》卷二，第251頁。
⑤ 顧炎武《易音》卷三，《景印文淵閣四庫全書》第241冊，第163頁。
⑥ 江永《古韻標準》卷一，《景印文淵閣四庫全書》第242冊，第523頁。

十八、《篇海類編》二十卷

舊本題明宋濂撰，屠隆訂正。……他如以《玉篇》爲陳新作，以《韻會箋》爲黃紹作……殆於醉夢顛倒，病狂譫語。屠隆雖不甚讀書，亦不至於此，殆謬妄坊賈所托名也。（卷43，576頁）

按：陳新，當作"陳彭"。《篇海類編・製述字學姓氏》"陳彭"下注"著《玉篇》"①，又《字學書目》"《玉篇》"下注"六卷，陳彭作"②。《玉篇》乃南朝梁顧野王所編，至宋陳彭年等重修，改稱《大廣益會玉篇》。《篇海類編》誤以重修者爲作者，又脫"年"字，遂誤作"陳彭"，提要又轉訛作"陳新"。

十九、《字考啓蒙》十六卷

明周宇撰。宇，字必大，自署關中人。前有萬曆十一年自序。（卷43，579頁）

按：必大，當作"子大"。《字考啓蒙》卷首周氏自序末署"萬曆十有一年歲在癸未春之季，關中周宇子大甫序"③，卷端題"關中周宇子大甫編"。又周宇《認字測》卷端題"關中周宇子大甫編"，葉秉敬序亦稱"周子大先生"④。楊爵《楊忠介集・附錄》載周宇輓楊氏詩，原注稱"周宇字子大，號槐村，咸寧人"⑤，是周氏爲西安府咸寧縣人，其字子大無疑，提要或涉宋名相周必大而誤。

---

① 題宋濂《篇海類編》附錄，《四庫全書存目叢書》經部第188冊，影印明刻本，第355頁。
② 《篇海類編》附錄，第356頁。
③ 周宇《字學啓蒙》卷首，明萬曆刻本。
④ 周宇《認字測》卷首，《四庫全書存目叢書》子部第111冊，影印明萬曆三十九年（1611）重刻本，第168頁。
⑤ 楊爵《楊忠介集附錄》卷五，《景印文淵閣四庫全書》第1276冊，第179頁。

二十、《問奇集》一卷

是書考論諸字形聲訓詁，分十九門：一六書大義，一三十六字母，一《早梅》詩切字例，一《好雨》詩切字例，一辨聲音要訣，一辨五音訣，一四聲三聲例，一分毫字辨，一誤讀諸字，一奇字考，一假借圈發字音，一畫同音異舊不旁發諸字，一音義同而書畫異諸字，一音義異而可通用諸字，一一字數音例，一誤習已久難改字音併正韻不載諸字，一相近字音，一各地鄉音。（卷43，581頁）

按：提要所列凡十八門，與前"十九門"之數不合。考《問奇集》實分二十門，"三十六字母切韻"與"《早梅》詩切字例"間有"切韻六十八字訣"一門，"誤讀諸字"與"奇字考"間有"誤寫諸字"一門①，提要闕述。

二十一、《正韻彙編》四卷

明周嘉棟撰。嘉棟，字隆之，貴州人。萬歷己丑進士，官至監察御史。（卷43，頁581）

按：貴州，浙本、粵本、《四庫全書初次進呈存目》作"黃州"，是。《正韻彙編》卷端題"楚黃隆之甫周家棟輯"，卷首周氏自序末署"萬歷壬寅歲楚黃崔易周家棟書"②。又明王圻《續文獻通考》卷首周氏序末署"萬歷壬寅歲季夏朔，賜進士第巡按浙江等處、文林郎、監察御史楚黃周家棟撰"，鈐"崔易之章""己丑進士"二印③，與周書序文年歲正合，所稱"楚黃"即指湖北黃州府所轄地域，可知"貴"爲"黃"之誤字。又作

---

① 張位《問奇集》卷一，《四庫全書存目叢書》影印明萬歷綉水沈氏刻《寶顏堂秘笈》本，經部第191冊，第148、157頁。

② 周家棟《正韻彙編》卷首，《四庫全書存目叢書》影印明萬歷刻本，經部第191冊，第533、542頁。

③ 王圻《續修文獻通考》卷首，《四庫全書存目叢書》影印明萬歷三十一年（1603）曹時聘等刻本，子部第185冊，第5頁。

者"周家棟",提要稱"周嘉棟"誤,《彙訂》已發①。

二十二、《六書長箋》七卷

以許氏叙内釋六書之義者,分爲前六卷之首。又備列班固……楊
桓、劉秦、余謙……吴元满十九家之説,逐條辨論,更以己説列於
後。(卷43,585頁)

按:劉秦,當作"劉泰"。《六書長箋》所列十九家之説無"劉秦",
"楊桓"與"余謙"間爲"劉泰",所論象形、會意、指事、轉注、形聲、
假借六書數引劉氏説皆作"泰"。考元楊恒《六書統》卷首載"將仕佐郎
國子博士門生劉泰"序,劉氏論六書文字與此同,是《六書長箋》所引劉
泰説源自此序。《總目·〈六書統〉提要》稱"有國子博士劉泰後序"②,
可證提要"秦"爲"泰"之形誤。

二十三、《讀書正音》四卷

國朝吴震方撰。……(《漢書·地理志》)"黏蜩蟬",服虔:"蟬
音提。"(卷43,頁587)

按:黏蜩蟬,浙本、粵本作"黏蟬",是。考《漢書·地理志》,"黏
蟬"爲樂浪郡屬縣,顏師古注引服虔曰:"蟬音提。"③ 又"吞列"縣下原
注:"分黎山,列水所出,西至黏蟬入海,行八百二十里。"④ 治所在今朝
鮮平安南道龍岡西於乙洞古城。今存漢《秥蟬縣平山神祠碑》,作"秥
蟬",均無"蜩"字。《莊子·達生》載有"佝僂者承蜩"的著名故事,即
老者黏蜩蟬事。殿本或因"黏蟬"字涉此典,遂誤於"蟬"上增
"蜩"字。

① 《四庫全書總目彙訂》卷四三,第1370頁。
② 《欽定四庫全書總目》卷四一,第547頁。
③ 班固《漢書》卷二八下《地理志》下,北京:中華書局,1962年,第1627頁。
④ 班固《漢書》卷二八下《地理志》下,第1627頁。

二十四、《韻學集成》十三卷

其分配五音，以影、曉二母，從《玉篇》舊圖屬宮，不從《韻會舉要》屬羽；通、喻二母從《韻會舉要》屬羽，不從《玉篇》圖屬宮；幫、滂、並、明四母從《玉篇》屬宮，不從《韻會舉要》屬羽；非、敷二母則以舊譜均誤屬宮，而改爲屬徵。（卷44，593頁）

按：《韻學集成·凡例》"七音三十六母清濁切法"條云：

《玉篇·三十六母五音撮要圖》以影、曉、匣、喻四母屬宮音，《韻會》以四母屬羽音；《玉篇》以幫、滂、並、明、非、敷、奉、微八母屬羽音，《韻會》此八母屬宮音，今亦依《韻會》圖局於下，然此按《玉篇》影、曉二字正屬宮音，匣、喻二字當依《韻會》屬羽音，《玉篇》敷、奉二字屬羽音，幫、滂、並、明四字當依《韻會》屬宮音，非、微二字亦屬宮音者恐差，若以舌拄齒較之，非、微二字當屬徵音爲是，故説見於此。[1]

此即提要所本。《玉篇》卷首《三十六字母五音五行清濁傍通撮要圖》以"幫、滂、並、明、非、敷、奉、微"八母屬羽，"影、曉、匣、喻"四母屬宮[2]，《韻會》則以"幫、滂、並、明、非、敷、奉、微"八母屬宮，"影、曉、幺、匣、喻、合"六母屬羽，可證《韻學集成》幫、滂、並、明四母依《韻會》屬宮音，不從《玉篇》屬羽，則提要稱"幫、滂、並、明四母從《玉篇》屬宮，不從《韻會舉要》屬羽"誤，且下"非、敷二母"亦當作"非微二母"。又"通、喻二母"之"通"當作"匣"，《彙訂》已發。[3]

---

[1] 章黼《韻學集成》卷首，《四庫全書存目叢書》影印明萬曆六年（1578）維揚資政左室刻本，經部第208冊，第8頁。

[2] 陳彭年編《大廣益會玉篇》卷首，《四庫提要著録叢書》影印元建安鄭氏刻本，經部第29冊，第190頁。

[3] 《四庫全書總目彙訂》卷四四，第1400頁。

二十五、《韻譜本義》十卷

明茅溱撰。溱字平甫，丹徒人。其書成於萬曆間。（卷44，597頁）

按：平甫，當作"平仲"。《世善堂藏書目録》著録《茅平仲詩集》二卷，原注："溱。"① 《千頃堂書目》著録茅溱《四友齋集》十卷，原注："字平仲，丹徒人。好著述，以布衣老於鄉。"② 《韻譜本義》卷首茅氏好友范崙序數稱其爲"平仲"，茅氏自序末署"萬曆甲辰秋九月既望，京口後學茅溱平仲甫識"，卷端題"丹徒茅溱平仲甫輯"③，提要當據此迻録茅氏字、籍貫及成書年代，本當稱"字平仲"，涉下文"甫"字而誤作"平甫"。

二十六、《元韻譜》五十四卷

凡始英終縠，五十有四韻。（卷44，598頁）

按：縠，當作"縠"。《元韻譜》每卷一韻，卷一"英韻"，卷五十四"縠韻"，其《柔律·懷》下載："縠，細絹，一曰縐紗。""縠，水聲。徽同。"④ 是《元韻譜》原目作"縠"無誤，提要"縠"乃"縠"之誤字。

二十七、《重訂馬氏等音》外集一卷內集一卷

（梅）建序惟稱"得自霑益州明經張聖功"，亦不知自援何許人。……其書自立新意，併三十六母爲見、溪、疑、端、透、泥、

① 陳第《世善堂藏書目録》卷下，清《知不足齋叢書》本。
② 《千頃堂書目》卷二六，第654頁。
③ 茅溱《韻譜本義》卷首，《四庫全書存目叢書》影印明萬曆三十二年（1604）刻本，經部第212冊，第5、23頁。
④ 喬中和《元韻譜》卷五四，《四庫全書存目叢書》影印清康熙三十年（1691）梅墅石渠閣刻本，經部第214冊，第597頁。

邦、滂、明、精、清、心、照、穿、審、曉、影、非、微、來、日二
十一母，而緯以光、官、公、褆、口、垂、口、規、戈、國、孤、
骨、瓜十三韻。（卷 44，599～600 頁）

按：張聖功，當作“張虞功”。《重訂馬氏等音外集》卷首康熙四十七
年（1708）梅建序云：“此集乃我大侄孫瑾字叶鳴者，得自霑益州明經張
虞功之手而錄以寄我者。”① 霑益州屬雲南。考清“張聖功”之名較著者
爲纂修乾隆《雲南縣志》者，志中載張聖功爲雍正十三年（1735）舉
人②，與作於康熙時之梅建序已稱“明經”顯有牴牾，可知二者絕非一
人。“張虞功”生平無考，提要“聖”或爲館臣所改，或爲“虞”之誤字。

又按：垂，當作“乖”。《重訂馬氏等音外集》載《十三韻説》所分十
三韻有“乖”無“垂”，餘十二韻與提要所叙名稱、次序全合。篇中屢稱
“乖”韻。

二十八、《聲韻源流考》無卷數

《集韻》與唐韻有改併窄韻十二部之別，乃韻書沿革之大者，亦
竟遺之。（卷 44，603 頁）

按：十二部，當作“十三部”。宋許觀《東齋記事·禮部韻》云：

景祐四年，詔國子監以翰林學士丁度修《禮部韻略》頒行。初崇
政殿説書賈昌朝言舊韻略多無訓解，又疑單聲與重疊字不韻義理，致
舉人詩賦或誤用之。遂詔度等以唐諸家韻本，刊定其韻窄者凡三十
處，許令附近通用。③

張淏《雲谷雜記》所載大體一致，唯“凡三十處”作“凡十三處”。④
又王應麟《玉海·藝文》載：“景祐四年六月丙申，以丁度所修《韻略》

---

① 馬自援《重訂馬氏等音外集》卷首，《四庫全書存目叢書》影印清康熙四十七年（1708）
刻本，經部第 216 册，第 674 頁。

② 李世保、張聖功等纂修《雲南縣志》卷二，《中國地方志集成·雲南府縣志輯》影印清
乾隆三十二年（1767）刻本，第 80 册，南京：鳳凰出版社等，2009 年，第 632 頁。

③ 許觀《東齋記事》，《叢書集成初編》本，第 7 頁。

④ 張淏《雲谷雜記》卷二，《景印文淵閣四庫全書》第 850 册，第 880 頁。

五卷頒行。初，説書賈昌朝言《韻略》多無訓釋，疑混聲重疊字舉人誤用，詔度等刊定窄韻十三，許附近通用。"① 所記年月較許、張二書爲詳，亦稱定窄韻"十三"②，《東齋記事》"三十"當爲"十三"誤倒。《總目》多據《東齋記事》及《玉海》稱述窄韻十三部之説，如《〈集韻〉提要》稱"惟《廣韻》所注通用、獨用，《封演聞見記》稱爲唐許敬宗定者，改併移易其舊部，則實自此書始。《東齋記事》稱'景祐初，以崇政殿説書賈昌朝言，詔度等改定。韻窄者十三處，許令附近通用'，是其事也"③，《〈五音集韻〉提要》稱"《廣韻》注獨用、同用，實仍唐人之舊。《封演聞見記》言許敬宗奏定者是也。終唐之世，下迄宋景祐四年，功令之所遵用，未嘗或改。及丁度編定《集韻》，始因賈昌朝請改併窄韻十有三處"④，《〈韻學通指〉提要》稱"至其同用、獨用之注，在唐，則許敬宗所定，見封演《見聞記》；在宋，則賈昌朝移併窄韻十三部，見《東齋記事》，亦見《玉海》"⑤，《〈廣韻〉提要》稱"賈昌朝奏併十三部以後"⑥，皆可證此"十二"爲"十三"字誤。

二十九、《韻學臆説》一卷

　　此書前列《唐韻》目、吳棫古韻目及所爲《臆説》十條。次列光、官、公、昆、高、<u>乘</u>、鈞、規、過、皆、孤、基、瓜等十三字首群字譜。（卷 44，606 頁）

　　按：乘，當作"乖"。《韻學臆説》所列"高驕"與"鈞鳩"間爲"乖該"⑦，即取首"乖"字，中亦數載"乖"字。提要"乘"顯爲"乖"字形誤。

────────

　　① 武秀成、趙庶洋《玉海藝文校證》卷一一，南京：鳳凰出版社，2013 年，第 495 頁。
　　② 戴震《聲韻考》卷二考證合併的窄韻十三處依次爲文欣同用、吻隱同用、問焮同用、物迄同用、代隊廢同用、鹽添嚴同用、琰忝儼同用、艷桥釅同用、葉帖業同用、咸銜凡同用、賺檻范同用、陷鑒梵同用、洽狎乏同用。
　　③ 《欽定四庫全書總目》卷四二，第 557 頁。
　　④ 《欽定四庫全書總目》卷四二，第 561 頁。
　　⑤ 《欽定四庫全書總目》卷四四，第 601 頁。
　　⑥ 《欽定四庫全書總目》卷四二，第 556 頁。
　　⑦ 王植《韻學臆説》，《四庫全書存目叢書》影印清雍正刻本，經部第 219 册，第 299 頁。

三十、《音韻源流》五十卷

國朝潘咸撰。咸有《易著圖説》，已著録。是書分三部：一曰
《倉沮元韻》，凡三十六卷，分翁、鴦、罌、安、阿、丫、衣、埃、
烏、隈、謳、燒、謵、屋、堊、搕、過、匼一十八韻，而以其翁音、
闖音謂之諧字，以其本音、轉音謂之分音。一曰《詩騷通韻》，一曰
《中都雅韻》，各十卷，亦以十八韻分合之。《元韻》又有卷首二卷，
《通韻》《雅韻》亦各有卷首一卷。（卷44，608頁）

按：五十卷，當作“六十卷”。提要所述該書三部凡六十卷，與“《音
韻源流》五十卷”之數不合。考清鈔本此書名《音韻原流》，分三卷：卷
一《倉沮元韻》分三十六子卷（即十八韻諧字、十八韻分音各爲一卷），
又有卷首二卷；卷二《詩騷通韻》、卷三《中都雅韻》皆各分十子卷，各
有卷首一卷。計子卷及卷首凡六十卷，與提要所述契合。疑館臣所見本或
即三卷本，分述三部卷次後，總計子卷及卷首而題寫《音韻源流》卷數，
作“五十卷”當爲計數之誤。

以上通過對《四庫全書總目》經部小學類提要的考訂，可知前人校訂
《總目》雖已取得了較豐富的成果（如集大成的《四庫全書總目彙訂》），
但仍存在較大的提升空間。一方面要充分利用各家分纂稿、《四庫全書薈
要總目提要》、《四庫全書初次進呈存目》、諸書前提要等早於《總目》的
四庫提要。這些較早的提要稿或保存了正確的文字面貌，借此可訂正《總
目》如“西溪逸民”“二十篇”“移韻”“自字類”“二十卷”“文倉”一類
的文字傳寫訛誤。另一方面要加强運用史源學的方法，對《總目》著録之
典籍與提要徵引之原文獻逐一復核。通過考察《總目》文字史源，除了較
容易發現如“覽”“劉秦”“穀”“十二部”“乘”一類的文字傳寫訛誤，又
能確定如“水之由膝以下爲揭”“霍麻草”“幫、滂、並、明四母從《玉
篇》屬宫，不從《韻會舉要》屬羽”一類源於館臣對元典的誤讀或誤記，
“《鈍吟雜録》”之出處則屬館臣臆增。又如前人據他書指“彦思”爲“彦
瞻”字誤，又有文津閣書前提要爲證，似成定讞，而通過分析提要史源，
可知“思”實爲“悳”字形誤。

　　《總目》殿本、浙本的優劣，學界的一般觀點是殿本優於浙本。近年來有學者據殿、浙二本異文是非正誤的數量來判定二本優劣，如魏小虎認爲"但就異文的是非正誤而論，浙本可取者遠多於殿本"，並列有詳細的殿、浙二本異文表，認爲浙是殿非的文字多達 800 餘條。① 從校勘求是的角度來說，在异文的是非正誤"數量"上，浙本錯誤確實少於殿本，但在是非正誤的"質量"上，浙本錯誤比殿本更加複雜和嚴重。如殿本"十卷"（浙本作"十一卷"）、"炯"（浙本作"烱"）、"貴州"（浙本作"黄州"）等异文，殿本雖誤，然顯爲傳寫字誤。而殿本"到此書"（浙本作"六書到此"）和"易而化之"（浙本作"易神而化之"）兩處异文值得關注，這類异文並不是簡單的文字訛誤，而是屬於有意改動，前者屬於浙本擅改，尚無大誤；後者則是完全誤解了文義，且極具"迷惑性"，這類錯誤自然複雜、嚴重多了。故判定殿、浙二本的優劣，文字訛誤的"數量"僅是影響因素，而決定因素却是文字訛誤的"質量"。② 從小學類提要二本的异文來看，筆者認同殿本優於浙本的説法。

---

　　① 魏小虎《浙本、殿本〈四庫全書總目〉優劣考論》，《四庫全書總目彙訂》附録二，第 6967～6973 頁。
　　② 此觀點承業師武秀成教授啓發。

兼具"求真"與"求好"的中國文學批評史

——評羅根澤《中國文學批評史》

焦妍與

華東師範大學中國語言文學系

摘　要："求真"和"求好"是羅根澤在《中國文學批評史》緒言中提出的兩種重要的歷史書寫的追求。作爲兩個重要的史觀意識貫穿於羅氏《中國文學批評史》之中，"求真"與"求好"分別與羅先生早期的諸子學治學經歷、二十世紀三十年代以西學傳入和"整理國故"兩股思潮爲主流的學術背景有重要關聯。本文通過考察羅根澤先生的治學經歷及"求真"史觀、時代思潮與"求好"史觀，再發掘羅氏《中國文學批評史》在建立"中國文學本位"中的中國文學批評史學科的重要價值，並展現羅根澤先生作爲一名古典文學研究專家在史料考據、辨僞、整理和編排上的深厚學養及作爲中國文學批評史學科重要奠基人的歷史使命感。

關鍵詞：羅根澤　中國文學批評史　求真　求好

羅根澤先生（1900—1960）是我國二十世紀著名的古典文學研究專家，在三十多年的學術研究生涯中，羅先生主要在諸子學、中國文學批評史和中國文學史三個領域做出了開拓性的貢獻。羅先生的弟子周勛初先生在評價羅先生在這三個領域的學術貢獻時説道："羅先生在諸子學的考辨工作中取得了不少成績，有力地推動了這一學科的發展；他爲中國文學批評史的建設做出了不少貢獻，特別是在材料的發掘與格局的定型上。他在文學史方面的開拓，則有遜於前二者，未能取得相應的成績。”① 誠然，相較於陳鐘凡《中國文學批評史》和郭紹虞《中國文學批評史》，羅氏《中國文學批評史》具有材料收集全面豐富、體例完備、論述翔實這三方面的特點。如若再從該書初版的 1934 年来看，則會發現該書之於 “文學批評史” 這個西方 “舶來品” 的 “中國化” 建制具有重要意義。這樣的批評史著述特徵實則與羅根澤的治學經歷、二十世紀三十年代的學術背景有巨大的關聯。因而，以下將通過考察羅根澤的治學經歷（包括其師從、與 “古史辨” 派之關係、諸子學和哲學的思想研究資源）及成書時代背景（包括五四新文化運動之後的西學傳入和 “整理國故” 兩股潮流），以此探索羅根澤何以選擇具有此種特點的批評史撰寫方式，窺見該本批評史所展現的羅根澤的 “求真” 和 “求好” 的史觀意識和史學素養，以及融匯中西的批評史撰寫意圖。

“求真” 和 “求好” 是羅先生在緒言第九節 “史家的責任”② 中提出的兩個説法。他認爲所謂歷史有兩種意義，一是 “事實的歷史”，二是 “編著的歷史”，而前者無所謂責任，後者則應承擔兩種責任——“一是純粹的史學家説，謂歷史的責任是記述過去。一是功利主義的史學家説，謂歷史不僅在於記述過去，還要指導未來，就是所謂 ‘以古爲鑒’。”前者叫 “求真”，後者叫 “求好”。③ 筆者認爲此兩種説法作爲兩個重要的史觀意識貫穿於羅先生的《中國文學批評史》撰寫之中，“求真” 爲 “求好” 之根基，主要展現爲羅先生對歷史所隱藏的史料的挖掘、整理和編排；“求好” 是 “求真” 所要求的目的，即 “文學理論的職責是指導未來”④，結合羅先生所處的時代背景和學術需求，“求好” 的語境義還在於建立中國古代文學批評學科的方法和體系。

一、治學經歷與 “求真” 意識

羅根澤，字雨亭，1900 年生於河北一個世代務農的家庭，由於經濟

---

① 周勛初《當代學術研究思辨》，南京：南京大學出版社，1993 年，第 76 頁。
② 羅根澤《中國文學批評史》，上海：上海書店出版社，2003 年，第 20 頁。
③ 羅根澤《中國文學批評史》，上海：上海書店出版社，2003 年，第 21~22 頁。
④ 羅根澤《中國文學批評史》，上海：上海書店出版社，2003 年，第 10 頁。

拮据，讀書斷斷續續，始終沒有取得中、小學正式結業的學歷，但是其間曾跟隨居家侍母的本縣學者武錫鈺學經史和古典詩文，在這一時期開始練習寫作一些有關先秦諸子的文章。1927 年，羅根澤考投了清華大學研究院國學研究所和燕京大學國學研究所，在兩校同時攻讀至 1929 年並同時畢業。在此期間，他在清華大學讀的是"諸子科"，指導老師是梁啓超，後又爲陳寅恪。在燕京大學讀的是"中國哲學"，指導教師是馮友蘭和黃子通。他在治學方法和學術觀點上受梁、馮二人影響較大，尤其是梁啓超的影響，他在《諸子叢考》自序中説道："我之研究子書，最早即從道德研究入手，這可以説是受了梁任公先生的影響。"[①] 在古籍辨僞方面，梁啓超曾提出辨僞的必要性："苟無鑒別僞書的識力，不惟不能忠實於史迹，必至令自己之思想途徑大起混亂也。"[②] "無論做哪門學問，總須以別僞求真爲基本工作。"[③] 羅根澤先生無疑也堅信諸子學研究當中辨僞工作的重要，他以自身在諸子學方面的著書立作來擔當起著諸子學方面的辨僞求真的任務。他的諸子學研究著作主要包括《古史辨》第四册（1933 年）和第六册（1937 年）、《諸子考索》（1958 年）等，爲《古史辨》做的兩本書"凡辯論諸子書的年代和真僞的文字都搜羅於一集"[④]，甚至將兩種極端的主張放在一起，對材料的彙總體現出事無巨細的特點，任讀者比較之下獲得更爲客觀的真實。正是在這種辨僞求真的諸子學治學理念的指引之下，羅根澤先生運用手中收集的諸子學史料，在諸子學領域論證了諸如"戰國前無世家著作""晚周諸子反古""本農末商"等的重要論斷，此外，在墨子、老子、莊子、孟子、荀子等諸子的研究中都有承前啓後的重要貢獻。

1929 年之後，羅根澤先生至河南大學任教，講授中國文學史等課程。1931 年移居北平，在北平師範大學和中國大學執教，並在燕京大學教授"樂府及樂府史"。1932 年，代郭紹虞在清華大學教授中國文學批評史，這一時期他已經開始轉向中國文學批評史方向的研究。1933 年，受顧頡剛所托編定《古史辨》第四册《諸子叢考》之時，羅先生在序言中談及想

---

① 羅根澤《諸子叢考》自序，《羅根澤説諸子》，上海：上海古籍出版社，2001 年，第 9 頁。
② 梁啓超《中國歷史研究法》，上海：上海古籍出版社，1998 年，第 90 頁。
③ 梁啓超《梁啓超論清學史二種》，上海：復旦大學出版社，1985 年，第 382 頁。
④ 顧頡剛《顧頡剛先生序》，《古史辨》第四册，上海：樸社，1926 年，前言頁。

要 "利用自己因愛好哲學而得到的組織力與分析力，因愛好文學而得到的文學技術與欣賞能力，因愛好考據而得到的多方求證與小心立說的習慣，來做整理中國文學和哲學的事業"①。這樣的自述，爲探尋羅根澤於 1934 年間出版的《中國文學批評史》的著述特點提供了重要思路。《中國文學批評史》定然不是在 1934 年驟然寫成，而更像是多年思考和寫作的成果。羅先生於諸子學領域積累的嚴謹考據的習慣、於中國哲學領域積累的思辨和組織分析的能力、於多年閱讀古籍的文學審美和鑒賞力等作用於其多年收集的材料，便形成了獨具特色的羅氏《中國文學批評史》。

羅根澤先生對考據的愛好、早期諸子學研究積澱的研究素養和能力使得他在搜求史料的時候采取嚴謹客觀的態度，而在叙述和解釋史料的時候則 "小心立説"，盡可能呈現出中國古代文學批評的真實面貌。這樣一種 "求真" 的史學意識在緒言中得到多處體現。在第九節 "史家的責任" 中，羅先生提出 "實則 '求好' 亦需根基於 '求真'；否則所求之 '好'，不是 '真好'"②。並且他也提到 "學藝家的編纂學藝史，也應先求 '真'，然後再由 '真' 求 '好'"③。羅先生的 "求真" 意識貫穿運用於其書之中，便是對三種 "原始的隱藏" 的史料的發掘④以及根據三種史料特點采取的解釋方法。

第一種 "對於事實有相當的距離" 的史料具有《易·繫辭》所説的 "書不盡言，言不盡意" 的特點，對此羅根澤先生采取的是明訓、析疑、辨似的方式⑤，例如在《魏晉六朝文學批評史》中他試圖論證文氣説是音律説的前驅的時候，他先結合曹丕《典論·論文》和《與吳質書》，得出曹丕的 "文氣" 指的是先天的才氣及氣體的結論，而其同時代的劉楨提倡 "氣勢"，並提出兩者的兩點區别。由於羅先生注重以文人自己的作品來解釋文人的某個概念，也就盡力避免了主觀上的牽强附會，使得概念的解釋

---

① 羅根澤《諸子叢考》自序，《羅根澤説諸子》，上海：上海古籍出版社，2001 年，第 1～2 頁。

② 羅根澤《中國文學批評史》，上海：上海書店出版社，2003 年，第 21 頁。

③ 羅根澤《中國文學批評史》，上海：上海書店出版社，2003 年，第 21～22 頁。

④ 羅根澤在《中國文學批評史》緒言第十節 "歷史的隱藏" 中提出三種 "原始的隱藏" 的史料：第一，史料對於事實有相當的距離；第二，史料對於事實不能言盡其意，卻又是擴大其辭；第三，史料很容易散佚。

⑤ 羅根澤《中國文學批評史》，上海：上海書店出版社，2003 年，第 28～30 頁。

更接近於其在具體歷史語境中的意涵。而對"對於事實擴大其辭"的史料，羅先生采取的是對史料真實、多方面地呈現並盡力"述而不作"的方式，例如對於"八病"的解釋，以往大多以爲"八病説"爲沈約所創，如宋代王應麟在《困學紀聞》中引《詩苑類格》便記載沈約的"八病説"。但羅先生在《魏晉六朝文學批評史》中還列舉阮逸注《中説·天地》①、紀昀《沈氏四聲考》的質疑，並將沈約《答甄公》中的"八體"一説和《秘府論》中的"八病"一説進行對比，得出"似乎八病確乎創始沈約，而沈約所謂八病究竟如何，則無從知道"的判斷，而後又引沈約於《秘府論》的二十八病之"鶴膝"的疑問，質疑了其是八病始創者的説法。在這樣的史料呈現過程中，羅先生並非人云亦云、采取學界廣泛認同的説法，而是客觀地呈現出相互駁斥的史料，將更多的思考空間留給讀者。對於第三種容易散佚的史料，羅先生則是在一些平常不太被注意到的文獻資料中找到了可借鑒的史料，使之得以"正名"。如《晚唐五代文學批評史》第五章"詩品及本事詩"中有"續本事詩三種"一節。② 羅先生先後列舉處常子、羅隱、聶奉先三者有《續本事詩》。③ 處常子的《續本事詩》二卷今已亡佚，却可在《郡齋讀書志》卷二十《總集類》中可以看到些許痕迹。書中言："無爲處常子撰，未詳其人。自有序云：'比覽孟初中本事詩，輒搜篋中所有，依前提七章，類而編之。'然皆唐人詩也。"便知處常子的《續本事詩》也將其分爲七類。羅隱的《續本事詩》未見著録，但在《詩話總龜·前集卷二十一》僧人齊己《松詩》條下注明有《續本事詩》，後又在白傅《柳詩》二首（《詩話總龜·前集卷二十一·詠物門》）的注釋中點到。接着列有陰鏗石詩、羅鄴水詩，注同前。可知羅隱的確作有《續本事詩》。聶奉先《續廣本事詩》五卷，收録於陳振孫《直齋書録解題·文史類》，有言："雖曰廣孟啓之舊，其實集詩話耳"。由此稱"本事詩"是"詩話"的前身一點也不錯。郭紹虞先生在爲羅氏《中國文學批評史》第三册作序時也評價説："雨亭之書，以材料豐富著稱……他必須是先掌握了全部的材料，然後加以整理分析，所以他的結論也是持之有故，而言

---

① 王通《中説·天地》篇云："上陳應劉、下述沈謝，四聲八病，剛柔清濁，各有序端。"阮逸注云："四聲韻起自沈約，八病未詳。"
② 羅根澤《中國文學批評史》，上海：上海書店出版社，2003年，第528~541頁。
③ 羅根澤《中國文學批評史》，上海：上海書店出版社，2003年，第540~541頁。

之成理的,他搜羅材料之勤,真是出人意外,詩詞中的片言隻語,筆記中
的零褚碎劄,無不仔細搜羅,甚至佛道二氏之書也加流覽……雨亭用力這
樣勤,在篳路藍縷之中,作披沙揀金之舉,這功績是不能抹殺的。"① 羅
根澤先生仔細搜羅的材料包括群經子史、文集筆記、詩話文論以及佛道二
書,書中的材料引用達到了巨細無遺的地步。對比與之同時期的兩本批評
史,以魏晉時期的音律說爲考察,則可以發現郭紹虞《中國文學批評史》
有單節"沈約與音律說",朱東潤《中國文學批評史大綱》也有"沈約"
專節,二者都是主講"四聲八病"。而羅先生《魏晉南北朝批評史》中設
置兩章講"音律說",從音律說的前驅"文氣說"、四聲的討論、八病以及
各種病犯等都有詳細的討論和史料的補充,這些材料大部分是從當時較爲
珍貴的史料——《文鏡秘府論》中點滴抽繹出來的。

　　羅先生在《中國文學批評史》中所呈現的自己整理和輯佚的史料除了
用於自我文論觀點的論證,還爲後來的更多研究提供了史料支撐。例如在
《兩宋文學批評史》中,羅先生列了"兩宋詩話年代存佚殘輯表",該表最
初發表於 1936 年《師大月刊》第 30 期,共羅列詩話 126 種,其中確定亡
佚者 23 種,未詳者 4 種,殘輯存者 99 種。表格對詩話的署名、作者及年
代、存佚殘輯、版本、考證加以說明。將該表與郭紹虞先生於 1937 年出
版的《宋詩話輯佚》② 相比較,則可發現羅先生輯佚而郭先生未輯的有 10
種,郭先生輯佚而羅先生未輯的有 12 種,兩種詩話輯佚可以作爲相互補
充的史料。

　　除了"原始的隱藏"的史料,還有一種歷史的隱藏是"意識的隱藏",
即編著者的成見導致一些歷史事實被遮蔽,羅先生認爲"編著歷史者,應
當有一種超然的態度"③,需要盡可能避免因時代意識或者個人成見所導
致的偏見,這也是一種"求真"的方式。從全書整體來看,羅先生的此種
"求真"意識主要展現爲其論述多以原始史料爲主,輔以個人訓詁和解釋,
類似於古代的"述而不作"。但是他對材料的選擇、排序和串聯,背後也
包含着他自己對中國文學批評綫索的考量。例如在書中雖然沒有言明,但

---

① 羅根澤《中國文學批評史》第三卷,上海:上海古籍出版社,1984 年,第 1~2 頁。
② 郭紹虞《宋詩話輯佚》,北平:哈佛燕京學社,1935 年。
③ 羅根澤《中國文學批評史》,上海:上海書店出版社,2003 年,第 23 頁。

是似乎始終貫穿着一條綫索，即"尚用"和"尚文"兩股文學思潮的衝突和此消彼長。先秦兩漢的文學主要是"尚用"的，而自魏晉六朝文學"尚文"或者説"緣情"逐漸崛起，"文學"的含義也得到了净化，造成文學之自覺。① 至唐代，在論述"韓柳及以後的古文論"一章時，專門開闢一節來講述"道與文的關係"，在"史學家的文論以及史傳文的批評"一章中提到的"史與文"實則也是"尚用"和"尚美"的時代性表達。而後至晚唐"文學論"一章，通過列舉幾位文人的文論觀，如李商隱的反道緣情文學説、杜牧的事功文學説等，實際上都是按照"尚用"和"尚美"（或者説"載道""緣情"）的分類將它們劃分爲節，進行列舉對比的。但是這樣的綫索在羅氏批評史的"綜合體"的體例之下是極其模糊和難以把握的，這也導致了此書閱讀起來較爲艱澀，更加適用於文學批評專業學生或者學者用以補充史料以及扎實基礎，而不太適用於入門和科普。

羅先生注重對於史料的客觀呈現，這是其"求真"的史學意識的體現，但同時他也注重對史料摒弃個人成見的解釋，這種解釋需要達成的目的是"求好"。"求好"即是"以古爲鑒"，是"求真"基礎上的"求好"，是寫史以指導未來。這種"指導未來"的史學價值觀和責任感受到當時時代思潮的影響。

二、時代思潮與"求好"史觀

"文學批評"是一個舶來的譯名，"中國文學批評史"的出現也是在到五四運動之後，"人們確求種種新意念新評價的時候"②。五四運動之後的二十年時間裏，文學批評史作品大量湧現，幾乎要追上文學史作品的數量，這也許是因爲當時正值一個"從新估定一切價值的時代，要從新估定一切價值，就得認識傳統裏的種種價值，以及種種評價的標準"③。但是當時的學者處在西學大量湧入，而傳統文化的價值遭到強烈質疑的時候，他們一方面對西學懷有極大的興趣，另一方面却對幾千年來的中國傳統文

---

① 羅根澤在《魏晉六朝文學批評史》中説："（魏晉）以前也不是没有文，但一則比較崇尚實質，二則偏於紀事載言。至建安，'甫乃以情緯文，以文被質'，才造成文學的自覺時代。"
② 朱自清《詩文評的發展》，載《朱自清書評集》，蘇州：古吴軒出版社，2018年，第113頁。
③ 朱自清《詩文評的發展》，載《朱自清書評集》，蘇州：古吴軒出版社，2018年，第113頁。

化有着不可割捨的血肉情感。如何完成從傳統 "詩文評" 的古典形態向 "中國文學批評" 的現代範式的嬗變？如何參照西方文學觀念用以考察中國學術，以建立適應於中國古代文學的中國批評史學科？如何在西方批評史建制的衝擊之下依舊堅守中國學術本位，從中國文學批評的材料中發掘出固有的體系？這些問題都是當時的學者思考的關鍵。不過，值得注意的是，五四新文化運動之後並没有立即出現中國古代文學批評研究的熱潮，二十世紀二十年代初期只有零散的淺層次的有關中國古代文論的文章出現，真正的學科意識明確、具有現代精神和學術規範的中國古代文論研究是從 1926、1927 年才開始興盛的，這也許是因爲主張破除舊思想、舊文學而極力追求新思想、新文學的五四文學革命的一些偏激的成分在時間之中得以沉澱，使得人們在一股西學衝擊的潮流之中又找到了自己原本的航帆。其次，也可能是因爲發起於 1919 年、極盛於 1923—1927 年的 "整理國故" 運動。"整理國故" 是劉師培、黄侃等舊式學者在 1919 年發起的運動，並成立 "國故社"、印行《國故》月刊，但 "國故" 一詞應源於章太炎之《國故論衡》一書。"整理國故" 的倡導與主張徹底掃蕩 "桐城謬種" "選學妖孽" 爲代表的中國傳統舊文學的五四文學革命運動的精神是不吻合的，但是以胡適爲代表的 "整理國故" 主張並不能與抱殘守缺的復古守舊畫等號，而更像是將五四新文化運動所倡導的西方科學精神、富有現當代色彩的文學觀念與作爲 "國故" 的中國古代文學思想這一學術物件相結合的實踐，促使人們在建設新文化時重新重視中國固有的文化的挖掘和整理。這樣的倡導和中國古代文學批評的學科建制的内在訴求是一致的。羅根澤先生的《中國文學批評史》寫於 1932 年春，其時他由郭紹虞先生推薦至清華大學代講中國文學批評史課程，此一時期羅先生的學術活動與 "古史辨" 派較爲緊密，而 "古史辨" 派的代表顧頡剛先生正是胡適 "整理國故" 倡導的支持者，羅根澤先生在《古史辨》第四册《諸子叢考》自序中也談到自己 "最適於做忠實的、客觀的整理的工作"[①]，似乎也可以看出羅先生的《中國文學批評史》的撰寫和 "整理國故" 運動之間的關聯。因而可以説，羅先生的《中國文學批評史》的成書背後有兩個重要的

---

① 羅根澤《諸子叢考》自序，《古史辨》第四册，載《羅根澤説諸子》，上海：上海古籍出版社，2001 年，第 2 頁。

時代潮流：一是"五四"之後西方學術體系、理論、學科建制對亟待建立現代化新學科的中國文學批評的巨大影響，二是隨着中國傳統文學價值的重新發現，學人們對"國故"的重新整理和挖掘。

"整理國故"並編成中國文學批評史最關鍵的一點是建立中國古代文論史體系，在二十世紀上半葉的學人的認識中，中國古代的學術是沒有系統的①，而西方現代化的學術是"科學"的、有系統的，因而中國的古代學術在"整理國故"的時代潮流之中，迫切需要條理系統的整理，"從亂七八糟裏面尋出一個條理脉絡來"②。這樣的體系應該包含兩個層面：在"形而上"的層面，既包含對於一些基本概念的厘清和界定，也包括對於史料選擇、解釋、史家的素養、編寫方法等的探討；在"形而下"層面則是形成以史料呈現和史家編纂、論述相結合的中國文學批評史著作。而羅根澤先生的《中國文學批評史》以長達十四節的緒言和涵蓋周秦兩漢文學批評史、魏晋六朝文學批評史、隋唐文學批評史、晚唐五代文學批評史、兩宋文學批評史的內容，構成了對中國文學批評史的體系設想。

在緒論中，羅先生首先厘清了"文學""文學批評"的概念及其界限，其厘清概念的方法在於中西對比以及堅持中國古代文學本位的原則。

先看"文學"概念。在中國古代文學中，"文學"有廣義、狹義和折中義，而西方的"文學"只包括詩、小説、戲劇、散文，西方的定義顯然不適用於中國古代文學。羅先生采取的是折中義的"文學"，即包括詩歌、樂府、詞、戲曲、小説、辭賦、駢散文七種。相較於郭紹虞《中國文學批評史》的兩宋部分，羅先生《兩宋文學批評史》用兩節篇幅專談宋代"詞論""詞話"，而郭氏《中國文學批評史》囿于傳統的文學觀念則没有此部分內容。由於羅先生《中國文學批評史》並未寫到元明清部分，但根據其采取的"文學"的折中定義推測，他很有可能將詞論、詞話、小説、戲曲納入元明清文學批評史。1944 年出版的朱東潤先生的《中國文學批評史大綱》將俗文學的批評納入其中，章培恒先生在其書《導讀》中説"以中

---

① 胡適在《新思潮的意義》中説道："古代的學術思想向來没有條理，没有頭緒，没有系統。""凡成一種科學的學問，必有一個系統，決不是一些零碎的知識。"梁啓超也在《科學精神與東西文化》中説道："有系統之真知識，叫做科學。"

② 胡適《新思潮的意義》，載《胡適文存》卷四，上海：上海亞東圖書館，1926 年，第 162 頁。

國文學批評史的上述四部奠基之作而言,將中國的詩、文、詞批評以及小說、戲曲批評全都列入中國文學批評史的范國、對其代表作的論點加以歷史的叙述的,只有朱先生的這一部[①],並由此得出朱先生的著作之於中國文學批評史的框架構建的開拓作用。雖然羅先生的《兩宋文學批評史》出版於1961年,晚於朱氏文學批評史初版的時間,但是羅先生於1934年出版的《中國文學史(一)》的緒論部分通過對"文學"的折中義的概念的界定,已然將詞、小説、戲曲納入中國古代文學的範疇,可知在其觀念之中,詞話、小説、戲曲也應當是被納入中國文學批評史的框架的,只是當時《兩宋文學批評史》還沒有寫出而已。

不僅如此,羅氏《中國文學批評史》還將同時期其他中國文學批評史中沒有涉及的佛典的翻譯文學也納入進來,例如在《魏晉六朝文學批評史》中單列一章"佛經翻譯論"。將"佛經翻譯論"納入文學批評史是史無前例而鮮有後來者的做法,在當時的文學史著作中,較早把佛經翻譯文學寫入文學史且影響較大的是胡適的《白話文學史》,胡適當時在學界的影響力較大,因而可以猜測羅先生很有可能讀過此書。此外,對羅先生影響較大的兩位導師梁啟超和陳寅恪都對佛教的翻譯做過研究,比如陳寅恪指導的範圍包括"佛教經典各種文字譯本之比較研究"一項,且1926年秋始開設普通演講梵文課程(以《金剛經》爲本),按照研究院章程,各教授普通演講,所有學員必須當場聽受。[②] 梁啟超直接討論翻譯文學的有《翻譯文學與佛典》(1920)、《佛典之翻譯》(1920)二文,特別是前文有專節"翻譯文體之討論",按照翻譯本身規律劃分了未熟的直譯、未熟的意譯、直譯、意譯等階段,着重叙述了支謙、道安、鳩摩羅什、慧遠、彦琮、玄奘等人的翻譯論,對於羅根澤"佛經翻譯論"的叙述有很大影響。[③] 而羅先生自己解釋將佛經翻譯論納入批評史是因爲"佛典的翻譯文學,因爲占據的時期很短,所以在中國文學史類編裏分述於駢散文和戲曲,沒有特辟一類;而那時的討論翻譯的文章,在文學批評上占有重要位置。在這裏也應當采入"[④],這也展現了羅先生對"中國古代文學"概念

---

① 朱東潤《中國文學批評史大綱》,上海:上海古籍出版社,2001年,第4頁
② 王波《羅根澤文學批評史研究》,清華大學博士學位論文,2015年,第96頁。
③ 王波《羅根澤文學批評史研究》,清華大學博士學位論文,2015年,第96頁。
④ 羅根澤《中國文學批評史》,上海:上海書店出版社,2003年,第4頁。

範疇的周到考慮。

那麼，何以如此注重對"文學"定義中文體分類的厘清呢？因爲在羅先生看來，文學批評的差異與文學體類息息相關。例如古文大家韓愈的老師獨孤及在"文"方面提倡簡易載道，反對繁縟緣情，但在"詩"一方面却提倡綺麗緣情，反對質樸無文，這與不同文體的適用風格、承載意義、文體的歷史發展脉絡都有關。因而可以説，不同的文體在同一時間維度形成了横向的張力，而同一種文體在綫性的時間中又有各自的發展脉絡。這樣的文體認知也是促成羅先生選擇一種"綜合體"的批評史體例的重要原因之一。縱觀羅先生《中國文學批評史》全書，雖然整體上以時間爲綫，由遠到近，呈現出一種"編年體"史書的特點，但在每一個歷史分期時段中又以"詩""文"作爲大的區分，"寓分類於分時之中"①，展現出一種分化的文體發展傾向，更接近於"紀事本末體"。這種分化的文體發展傾向有其歷史依據，因而羅先生的編纂體例並非自己的主觀意願，而是符合文學發展的客觀實際的，更體現其將"求真"貫徹到底的意識。羅先生在較爲普遍的"編年體"的批評史體例中融入"紀事本末體"體例，使得讀者對於中國文學批評史上所討論的問題的認識更進一步。例如在《周秦兩漢文學批評史》中，羅先生提到漢代"文學文"的興起，先秦諸子之"文學"以區別於漢代的"文學文"，而後至魏晉六朝"文學"概念得到净化，進一步擺脱政治的束縛，而具有文學之獨立性。這是從大的時間跨度來看的，而從小的時間跨度來看，羅先生的撰寫則更像是一篇"紀事本末"小論文。例如在《隋唐文學批評史》的第五章第七節"史與文"，羅先生認爲周秦兩漢史與文共生，到六朝"文日趨於詞彩華美，吟詠性情；史因載言記事，不能隨文而變"，史逐漸偏於記事，而文偏於緣情。至梁昭明《文選》將"史"屏於"文"之外，造成史、文分離。直至唐代古文家起，取法於史，於是史、文重新合流。這樣一條關於"史""文"的古代文論脉絡便清晰明了。

除了文體對文學批評差異的影響，時代和文學批評家也是重要的因素，時代對文學批評的影響可以通過"編年體"的書寫方式進行呈現，而文學批評家對文學批評的影響通過"紀傳體"的書寫方式進行呈現。此三

---

① 羅根澤《中國文學批評史》第一卷，北京：北平文化學社，1934年，第1頁。

種中國古代傳統的史書體例的綜合，展現出羅先生對中國傳統史書編纂經驗的繼承以及自我創新。

其後，羅先生厘清界定了“文學批評”的概念。他借鑒英國人森次巴力的《文學批評史》，説明了“Literary Criticism”最開始是“文學裁判”，而後引申到“文學裁判的理論（批評理論）及文學的理論”，狹義的“文學批評”就是“文學裁判”，而廣義的“文學批評”是“文學裁判及批評理論和文學理論”。接着，羅先生提出一點重要的中西文學批評的差異，即“中國的文學批評側重文學理論，不側重文學裁判”①，而西方的文學批評側重文學裁判。這樣的特點導致中國的文學批評本來就是廣義的。由於中國文學批評注重文學理論，文學理論的職責是指導未來，而西方的文學批評注重文學裁判，文學裁判的職責是批評過去的文學。因而，中國的文學批評面向未來，引導創作，那麼中國文學批評史的意義也在於展現文學之被闡釋和再創造的價值了。可以説，羅先生在中西對比之中，試圖建構中國文學批評的現世價值。但是在他的論述之中，對於西方文學批評的論證缺少了一定的論據支撐，其實西方文藝理論很多也是指導未來創作的，例如亞里士多德的《詩學》對於古希臘悲劇創作的影響、賀拉斯“寓教於樂”的文學理論對於西方古典主義文學的影響等，因而並不能武斷地認爲西方的文學批評就是跑在文學創作之後的文學裁判。事實上，無論中西，至少有一部分文學批評理論都是在一定的創作之後産生的經驗總結，然後再用以指導未來的創作。羅先生舉例論證“文學理論在創作之前”是用了沈約首創四聲八病的詩學方法却一直到唐初才完成究極聲病的律詩作爲論據，但是沈約創立“四聲説”其實也有針對當時的文學創作所作的批判的歷史語境，他的《宋書·謝靈運傳論》云：“王褒、劉向、揚、班、崔、蔡之徒，异軌同奔，遞相師祖。雖清辭麗曲，時發乎篇，而蕪音累氣，固亦多矣。”② 可以看出當時的文章因爲“蕪音”所以“累氣”，成爲文之一大弊病，這是沈約對當時文學的批判，而“四聲説”也可理解爲對當時的“蕪音累氣”的文學創作之後的文學裁判的精煉總結，再加之當時佛學的影響，也就促成了“四聲説”的文學理論。因而，文學裁判和文學

---

① 羅根澤《中國文學批評史》，上海：上海書店出版社，2003年，第8頁。
② 羅根澤《中國文學批評史》，上海：上海書店出版社，2003年，第170頁。

理論也並非全然對立的關係，它們更像是一種遞進關係，從對文學的裁判中獲得經驗總結，文學理論也就在其中得以孕育。

由上述可以看出，羅先生在試圖建立中國文學批評史的方法和理論體系時，更多地側重於中國古代文學自身，試圖從傳統中尋得現代價值以指導"將來文學"。在當時西學東漸的背景之下，大部分學者選擇從西方新歷史主義那裏尋找依據，而羅先生則想要探尋中國文化詩學的現代源頭。郭紹虞《中國文學批評史》似乎受到陳鐘凡先生的啓發，"以文學觀念的演進爲中心"來安排《中國文學批評史》上卷的編寫體例，並區分"雜文學"和"純文學"，具有強烈的西方進化論邏輯和審美自律性思想，其在梳理中國古代文學批判的脉絡時試圖從中抽出某種一成不變的"合乎自身規律的發展脉絡"，明显受到黑格爾唯心辯證法的影響。而羅氏《中國文學批評史》以其"綜合體"的體例及折中的"文學批評"的含義界定，突破了西方進化論邏輯，呈現出一種錯綜複雜的中國文學批評史的多綫索、多面相的發展狀況。再者，從體量和體例上來說，羅氏《中國文學批評史》較之前的陳氏、郭氏《中國文學批評史》都更爲龐大，不同於郭氏《中國文學批評史》體例簡潔，從大處着眼、以論爲主，注重觀念史的建構，羅氏《中國文學批評史》以獨創的"綜合體"形式，事無巨細地呈現出中國文學批評的各類文學現象，展現出羅根澤先生"眼界開闊、志向遠大、擅長建立框架、論述時用於下大結論並列表説明"[1]的治學做派。這樣的體例與羅先生所界定的廣義的中國的"文學批評"相符，也爲之後眾多的中國文學批評史的書寫體例的選擇提供了可能。

羅氏《中國文學批評史》對中國文學批評自身特點的重視，與"整理國故"運動及五四運動退潮期學界對於中國傳統文化的重新重視的時代背景相關，也和羅先生本人的教育經歷有關——"由於羅先生小時在農村長大，所受的教育很不系統，很難達到掌握外語的高水準。因此他在進行中西文學理論比較研究時，遭遇到的困難是不少的。"[2] 因而可以説，羅先生對於中國文學批評史的建制貢獻是堅持了中國古代文論本位的，深入中

---

① 陳平原《"哲學"與"考據"視野中的"文學史——新版〈羅根澤古典文學論文集〉序"》，《學術研究》2009 年第 10 期，第 131~136 頁。

② 夏曉虹、吳令華編《清華同學與學術薪傳》，北京：生活·讀書·新知三聯書店，2009年，第 325 頁。

國文學中“開山采銅，利用廢銅”①，在西方文學批評的影響潮流之中，將中國的文學批評還給中國，促使“文學批評”這個舶來品“中國化”。這是以羅根澤先生爲代表的那一群從五四運動中成長起來的學者們的高尚的使命感、責任感和歷史擔當。

總而言之，羅根澤先生的《中國文學批評史》兼具“求真”和“求好”的特點。它將羅先生治諸子學的嚴謹考據的習慣、史料采集豐富、“述而不作”的“求真”的治學方法貫徹始終，同時，該書又是處在五四時期西學東漸及“整理國故”兩股相互抗衡的時代潮流之中，是“中國文學批評史”學科建制的貢獻的重要成果，具有融貫中西、探索新方法、開闢適用於中國古代文學的批評史系統的重大意義。其既承接前人如陳鐘凡、郭紹虞先生的中國文學批評史的學科建制的經驗，又後啓周勛初先生的中國文學批評史的創新，真正實現了“文學理論的職責是指導未來”②的“求好”追求。這樣一部體例宏闊的著作，展現出羅先生廣博的中國古代文學文論知識，及其對“中國文學批評史”之學科構建的宏大構想，但是這樣的構想並非一人能夠完成的，因而直到最後羅先生也沒有完成整部《中國文學批評史》的撰寫，而只是寫到了《兩宋文學批評史》。這也是人生命之有限和學術之無涯的無奈吧。但也正是這樣的遺憾，使得“中國文學批評史”的學科建制成爲一代又一代學者不懈努力的方嚮。

（附記：此書評是華東師範大學中國語言文學系倪春軍老師開設的中文系本科生專業必修課“中國文學批評史”的課程論文，經倪老師的多次耐心指導修改之後方投稿發表，在此誠摯感謝倪春軍老師的帮助。）

---

① 羅根澤《大師講堂學術經典 羅根澤講樂府文學史》，北京：團結出版社，2019 年，第 6 頁。
② 羅根澤《中國文學批評史》，上海：上海書店出版社，2003 年，第 10 頁。

稿　約

一、《新國學》是刊布當代學者運用現代科學精神研究中國古典文獻的最新成果的專業學術集刊，由教育部人文社會科學重點研究基地四川大學中國俗文化研究所主辦。

二、本集刊熱忱歡迎海內外同行專家學者惠賜尊稿。本集刊登載有關中國傳統文化研究的論文，內容包括以中國古典文獻爲載體的以下學科：文學、史學、哲學、宗教學、倫理學、美學、藝術學、考古學、文字學、音韻學、訓詁學、目錄學、版本學、校勘學、敦煌吐魯番學、政治學、軍事學、經濟學、博物學、科技史、民俗學、闡釋學以及古代中外文化交流比較研究。

三、本集刊采用匿名審稿制。來稿均由編輯委員會送呈校內外至少兩位同行專家審閱，再由編輯委員會決定是否采用。

四、編輯委員會對來稿可提出修改意見，但除了技術性的處理之外，不代爲作者修改。文責自負。

五、來稿請用中文繁體字書寫或電腦打印。電腦打印者，除寄打印稿之外，請將電子文檔發至編輯委員會電子信箱。無論手寫或是打印，皆要求：

1. 論文的標題之下，附以 300 字左右的 "摘要"、3 至 5 個 "關鍵詞"。並請同時提交論文題目、作者姓名之英譯。

2. 國標 7000 字以外的字或符號，另紙書寫。

3. 來稿若爲基金項目，請於第一頁脚注詳細列出基金項目名稱、批准時間及編號。

4. 於另頁上，按順序寫上：論文題目、作者姓名、出生年月、性別、籍貫、工作單位、職稱或職務、通訊地址、郵政編碼、電子信箱（E-mail）、電話號碼。

5. 如需要圖片，除在文檔中插入之外，請再提交供印刷的 JPEG 或 TIFF 文件。

六、來稿中，古代紀年、古籍卷數，一般用中文數字，而古代紀年首次出現時尚須加注公元紀年。如：元和十三年（818）；《山海經》卷一。其他的數字，一般用阿拉伯數字。凡是第一次提及外國人名，在漢譯之外，須附外文原名，如：柏拉圖（Plato）。

七、注釋要求：

1. 一律采用當頁頁下注。

2. 注釋碼，請用①②③之類表示，並標注在正文相應內容的上方，如：——①，——②，——③。每頁重新編號。

3. 引用中文文獻的參考格式如下。

（1）引用專著，如：胡適《中國哲學史大綱》卷上，上海：商務印書館，1919 年，第 99 頁。

（2）引用文集之文，如：陳寅恪《清華大學王觀堂先生紀念碑銘》，載《金明館叢稿二編》，上海：上海古籍出版社，1980 年，第 218 頁。

（3）所引專著或文集若有多個版次，宜將版次標出。例如：李贄《焚書 續焚書》，北京：中華書局，2009 年第 2 版，第 82 頁。

（4）引用學位論文，應標注學校、學位及提交時間。例如：張曉敏《日本江戶時代〈詩經〉學研究》，山西大學博士學位論文，2013 年，第 169 頁。

（5）引用期刊文章，如：楊明照《四川治水神話中的夏禹》，《四川大學學報（哲學社會科學版）》1959 年第 4 期，第××～××頁。

（6）相同書籍的第二次引用，可省略出版信息。如：胡適《中國哲學史大綱》卷上，第 100 頁。

八、本集刊只發表原創性成果，請勿一稿兩投。來稿敬請自留底稿，編輯委員會將在收到稿件三個月之內答復，若未得答復，作者可另行處理。來稿刊出後，贈送樣書貳册。

九、本輯刊已被《中國學術期刊網絡出版總庫》及 CNKI 系列資料庫收錄，其作者文章著作權使用費與本輯刊稿酬一次性給付。免費提供作者文章引用統計分析資料。如作者不同意文章被收錄，請在來稿時聲明。

十、來稿請寄：中國四川省成都市九眼橋，四川大學望江校區中國俗文化研究所《新國學》編輯委員會。郵政編碼：610064。

電子信箱：scuxinguoxue@163.com。

《新國學》希望得到海內外各界的關心和支持！